KB239023

창조적
상상
리더십

창조적 상상 리더십

2007년 10월 05일 초판 1쇄 인쇄   2007년 10월 10일 초판 1쇄 발행
2007년 11월 05일 초판 2쇄 인쇄   2007년 11월 10일 초판 2쇄 발행

지은이 한광일

펴낸이 임종관
펴낸곳 미래북
신고번호 제302-2003-000326호
주 소 서울특별시 용산구 효창동 5-421호
전 화 02-738-1227
팩 스 02-738-1228
이메일 miraebook@hotmail.com

표지 본문 디자인 김왕기

ISBN 978-89-92289-08-5 03320

•책값은 뒤표지에 있습니다.
•저자와 협의하여 인지는 생략합니다.

창조적 상상 리더십

대한민국
CEO 경영 대상 수상
웃음치료사 창시자
명강사 선정

지은이 **한광일** 한국웃음센터 원장

MIRAEBOOK

현대사회에서 리더십의 중요성은 아무리 강조되어도 지나치지 않다. 사회나 조직, 가정 등 어디에서나 한 개인이 인생의 성공과 행복을 성취하기 위해서는 리더십이란 덕목이 반드시 필요하기 때문이다. 리더십 능력을 키우기 위해서는 우선 리더십이 무엇을 의미하는지를 정확하게 알 필요가 있다. 리더십의 사전적인 의미는 '무리를 다스리거나 이끌어가는 지도자로서의 능력'이다. 이는 지도력·통솔력으로 바꿔 쓸 수 있다. 그동안 동서고금을 통하여 수많은 학자들이 리더십을 연구하여 다양한 견해를 발표했는데, 티키는 "현실을 있는 그대로 직시하여 적절하게 반응할 수 있는 능력"이라고 했으며, V. 패커드는 "리더십이란 여러분이 해야 한다고 확신하는 것을 구성원이 하도록 하는 기술", 패튼 장군은 "리더십이란 부하들로 하여금 불가능한 일을 가능하게 만들도록 하는 기술", 워렌 베니스는 "모범적인 리더십이란 사람들이 따르도록 고무하고 지적 자산을 고양시키며

4

경쟁력을 증대시킬 수 있는 사회구조나 조직상의 설계를 창출하는 개척자적인 능력"이라고 했다. 이와 같은 정의를 통해 볼 때, 리더십이란 타고난 능력이 아님을 알 수 있다. 도리어 후천적으로 훈련하여 터득할 수 있는 하나의 기술이며, 자신이 수행해야 할 업무와 행동능력을 말하는 것임을 알 수 있다.

기본적으로 우리 인간은 누구나 자신만의 독특한 특성과 능력을 가지고 태어난다. 그런데 갖가지 환경적인 악조건들 때문에 이들 특성과 능력들이 제대로 발휘되지 못하고 가로막히기 일쑤다. 이런 때 그 사람의 특성과 능력을 제대로 파악하여, 그 사람에게 영향을 끼쳐서 그들이 자신의 능력을 최대한 발휘하게 하는 테크닉, 그리하여 어떤 임무나 목적 또는 기획과 프로젝트의 목표를 훌륭히 달성할 수 있도록 이끄는 지속적인 기술이 바로 리더십이다.

만유인력은 뉴턴이 발견하기 전부터 이미 존재해온 불변의 법칙이다. 공기가 있는 곳에서 무게가 있는 것이라면 어떤 것이든 지구의 중심을 향해 떨어지게 되어 있는 것이다. 이와 마찬가지로 예나 지금이나 다양하기 그지없는 인간의 감정과 사회현상 속에서도 변치 않는 원칙이 존재하는데, 리더십의 원칙이 바로 그것이다.

기업을 성공으로 이끄는 혁신적이고 능력 있는 리더, 조직의 성과를 최고로 끌어올리는 리더, 인간관계와 비즈니스에서 앞서가는 리더, 그들이 가지고 있는 원칙은 무엇일까?

그 해답은 바로 이 책 속에 있다.

한국웃음센터
www.ha.or.kr

하루 평균 200km 이동해도 전혀 지치지 않는다.
이유는 즐겁게 일하기 때문이다.

어릴 적부터 나는 슈바이처 박사처럼 사는 게 꿈이었다. 그래서 아프리카에는 못 가도, 외롭고 힘들어하는 사람들에게 봉사하는 삶을 살고 싶다는 생각에서 사회복지사로 서울 송파구 거여동과 성남시 은행동 등의 빈민촌에서 9년 동안 일했다.

생활비도 안 나오는 사회복지사를 하면서도 공부를 해 대학교수가 되었다. 그런데 5년간 교수로 일했지만 진정한 기쁨을 얻을 수 없었고, 결국 교수보다는 더 보람 있는 웃음의 메신저가 되고자 그 일을 그만두었다. 그 뒤 나는 '웃음치료사 1호'가 되었고, 내가 터득한 웃음치료법을 전파하기 위해 '웃음치료사'라는 자격증도 만들었다.

진정한 행복이란 자신이 좋아하는 일에 몰입할 때 온다. 나 역시 내가 좋아하는 일이었기에 열정을 불태우며 이제까지 정말 웃음을 위해 웃음만 생각하며 살아올 수 있었다. 그랬기 때문에 웃음치료와 펀경영, 펀리더십이라는 트렌드를 만들어 창피를 무릅쓰고 서울역 광

6

장, 숭례문 광장, 남산 등의 노상에서 전파하면서도 그렇게 즐거울 수가 있었던 것이다. 덕분에 2007년 대한민국 CEO 경영 대상, 2007년 명강사 선정, 2006년 올해를 빛낸 인물 20인에 선정되기도 했으며, 최근에는 우리나라에서 가장 바쁜 리더십 특강 강사로 보내고 있다. 고등학교 퇴학, 대학에서의 학사경고 등을 생각하면 매우 큰 자기발전을 이룬 것이라 하겠다.

20년 이상 레크리에이션을 진행하며 살아왔지만, 지금처럼 행복했던 시절은 없었던 것 같다. 내 강의나 프로그램을 듣는 사람들이 그야말로 요절복통, 포복절도, 박장대소를 핵폭탄처럼 한꺼번에 터뜨리기 때문이다. 그래서 나는 웃음치료를 하는 시간만 되면 너무나 행복하다. 세상시름 다 잊고 마음속 근심과 걱정을 다 비운 채, 웃음에 빠진 사람들과 '깔깔깔! 하하하!' 웃을 수 있다. 그러니 어찌 행복하지 않을 수 있겠는가. 그리고 보면 행복과 웃음은 멀리 있는 것도, 어려운 것만도 아니라는 생각이 든다.

행복은 특별한 사람들한테만 찾아가는 특별한 것이 아니다. 언제, 어디서든, 그리고 누구에게나 찾아가는 평범한 선물일 뿐이다. 다만 그것을 찾고자 노력하는 사람들에게는 좀 더 빨리, 좀 더 많이 머무

를 뿐이다. 행복을 원한다면 웃어라. 돈이 들거나 힘이 드는 일도 아니다. 웃음은 원료 없이 공장을 돌리며, 의료비를 30퍼센트나 절감할 수 있는 파워를 가지고 있다.

내가 웃음치료법, 펀리더십을 만든 이유도 그것이 금전이나 나이, 성별, 장소, 대상, 도구 등의 물리적인 제한을 받지 않는 손쉽고 간편한 치료법이기 때문이다. 지금 나의 작은 소망이라면, 대한민국의 모든 사람들이 행복하게 사는 그날까지 멈추지 않고 웃음을 전파하는 것이다.

요즈음 나는 너무나 행복하다. 그 이유는 하고 싶은 일을 열심히 하고 있다는 사실이다. 얼마 전 차를 바꾸면서 내가 휴일도 없이 매일 365일 전국 방방곡곡에 강연한다고 다니는데, 과연 어느 정도 차로 이동하고 있는가 거리를 계산하다가 내가 스스로 놀라 감동하며 눈물을 훔친 적이 있다. 365일 내내 매일 평균 200km를 이동하고 있다는 사실이었다. 7월 한 달은 매일 300km로 나왔다.

그런데 내가 힘들어하지 않았다는 것이다. 세수할 때마다 코피가 터져나오고, 아침, 점심도 못 먹고 다녀도 전혀 지치지 않는 비결은 '진정 내가 하는 일에 미쳐있구나. 그래서 힘든지 모르고 즐겁게 일하고 있다'고 생각한다.

최근 트렌드 중 하나인 웃음을 통한 펀경영은 감성경영의 꽃으로 불리운다. 이젠 IQ(지능지수)는 상상지수로 변했고 CQ(창조지수), FQ(펀지수) 등은 EQ(감성지수)와 함께 각광을 받고있다.

웃음은 원료 없이 공장을 돌리는 애국기업이다. 유비쿼터스 시대의 최고의 트렌드라 말할 수 있다. 우리는 그동안 '할 수 있다'라는 'CAN'이 목표였는데 이젠 'FUN'으로 변모하고 있다. '목표나 양'보다는 '과정과 질'을 중요시하는 세상이 되었다. '나는 할 수 있다'에서 '나는 즐겁게 할 수 있다'로 변하고 있는 것이다.

2006년 미국 풋볼 MVP로 선정되어 수백억의 연봉을 받게 된 하인스 워드는 "나는 그저 미키마우스처럼 순진하게 풋볼을 즐기고, 재미있어 한 것뿐이었습니다."라고 말한다. 또 1929년 미국이 경제공항으로 위기에 빠졌을 때, 독일이 1차, 2차대전으로 4천5백만 명이 사망하였을 때 국가적으로 제일 먼저 했던 일이 레크리에이션 운동이었다.

그뿐 아니다. 유태인은 세계 인구에서 0.3퍼센트의 소수 민족이지만 노벨상을 150명이나 받았는데, 그 이유는 부모님의 조기교육에 있다. 우리나라처럼 입시위주의 교육이 아닌 웃음과 유머, 조크 교육을 했던 것이다. 미국은 초등학교 때부터 유머 교육을 받고 있다.

　웃으면 알파파가 증가하여 두뇌 발달에 좋으며 집중력을 높힐 수 있다. 아이러니하게도 그들은 아인쉬타인과 프로이트를 최고의 코메디언으로 부른다. 그들은 고정관념을 잘 깨기 때문이다. 고정관념은 평소 조크, 유머 등 웃음 훈련이 된 사람들이 잘 깬다. 미국 대통령 중에 링컨이나 레이건이 최고의 대통령으로 평가받고 있는 것도 유머의 힘 때문이다. 중국 속담에는 '웃지 않으려면 장사하지 마라'는 속담이 있는데, 그 힘 때문이었는지 중국은 2006년 GDP 세계 1위가 되었다. 금세기 최고의 경영자라고 칭송받고 있는 제너럴일렉트릭사의 전 회장 잭웰치는 "내가 성공할 수 있었던 것은 즐겁게 일하고 즐겁게 놀았기 때문이다"라고 말한다.

즐거움이, 그리고 리더십의 트렌드가 전 세계를 강타하고 있다. 이에 우리나라도 최근 웃음치료, 펀경영, 펀리더십, 펀마케팅 열풍에 빠져 있다. 그야말로 웃음이 대표 브랜드, 트렌드가 된 것이다. 성공한 사람들에게는 무언가 특별한 것이 있다. 늘 웃는 인상이라는 것이다. 즉, 인간관계를 부드럽게 해주는 유머감각이 있었으며, 어떠한 어려움 속에서도 웃음으로 이겨내는 불굴의 힘이 있었다.

나는 고등학교 퇴학생이었다. 또 부모님의 정성으로 인해 1개월간 무기정학을 감형받기도 한 그런 문제 청소년이었다. 2006년 12월에는 제적당한 지 27년 만에 특강 강사로 불러주는 재미있는 사연의 주인공이기도 하다. 문제 청소년에서 이만큼 성공하게 된 원동력은 내안에 잠재되어 있던 펀리더십이다. 웃음과 유머, 조크라는 친구들이항상 나를 비전적으로 즐겁게 이끌어준 것이다.

웃음은 상상의 원천이며 상상은 창조를 실현하는 최고의 선물이다. '거울이 먼저 웃지 않듯이 내가 먼저 웃으면 아름다운 세상의 주인공이 될 수 있다' 하하하…

가을의 문턱에서
한광일

인생찬가(A Paslm of Life)

-H. W. 롱펠로우

나에게 슬픈 곡조로 인생은 한낱 공허한 꿈이라고 말하지 말라!

잠자는 영혼은 죽은 영혼, 만물은 겉보기와는 다른 것

삶은 진지한 것! 삶은 엄숙한 것!

결코 무덤이 그의 목표는 아닌 것

본래 흙으로 된 존재다.

흙으로 다시 돌아가야 된다는 말은

우리의 영혼을 두고 한 말은 아니다.

예술은 길지만 세월은 덧없이 흐르는 것

오늘 우리 가슴은 튼튼하고 용감하지만

지금 이 순간도 죽음을 향하여

소리 없이 행진하고 있다는 사실만은 아무도 부인하지 못하리라.

인생의 광대한 싸움에서

인생의 야영장에서

말 없이 쫓기는 가축의 무리는 되지 말자!

이 치열한 현장에 앞장서는 영웅이 되자!

1

열정 있는 리더가 성공한다

✳✳열정을 발견하라

"열정 없이는 어떤 위대한 일도 결코 성취할 수 없다"고 에머슨은 말했다. 또 '현대 경영학의 아버지'라 불리는 피터 드러커는 "첨단기술이나 기계보다 인간 그 자체에 주목해야 한다"면서, "열정을 지닌 인간이야말로 세상을 바꿀 수 있는 유일무이한 존재"라고 갈파했다.

우리는 살아가면서 한두 번쯤 강렬한 변화를 원한다. 인생역전, 역전의 명수, 이런 말들이 모두 지금까지의 인생을 한번 크게 바꿔 보고픈 욕망을 나타내고 있는 것이다. 그럼에도 불구하고 대부분의 사람들은 어떻게 하면 인생의 변화를 일으킬 수 있고, 어떤 마음자세로 인생의 변화를 실천해야 하는지 고민만 하기 일쑤다. 사실 변화에 대한 욕망은 모두 우리 마음속에서 나오는 것이지만, 안타깝게도 많은 사람들은 이 마음의 힘을 제대로 활용하지 못하고 있는 것이다.

그렇다면 이 마음의 힘이란 무엇일까? 바로 열정이다. 누구나 마음속에 열정을 품고 있다. 단지 발견하지 못했을 뿐이다. 어머니와 아버지로서의 열정, 직장인으로서의 열정, 사랑에 대한 열정 등등, 살아가면서 다양하게 열정을 추구할 수가 있다. 그러나 뭐니뭐니해도 성공을 위한 열정이 가장 중요하다. 아니, 성공을 원한다면 이 열정을 발견해야만 한다. 세계적으로 성공하고 손에 꼽히는 부(富)를 이룩한 사람들은 모두 한결같이 이 열정을 가지고 있었다.

열정적인 사람은 열정을 발휘할 수 있는 방법을 적극적으로 모색한다. 열정이 사라지거나, 힘든 시기를 이겨내기 위해 열정을 다 써버렸다 하더라도 다시 지금까지 없었던 새로운 열정을 끌어낼 수 있

18

다. 자신의 내부에 들어 있는 열정을 발견해내는 일, 이것이 성공을 위해 해야 할 첫 번째 일인 것이다.

열정을 가진 사람은 다르다. 우리 주변에서 볼 수 있는 열정적인 사람들을 떠올려 보라. 그들이 모든 일에 솔선수범하며 적극적이며 불타는 듯한 신념을 가졌다는 것을 깨닫게 될 것이다. 끊임없이 새로운 열정이 솟아나기 때문에 그들에게 불가능이란 없어 보인다.

열정의 힘은 그 무엇과도 비길 수 없다. 열정은 신념을 만들고 강인한 철강과도 같은 굳은 의지로 살아갈 수 있게 만들어주며, 어떠한 난관에 부딪힐지라도 결코 낙담하지 않고 불사신처럼 튀어오르게 한다.

자신이 하고자 하는 일에 몰입하는 것이 바로 열정이다. 어떤 목표를 세우고 그것을 달성하기 위해 매진하는 힘도 열정이며, 불가능해 보이는 일을 이루기 위해 밤낮으로 몰두하는 것도 열정이다. 심리학적으로 열정은 우리 마음속에 긍정적인 심리를 만들어 다른 모든 감정들까지 순화시키며, 어떤 척도로도 잴 수 없을 만큼의 강렬한 에너지를 발생시킨다고 한다. 열정을 품고 열정적으로 산다면 당신은 반드시 성공할 수 있다.

한편 성공한 사람들은 바로 자신이 좋아하는 일을 했다. 세계 2위 갑부인 워렌 버핏은 "자신이 좋아하는 일은 멈추지 말라"고 충고한다. "목표를 달성하기 위해서는 자신이 좋아하는 일을 절대 포기하면 안 되며, 부의 축적에만 너무 매달리지 말고 균형 잡힌 삶을 살아야 한다"라고 말하기도 했다.

그에 의하면, 인생을 살아가는 데는 네 가지 꼭지점이 있다고 한다.

자신, 가족, 일, 지역공동체라는 네 꼭지점 중 어느 것도 제쳐놓지 않고 항상 안고 가는 것이 진정한 부자의 삶을 사는 것이라고 한다.

워렌 버핏이 말한 인생의 네 가지 꼭짓점을 자세히 살펴보자.

❶ 자신에 대하여 : 나이가 들수록 자기 자신에 대한 배려가 더욱 필요하다. 정신적·육체적 건강은 물론 노후를 어떻게 보낼 것인가에 대한 진지한 성찰이 필요하고, 자신만의 시간을 점차 늘려가면서 폭넓게 사람을 사귀는 데 관심을 가져야 한다.

❷ 가족에 대하여 : 어려울 때 가장 힘이 되는 것은 가족뿐이다. 직업 때문에 가정을 소홀히 하는 일이 있어서는 안 된다.

❸ 일에 대하여 : 자신이 가장 좋아하는 일, 가장 즐겁고 신나게 시간을 보낼 수 있는 일에 자신을 투자하라.

❹ 지역공동체에 대하여 : 나 아닌 다른 사람을 돌아보고 공익적인 활동을 해야 한다.

이렇듯 부(富)란 운 좋게 거머쥘 수 있는 단순한 행운이 아니다. 흔히 말하듯이 피나는 노력, 뼈를 깎는 각고의 노력이 없이는 절대로 이루어질 수 없는 것이다. 그러나 부가 가져다주는 보상 또한 엄청난 것이기에 사람들은 너나없이 부자가 되려고 노력을 한다. 그런데 부자가 되려면 부자들의 삶의 양식을 벤치마킹할 필요가 있다. 그들의 처세와 노하우를 배우고 실천해야 하는 것이다.

명실공히 각계각층의 맨꼭대기에서 진두지휘하는 여성들의 모습을 보라. 당당하고 환희에 찬 미소를 띠고 있지만 그녀들 역시 하루

아침에 그 자리에 있는 게 아니다. 시인 바이런은 "자고 일어나니 하루아침에 유명해져 있었다"라고 했다. 하지만 그것은 어느 날 신문이나 언론의 촉망받는 인기인이 되었다는 얘기지, 그전까지 아무 노력도 하지 않았다는 말은 아니라는 것을 명심해야 한다.

미국에서 성공한 기업으로 '울워스'라는 10센트 스토어가 있다. 이 거대한 할인판매 조직을 이루어놓은 울워스라는 사람은 가난한 농부의 아들로 태어나, 소년 시절부터 작은 도시에 있는 상점의 점원으로 일했다.

그는 자신의 자서전에 이렇게 적고 있다.

〈처음으로 부모님의 곁을 떠나 도시로 취직을 하러 가는 길이었다.

눈이 잔뜩 쌓인 그날, 문을 나서려고 할 때 어머니께서 잠깐 기다리라고 하시더니, 김이 모락모락 나는 고구마 한 개를 주셨다. 가난한 내 어머니는 아들이 먼 길을 나서는데도 그 이상의 송별 선물을 주실 수가 없으셨던 것이다. 하지만 나는 고구마를 받고 어머니의 따뜻한 마음에 얼마나 감사했는지 모른다.

나를 태운 썰매가 달리기 시작했다. 내 모습이 보이지 않을 때까지 나를 배웅하고 서 계시던 어머니와 아버지의 모습이 마침내 시야에서 사라졌을 때, 나의 두 볼에는 뜨거운 눈물이 하염없이 흐르고 있었다. 나는 나의 전 생애를 통하여 그때 아버지, 어머니의 모습과 삶은 고구마를 잊어본 적이 한 번도 없었다.〉

울워스는 점원 생활을 하는 동안에도 자기 계발에 노력을 아끼지 않았다. 괴로울 때나 슬플 때마다 부모의 사랑을 생각했고, 스스로를 채찍질하면서 주경야독하여, 마침내 한 회사의 창립자가 되기에 이른 것이다. 그는 새롭게 자신의 회사에 취직하여 일을 시작하는 젊은 이들을 격려할 때 이렇게 말했다.

"고향을 떠나 새로운 인생을 시작하는 젊은이들이여, 괴로울 때나 용기를 상실했을 때는 자식의 성공과 발전을 기원하고 계실 어머니의 정성을 떠올리십시오. 그리고 최선을 다해 노력하십시오."

김신배(SK 사장) "거인의 어깨 위에 선 난쟁이가 더 멀리 본다."

노기호(LG화학 사장) "종선여류(從善如流:선한 것을 따르면 모든 것이 물처럼 자연스럽게 흘러간다)"

신격호(롯데그룹 회장) "거화취실(去華就實:겉치레를 삼가고 실질을 추구한다)"

이건희(삼성그룹 회장) "경청"

정몽구(현대자동차 회장) "일근천하무난사(一勤天下無難事:부지런하면 세상에 어려울 것이 없다)"

최태원(SK 회장) "실천이 중요하다."

황영기(우리은행장) "CEO는 검투사와 같다."

황창규(삼성전자반도체 총괄사장) "필사즉생 필생즉사(必死卽生 必生卽死:죽고자 하면 살 것이요, 살고자 하면 죽을 것이다)"

❋❋열정만이 성공의 키워드

　흔히 성공한 사람들에게 성공의 비결을 물으면 가장 커다란 요인으로 끊임없는 열정을 꼽는다. 즉, 자신의 모든 열정을 바친다면 성공의 안락한 의자를 차지하게 될 것이라는 말이다.

　아놀드 토인비는 이렇게 말했다.

　"열정을 갖고 일하면 성공하지 못할 일은 없다."

　성공한 사람들의 공통적인 특징은 바로 적극적이고 열정적이라는 점이다. 그들은 '미친 사람'이라는 취급을 받을 정도로 정신없이 일에 매진했다. 낮이나 밤이나, 밥을 먹을 때나 길을 걸을 때나 심지어 잠을 잘 때도 그들은 오로지 자신의 목표만을 생각했다. 정말 미친 사람 같다. 때로는 자신을 돌보는 시간도 아까워하고, 때로는 그 목표를 위하여 수없는 포기와 시련을 견디기도 한다.

　또한 그들에게는 목표에 대한 굳은 신념이 있었다.

　대학에서 육상 선수로 활동했던 필 나이트는 스포츠 운동화에 매료되어 그 사업에 목숨을 걸었다. 아버지가 돌아가신 후 가장이 된 루치아노 베네통은 여동생과 옷장사에 뛰어들어 세계 최고의 패션 기업 '베네통'을 만들었다. 단돈 2천 달러로 시작하여 세계 최고의 컴퓨터 판매업체로 성장한 델 컴퓨터의 마이클 델도 겨우 열일곱 살이라는 어린 나이에 사업을 시작하였다.

　"우리는 일에 대한 열정으로 밤을 새웠으며, 배고프다는 이유만으로 우리의 일을 중단하지 않았다."

　이것은 빌 게이츠의 말이다. 그가 어린 시절부터 컴퓨터 앞에만 앉으면 시간 가는 줄을 몰랐다는 일화는 이제 모르는 사람이 없을 정도다. 어릴 때 그의 친구들은 모두 빌 게이츠에게 '컴퓨터에 미친 놈'이라고 손가락질 했었다. 또 발명가 에디슨은 자신의 성공 비결을 묻는 기자들에게 "나는 일에 파묻히면 시계를 보지 않는다. 한번 연구에 몰두할 때는 내가 얼마나 일을 했는지조차 모를 정도로 빠져든다."라고 대답했다.

일에 대한 열정이란 바로 집중력, 몰두, 집착, 강인함, 굳은 신념 등으로 이어진다. 어쩌면 이들은 모두 같은 말일지도 모른다. 모두가 마음속에서 움직이는 강인한 힘이기 때문이다.

바늘 끝처럼 집중하는 일에는 잡념이 끼어들 여지가 없다. 될까, 안 될까 하고 염려하는 마음도 없다. 이럴까, 저럴까 망설일 시간도 없다. 성공에 대한 부담감으로 초조해하고, 망설이고, 의심하는 사람들은 인생이 무척이나 피곤하고 힘에 겹다. 인생이 진지할지는 모르나, 성공이라든가 부자라든가 하는 말은 한낱 꿈이요, 환상일 뿐이다. 그것을 현실로 만드는 사람에게는 그런 불필요한 걱정이 도사리고 있질 않다. 걱정이 많은 사람은 절대 성공하지 못하는 법이다.

쉬운 예로 빌 게이츠와 루퍼트 머독은 엄청난 도박광이다. 월마트의 창시자 샘 월튼도 직원들과 경영 실적에 대한 내기를 즐겨할 정도로 내기를 좋아했다. 세계 최대의 미디어 CNN의 창립자 테드 터너도 "인생은 게임이다. 어쨌든 이렇게 생각하는 편이 덜 피곤하다. 인생을 필요 이상으로 심각하게 받아들일 필요는 없다"라고 했다.

어니 젤렌의 《느리게 사는 즐거움》이란 책에는 이런 말이 나온다.

24

우리가 하는 걱정거리 가운데 40퍼센트는 절대 일어나지 않을 사건들에 대한 것이고, 30퍼센트는 이미 일어난 사건들, 22퍼센트는 사소한 사건들, 그리고 4퍼센트는 우리가 바꿀 수 없는 사건들에 대한 것이다. 나머지 4퍼센트만이 우리가 대처할 수 있는 진짜 사건일 뿐이다. 즉, 96퍼센트의 걱정거리가 쓸데없는 것이다.

실제로 세계 부자들은 걱정할 시간에 행동을 했다. 그들은 항상 위험에 노출되어 있었지만, 마치 게임이나 도박처럼 그것을 즐기며 재미있게 처리해 나갔던 것이다.

영국의 소설가 찰스 램은 오랫동안 인도에 있는 한 회사에서 일을 했었다. 그런데 아침 9시부터 오후 6시까지 꼬박 일을 하다 보니, 마음대로 글을 쓰고 책을 읽을 수가 없었다. 그래서 늘 자기 마음대로 할 수 있는 자유로운 시간이 없음을 아쉬워했다. 세월이 흘러 찰스 램은 정년퇴직을 하게 되었다.

"선생님, 명예로운 퇴직을 축하드립니다."

찰스 램의 평소 생각을 알고 있던 한 여직원이 인사를 했다.

"밤에만 쓰시던 작품을 이제는 낮에도 쓰시게 되었으니 더욱 빛나는 작품이 되겠군요."

"햇빛을 보고 쓰는 글이니 별빛을 보고 쓰는 글보다 빛이 나는 건 당연한 일이지. 자, 나는 그만 사장님을 뵈러 가야겠어."

찰스 램은 복도를 걸으면서 혼자 중얼거렸다.

"아아, 자유스러운 몸이 되기를 얼마나 애타게 기다렸던가."

찰스 램은 가벼운 흥분마저 느끼고 있었다. 마음껏 읽고 쓸 수 있는 시간을 갖게 된 기쁨 때문이었다. 그러나 그로부터 3년 후, 찰스 램은 정년퇴직 축하 인사를 해줬던 여직원에게 다음과 같은 편지를 보냈다.

〈사람이 하는 일 없이 한가한 것이, 일이 너무 많아 눈코 뜰 새 없이 바쁜 것보다 못 견딜 노릇이라는 것을 이제야 알게 되었네. 할 일 없 이 빈둥대다 보면, 자신도 모르는 사이에 스스로를 학대하는 마음이 생기는데, 그건 참으로 불행한 일이라네. 부디 내 말을 가슴에 잘 새 겨 언제나 보람 있는 나날을 보내길 바라네.〉

이렇듯 인간이 일을 할 수 있다는 것은 행복의 첫 걸음이다. 매일 하고 있는 일을, 자신의 영혼을 향상시켜주는 것이라 생각하고 최선 을 다할 때 진정 신념으로 거듭나는 자신의 모습을 발견하게 될 것 이다.

링컨이 자신에게 던져지는 신랄한 비난에 일일이 대꾸하는 일이 어리석다는 사실을 깨닫지 못했다면, 그는 아마 남북전쟁 때 과로로 쓰러지고 말았을 것이다. 링컨은 어떤 방식으로 자신에 대한 비난을 처리했던가? 이에 관한 그의 서술은 주옥같은 명문으로 높이 평가되 고 있는데, 맥아더 장군은 전쟁 중에도 그 내용을 자기 책상 위에 놓 아두고 있었으며, 처칠은 액자에 넣어 자신의 서재 벽에 걸어놓고 늘 바라보았다고 한다. 그 내용은 다음과 같다.

〈내가 나에게 가해지는 공격에 대해서 대꾸하지 않는다. 나는 내가 알고 있는 가장 좋은 일에, 내가 할 수 있는 최선을 다하고 있다. 나는 이것을 끝까지 해나갈 결심이다. 그 최후의 결과가 좋으면 내게 가해지는 비평쯤은 문제되지 않는다. 만약 최후의 결과가 좋지 않다면 열 명의 천사가 나의 정당함을 증언해준다고 하더라도 그것은 아무 쓸모없는 짓이 되고 말 것이다.〉

✳✳몰입의 기쁨

철학자 쇼펜하우어가 어느 날 종일 책을 읽느라고 서재에 파묻힌 채 통 나오지 않았다. 그런 그의 모습을 본 가정부가 말했다.

"선생님, 뭐라도 좀 드시고 하십시오."

"그래, 곧 나가지."

그렇게 말했지만 쇼펜하우어는 몇 시간이 지나도록 서재에서 나오지 않았다. 그래서 가정부는 다시 서재로 가 큰 소리로 말했다.

"선생님, 이제 저녁을 드셔야 할 시간입니다."

"그래, 조금만 기다려요."

얼마 후 쇼펜하우어는 서재의 문을 열고 밖으로 나오며 대단히 만족한 표정으로 웃으며 말했다.

"정말 훌륭해. 그렇게 훌륭한 책은 내 생전 처음이야. 그토록 위대한 생각과 영감에 의해서 쓴 책은 아마 없을 거야."

"그렇게 좋은 책인가요?"

"음, 보통 잘 쓴 책이 아니라니까. 도대체 어떤 사람이기에 그렇게 잘 썼는지 한번 만나보고 싶군."

쇼펜하우어는 찬사를 아끼지 않았다.

"하여간 그 책을 쓴 사람은 천재야. 아니, 그냥 천재라고만 하면 그 사람을 모독하는 말이 될지도 모르지. 천재 중의 천재라고 해야 걸 맞아."

"그 책의 제목이 뭔데요?"

가정부가 물었다.

"《의지의 표상으로서의 세계》란 책이야."

가정부는 놀라서 입이 딱 벌어져 아무 말도 하지 못했다.

"왜 놀라지? 뭐가 잘못되었나?"

쇼펜하우어는 영문을 모르겠다는 듯 물었다.

"선생님, 그 책은 선생님이 쓰신 책이잖아요!"

"뭐? 내가 쓴 책이라고?"

쇼펜하우어는 깜짝 놀라 서재로 달려갔다. 가정부의 말처럼 저자가 자기라는 것을 알게 된 쇼펜하우어는 어이없는 웃음을 지었다. 잠시 후 쇼펜하우어는 집 안의 모든 사람들이 들을 수 있도록 큰 소리로 말했다.

"너무 잘 썼다 했더니 역시 쇼펜하우어가 쓴 책이야! 하기야 천재 철학자 쇼펜하우어가 아니면 이렇게 쓸 수가 없지."

이처럼 쇼펜하우어는 자기가 쓴 책에 스스로 도취되어 책을 쓴 사람이 자기 자신이라는 것을 까맣게 잊곤 했다.

'시스코노믹스'라는 신조어까지 탄생시켰던 시스코사의 챔버스도 집요함에 관한 한 타의 추종을 불허한 인물이었다. 그는 평소 "성공

하려는 사람은 약간의 편집증을 가지고 일에 임하는 것이 좋다"라고
까지 말했다.

　심리학적 용어로 과도한 집착을 의미하는 편집증은 세계 부자들
이 거의 가지고 있는 특징 가운데 하나다. 그래서 성공하고 싶은 사
람이라면 그들처럼 집중력을 키울 필요가 있다. 마음속에 키우는 강
인한 힘, 그것은 인생의 불행에서 빠져나오게 하는 가장 강력한 무기
이기 때문이다.

　이쯤해서 나 자신을 한번 되돌아보자. 나는 아무리 해도 안 된다
고 생각하며 하루하루를 아무 목적도 없이 안일하게 살면서 막연히
부자들을 동경만 하는 사람은 아닌가? 성공이나 부자는 영원히 남의
몫인 줄로만 생각하고 나로서는 어떻게 해도 이룰 수 없다고 생각하
고 있는 것은 아닌가? 그렇다면 《법구경》에 나오는 이 말을 잘 새겨
두기 바란다.

　일어날 때 바로 일어나지 않고, 젊음을 믿어 게으름에 빠지고, 의지
나 생각이 약한 사람은 언제나 어둠 속을 헤매고 있으리니.

　컴퓨터의 귀재 빌 게이츠는 오늘도 시애틀에 있는 마이크로소프
트사의 회장실에서 잠 못 이루는 밤을 보내고 있다. 세계 최고의 부
자로 선정될 만큼 억만금을 벌여들였지만, 여전히 그는 컴퓨터에 미
쳐 있다.

✱✱ 꾸준한 자기 계발을 하라

홀륭하고 성공한 사람들은 일찍부터 큰 꿈을 키워왔다는 공통점이 있지만, 그들이라고 해서 자아에 대한 질문과 갈등을 겪지 않았던 것은 아니다. 게다가 단 한 번의 좌절도 없이 곧장 하나의 분야로 진출해서 성공한 사람도 드물다.

어쩌면 자아에 대한 추구는 일생 동안 이어지는 것인지도 모른다. 이것은 남녀 공통된 문제로서 자신이 어떤 사람이 되겠다든가, 어떤 분야에서 성공하겠다든가, 어떤 목표를 가지고 살겠다든가 하는 총체적인 이미지를 그리는 데 매우 중요한 과정이다. 그래서 많은 사람들이 세계와 인류에 공헌하기까지는 그리 순탄하지만은 않은 길을 걷게 되는 것이다.

영국의 총리 마거릿 대처도 의회 의원이 되겠다고 생각은 했지만 예비 정치가들이 흔히 그렇듯 역사나 법학을 전공하지는 않았다. 그녀는 고등학교를 졸업하면서 공무원이 되어 인도에서 근무하겠다는 포부를 가졌는데, 정부에서 여자를 받아주지도 않을 뿐더러 인도에서의 근무는 여성으로서 더욱 힘들 거라는 교장의 만류로 방향을 바꿔 옥스퍼드 대학에서 화학을 전공한다. 하지만 이내 회의를 느끼고 변호사 출신의 보수당 후보의 선거유세를 도와주면서 법학에 대한 관심을 갖는다. 대학을 졸업하고 결혼을 한 이후에야 그녀는 비로소 법학을 공부할 수 있는 여건이 되었다.

이렇게 일단 한 발을 들여놓는다는 것은 매우 중요하다. 왜냐하면 자신의 길을 결정하기까지가 그 후의 과정들보다 몇 배 더 힘들 수 있기 때문이다. 자신의 길을 올바로 찾고 비로소 그 문으로 발을 들여놓는 순간, 성공을 향한 첫 걸음이 될지도 모르기 때문이다.

세계적인 팝가수 마돈나의 경우도 마찬가지다. 그녀는 미시건 대학 무용과에 입학을 했지만 애초부터 재능이 뛰어난 것은 아니었다. 언제나 쇼킹한 스타일을 추구했고, 다른 사람들과 차별화되는 독특한 개성으로 주목을 받긴 했다. 하지만 친구들과 잘 어울리지 못하는 침울한 성격이었다. 게다가 막상 학교에는 아주 어렸을 때부터 레슨을 받아 온 학생들이 대부분이었다. 때문에 정식 교습이라고는 받아본 적 없는 그녀가 그들과 경쟁한다는 것 자체가 하나의 커다란 도전이었다. 그녀는 그들을 따라가기 위해 남들보다 몇 배나 열심히 연습했지만, 훌륭한 발레리나가 될 것 같지는 않다는 결론을 얻었다고 한다.

또 인기배우 바바라 월터즈도 순탄하게 배우의 길을 가게 된 것은 아니었다. 애당초 배우가 되겠다고 작정하고 대학에서 주로 그쪽의 과목을 들었지만 타고난 소질이 없어 번번히 실패를 하고 말았다. 그래서 한때 문학으로 전공을 바꿔보기도 했지만, 역시 그보다는 연기의 길이 자신에게 더 적합하다는 사실만 깨달았다고 한다. 결국 이후부터는 다른 분야를 넘보지 않았다.

성공한 많은 사람들 중에는 보통 사람들과 마찬가지로 때로는 길을 잃고 방황하거나, 제때에 자신이 가려는 길을 가지 못하고 멀리 우회하여 목적지에 닿는 경우도 허다하다. 단지 보통 사람과 뚜렷하게 다른 점은 아무리 멀리, 아무리 힘들게 돌아가야 하는 길이었다 해도 절대 포기하지 않았다는 것이다.

때로는 자기가 전혀 뜻하지 않은 길로 들어서서 대성공을 이루는 사람도 우리 주변엔 매우 많다는 사실을 기억하라. 중요한 것은 언제든 자신의 길을 자주 되돌아보고, 자기의 목적지가 변함없는지, 자신의 계획이 잘 이행되고 있는지 살피는 일이다. '자아'를 찾는다는 것을 결국 쉬지 않고 자기 자신을 살핀다는 뜻이기 때문이다.

자아성취를 위한 5계명

첫째, 'No'라고 할 때는 서슴없이 말한다.

둘째, 탄탄한 자신의 실력으로 승부하라.

셋째, 적극적으로 발표하며, 떳떳하게 말한다.

넷째, 부당한 일을 당했을 때는 당당하게 요구한다.

다섯째, 잘못에 대한 책임은 자신이 확실하게 진다.

✱✱ 명성을 얻으려면 그에 맞는 행동을 해야

이 시대 가장 성공한 사람을 꼽으라면 많은 사람들이 단연 빌 게이츠를 거론할 것이다. 그는 여전히 세계 부자 1위 자리를 고수하고 있으며, 많은 사람들에게 성공 노하우의 벤치마킹을 전수하고 있다. 하지만 그가 하버드 대학에서는 수업보다는 포커를 즐겨 했고, 전산 실습실에서도 해커를 하는 데 더 많은 시간을 허비했다는 사실을 고려

해본다면 그가 그리 쉽사리 성공한 것만은 아니라는 것을 알 수 있다.

사람들은 지금도 그의 DOS프로그램은 게리 킬달의 것을 모방하였고, 윈도는 스티브 잡스의 기술을 모방한 것이라고 그를 평가절하하면서, 그가 성공할 수 있었던 것은 탁월한 기술 개발 때문이라기보다 시대를 예측하고 대비했기 때문이라고 말한다.

아무튼 그는 그동안 주변의 평가 때문에 한 인간으로서의 수많은 좌절을 겪었을 성싶다. 그는 아직도 실패에 대한 두려움을 많이 가지고 있다고 고백한 적이 있다. 또 중소기업에 불과한 넷스케이프를 이기려다 반독점법 위반 소송에 휘말렸을 만큼 성공에 대한 강박관념이 강하다고 털어놓기도 했다. 빌 게이츠는 자신을 너무 공격적이라고 평가하는 사람들에게는 성공하는 것 이외에는 관심이 없다고 말하기도 했는데, 그는 자신의 성공 이유에 대해서 말하길, "기회가 찾아오면 기회를 놓치지 않기 위해 최선을 다했다. 인터넷에 좀 늦게 대응했지만 인터넷에서의 우리들 몫은 분명할 것이다."라며 확고한 신념을 보여주었다.

마이크로소프트사는 유능한 인물들의 집합체로 그로 인해 빌 게이츠는 항상 직원들과 대립 상태에 있기 일쑤라고 한다. "빌 게이츠에게 능력을 인정받으려면 그와 싸워 이겨야 한다. 그리고 그가 '좋아'라고 자신의 고집을 꺾을 때만이 새로운 프로젝트를 추진할 수 있다."라는 이야기도 있다.

흔히 빌 게이츠는 미국의 거부 록펠러와 비교하기도 하는데, 이들은 모두 기회를 잘 포착하여 성공한 사람으로 회자된다. 그러나 기회를 포착하는 힘 역시 자신이 옳다고 믿는 방향을 고집스럽게 몰고가는 신념에서 나오는 또 하나의 힘인 것이다.

미국의 밴드마스터였던 빙 크로즈비의 어린 아들에게 누군가 물었다.

"요즘, 네 아버지와 삼촌은 어떻게 지내고 계시니?"

"그분들은 언제나 유쾌하게 지내고 계십니다."

"그래, 그럼 넌 어른이 되면 어떻게 살아가고 싶지?"

어린 빙 크로즈비는 주저하지 않고 대답했다.

"물론 유쾌하게 지내야지요."

일에 열중해 있는 사람은 언제나 유쾌한 법이다. 당신의 남편이나 아이들이 성공하기를 원한다면 오늘부터라도 일에 열중하도록 격려해주도록 해라.

미국 생명보험계의 경이적인 성공자이며, 유명한 야구 선수였던 프랑크 베드거는 프로야구 선수가 된 지 얼마 안 되어서 자신의 생애를 통해 가장 충격적인 사태와 맞닥뜨린다. 해고당한 것이다. 해고 이유는 너무 느리다는 것이었다.

"이 팀을 떠나 어떤 일을 하든지 자기 일에 최선을 다해 열중해야 할 걸세. 그렇지 않으면 자네는 평생 출세하지 못할 거야."

감독이 마지막으로 충고를 해주었다. 그는 먼 지방으로 가서 다시 프로 팀에 들어갔다. 그리고 그동안의 좌절과 실의를 말끔히 씻어버리고 가장 열심히 하는 선수라는 인정을 받기로 결심했다.

명성을 얻으려면 그에 알맞은 행동을 해야 했다. 그 역시 첫날 구장에 나간 순간부터 마치 전기에 감전된 사람처럼 행동했다. 내야수의 손이 저릴 만큼 스피드 넘치는 강한 볼을 던졌다. 어떤 때는 너무나 맹렬한 기세로 3루에 뛰어들어, 3루수가 그 기세에 질려 공을 놓쳤고, 덕분에 도루를 성공시키기도 했다. 그 결과는 어떠했을까? 마치 마술과도 같은 작용을 했다. 그의 열의는 그의 마음속에 있던 공포심을 완전히 몰아냈다. 또 그의 열의는 같은 팀의 다른 선수들에게도 전파되어 그들도 뛰어난 플레이를 할 수 있게 만들었다.

신문은 연일 그를 격찬했고, 관중은 환호했으며, 감독은 좋아서 입이 벌어졌다. 그의 월급은 25달러에서 185달러로 뛰어올랐다. 그로부터 2년 뒤에 그는 세인트루이스 카디널스의 3루수가 되었고, 수입은 무려 30배로 껑충 뛰었다. 그러나 그는 팔에 입은 부상으로 야구를 단념해야 했고, 고민 끝에 생명보험 업계로 뛰어들었다. 그리고 열정적인 자세로 보험업계에서조차 톱이 되었다.

❋❋ 신화창조의 비밀

우리나라 부자들도 예외는 아니다. 그들 역시 어려서부터 자기 자신에 대한 신념이 강인했으며, 굴하지 않는 철저한 프로정신의 소유자들이었다.

1998년 6월, 통일소와 함께 판문점을 통해 북한을 방문할 때, 기자회견에서 정주영은 이렇게 말했다.

"어릴 적 가난이 싫어 소 판 돈을 가지고 무작정 상경한 적이 있다. 그 후 나는 묵묵히 일 잘하고 참을성 있는 소를 성실과 부지런함의 상징으로 삼고 인생을 걸어왔다. 이제 그 한 마리가 1천 마리의 소가 되었고, 그때의 그 빚을 갚기 위해 꿈에 그리던 고향산천을 찾아간다. 이번 방북이 단지 한 개인의 고향 방문을 넘어 남북간의 화해와 평화를 이루는 초석이 되길 진심으로 바란다."

정주영은 어려서부터 장안에서 제일가는 부자가 되겠다는 꿈을 늘 마음속에 그리고 있었다. 시골에서 아버지 몰래 소를 판 돈 70원을 가지고 도망나온 정주영은 '복흥상회'라는 쌀가게 배달원으로 취직을 하여 비록 적은 월급이었지만 그 절반을 저금하면서 생활했다. '가진 것이라곤 몸뚱이와 신용밖에 없다'고 생각한 정주영은 누구보다 열심히 일했다. 새벽 일찍 일어나 가게의 문을 열고, 청소를 하고, 정리를 하는 정주영을 보고 주인은 매우 흡족해했고, 그를 점점 신뢰하게 되었다. 열아홉에 고향을 떠나온 정주영에게 절약은 철칙이었다. 먼 거리도 차비가 아까워 걸어다녔으며, 구두가 닳을까 봐 구두 밑창에 징을 박기도 했다. 그는 옷 한 벌로 사계절을 보내는 지독한 알뜰함으로 버텨나갔다.

현대건설이 국내에서 굴지의 회사로 성장해나갈 무렵, 조선소와 자동차 공장을 짓는 데 너무 많이 투자한 나머지 회사 사정이 어려워진 일이 있었다. 그때 새로운 길을 찾아야겠다고 생각한 정주영은 중동 진출을 모색하기 시작했다. 그러나 주변에서는 모두들 극심하게 반대했다. 이미 세계 선진 회사들이 자리잡고 있는 터에 기술이 부족한 현대로서는 어려운 일이라는 게 그 이유였다. 그러나 한 번 입에서 나간 말에 대해서는 꼭 이루고야 마는 기질 때문에 '불도저'라는 별명을 가지고 있던 정주영이 물러설 리 없었다.

"해보지도 않고 그걸 어떻게 압니까?"

36

반드시 이루고야 말겠다는 의지, 최선을 다해서 경쟁해보겠다는 도전정신, 그리고 하면 된다는 마음의 신념을 굳게 지니고 살았던 그는 한 치의 물러섬도 없었다. 그리고 '하늘은 스스로 돕는 자를 돕는다'는 말처럼 그는 모두가 불가능하다고 여겼던 일을 성공시켰다. 중동에서 자그마치 당시 우리나라의 총예산의 4분의 1이나 되는 돈을 벌여들였던 것이다.

✱✱ 프로정신으로 무장하라

'컴퓨터의 귀재'라는 닉네임으로 최연소 억만장자가 된 빌 게이츠는 그의 특이한 행동 때문에 '편집광이 아니냐', '자폐증 같다'는 소문으로 세인들의 입에 오르내리고 있다. 그러나 그는 자신의 일에 있어서만큼은 철두철미한 프로정신을 갖고 있기 때문에 그런 반응에는 전혀 신경쓰지 않는다. 오히려 중요 시점마다 스스로를 주요 미디어에 표지모델로 등장시켜 간접 마케팅 이미지를 전하는 커뮤니케이션 전략을 쓰고 있다. 'IT산업의 마키아벨리'라는 또 하나의 닉네임과 함께 이런 일련의 행동은 그가 철저한 프로임을 입증해주는 증거라 하겠다.

코카콜라의 트레이드 마크인 주름 잡힌 여체(女體) 모양의 특이한 병을 고안한 사람은 미국 조지아 주에서 태어난 한 농부의 아들이었다. 루드라는 이름의 이 남자는 초등학교만을 겨우 졸업한 유리병 공장의 직원이었다. 어느 날, 그는 신문에 난 모집광고를 보게 되었는데, 상금은 최고 천만 달러까지 걸려 있었다. 그런데 당시 코카콜라 사가 제시한 수상 조건은 매우 까다로웠다. 모양이 예뻐야 하고, 물에 젖어도 미끄러지지 않아야 하며, 양이 적게 들어가야 한다는 것이었다. 루드는 여섯 달 동안이나 연구를 거듭했지만, 실패만 했다. 세 가지 조건을 모두 만족시키는 병을 만들기란 쉬운 일이 아니었다. 그러던 어느 날, 여자친구가 찾아왔다. 그는 무심코 애인의 치마를 보다가 이렇게 소리쳤다.

"주디, 잠깐만 그대로 서 있어봐. 그래, 바로 그거야!"

그날 주디는 당시 유행하고 있던 주름치마를 입고 있었는데, 엉덩이의 곡선이 아름답게 나타나는 통이 좁은 치마였다. 루드는 이에 착안하여 병을 완성시켰다.

"이 병은 모양도 좋고 물에 젖어도 미끄러지지 않습니다."

그러나 코카콜라 사장은 시큰둥하게 대답했다.

"참 좋아 보이긴 하나, 가운데가 불룩해서 양이 많이 들어갈 것 같군요."

그러자 그는 사장 앞에 있던 물컵을 집어들고 말했다.

"그렇다면 제가 만든 이 병과 이 물컵 중 어디에 물이 더 많이 들어갈 것 같습니까?"

"아니, 그걸 말이라고 하시오? 당연히 당신의 병에 더 많이 들어가겠지요."

루드는 말없이 병에 물을 가득 채우고는 다시 그것을 물컵에 따라 보았다. 병의 물을 다 따르고 보니 그것은 물컵의 80퍼센트밖에 차 있지 않은 것이 아닌가. 사장은 반색하며 그 병의 디자인을 사기로 계약

했고, 루드는 열여덟 살의 나이에 거부(巨富)가 되었다.

세계 음료시장을 석권하고 있는 이 주름 잡힌 여체 모양의 병은 이렇게 해서 태어난 것이다. 프로란 다른 사람들이 아무렇지도 않게, 대수롭지 않게 여기는 것들까지도 세심하게 관찰하는 사람인 것이다.

"다른 사람이 모두 'No'라고 말할 때 'Yes'라고 말할 수 있는 사람?"

많은 사람들이 등을 돌리고 서 있는데, 유독 한 사람만이 뒤돌아서서 웃으며 외친다.

"Yes!"

전 국민의 유행어로 급부상하면서 수많은 패러디를 탄생시켰던 이 광고 장면을 기억하는가. 전문용어로 '카피'라고 불리는 이 짧은 문장은 얼핏 들으면 아주 쉽고 매우 빠르게 와닿는 효과가 있다. 그러나 짧으니까 쓰기도 쉬울 것이라는 판단은 금물. 한 달, 두 달, 심하면 일 년을 머리를 싸매고 골똘히 연구하고 모색하는 것이 바로 광고 카피의 세계다.

아이디어를 말하는 사람은 많다. 그러나 그것을 실행 가능한 기획으로 끌어내는 사람은 많지 않다. 왜냐하면 골똘히 연구는 하면서도 계속해서 기록해두고 연구하는 자세가 부족하기 때문이다. 광고에서뿐 아니라 기획서나 계획서, 그리고 간단명료한 문구를 써야 하는 보고서나 상사나 거래처에 써 내야 하는 문서들을 어떻게 하면 효과적으로 작성할 수 있는가는 직장인들의 큰 고민이자 관심사이다. 이 기회에 자신을 어필해야겠는데 달리 뾰족한 방법은 없고, 단순한 나열 방식의 글을 쓰자니 두서없고 산만해지는 것만 같아 고치고 또 고치기를 반복한다.

일반적으로 직장인들의 글쓰기에서 강조되어야 할 점은 명료성과 효용성, 그리고 신선감과 친근감이다. 이밖에도 무엇을 강조해야 할지, 어떤 컨셉트를 잡았는지, 자신의 특성을 나타냈는지 등에 대한 신중한 고려가 필요하다. 쓰기력은 바로 나 자신을 브랜드화하는 힘이다. 사회생활의 인간관계 속에서 말하고 듣고 쓰기는 이제 막강한 힘, 브랜드가 된 것이다. 그러므로 다른 사람과 차별화되고 특성화된 전략을 위해서 노력하는 나라면 쓰기력에서부터 프로 리더가 되라.

성공한 사람들의 과거 얘기를 듣다 보면 과연 성공할 수밖에 없는 노하우가 있음을 깨닫게 된다.

"아하, 그래. 그랬으니 성공했지."

이처럼 그들에게는 무언가 남다른 비법을 연구해야 할 필요가 있다. 바꿔 말해서 "뭐야, 저 사람 또 쓰고 있잖아."와 같은 비아냥을 듣는다면 '나는 어느 정도 성공에 가까워지고 있다'고 생각하라.

"메모지가 덕지덕지 붙어 있고, 꼭 무당집 같아."

이런 말을 듣는다면 당신은 상당 수준으로 특성화되어가고 있다는 의미로 받아들여라. 그것은 매우 고무적이고 긍정적인 반응이므로 오히려 기분 좋아할 일이니 아무 염려하지 마라. 신경쓸 필요도 없다.

모름지기 진정한 프로는 자신의 일에 자부심을 가지고 있으며, 다른 사람의 시선에 신경 쓰지 않고 당당하게 앞으로 나아가며, 다른 사람의 평에도 절대 흔들리지 않는 법이다.

**＊＊즐거운 리더, 행복한 리더

"자연으로 돌아가자"고 외친 프랑스의 사상가 루소는 학교라곤 문턱에도 가본 일이 없는 불우한 환경 속에서 살았던 사람이다. 어머니는 루소를 낳자마자 사망하였고, 아버지는 프랑스 군인을 때린 후 후환이 두려워 여섯 살 난 루소를 숙부에게 맡기고 야반도주했다. 게다가 숙부는 아버지가 경영하던 시계방을 걷어치우고, 루소를 일찍부터 취업전선에 내보냈다. 거기서 주인에게 몰매를 맞아가면서 희망이라곤 보이지 않는 생활을 보내던 루소는 어느 날 마음을 독하게 먹고 제네바를 떠나기로 결심한다.

열여섯 살의 겁쟁이였던 루소로서는 대단한 마음의 결심이 아닐 수 없었다. 배운 것이 없던 그로서는 이후 구두닦이, 신문팔이, 사환, 하인 등 비천한 직업을 전전하면서 삶을 영위해나가는 것이 얼마나 어려운 일인가를 체득했고, 그럴수록 학문에 대한 욕구가 강해졌다. 심지어 그는 거렁뱅이 생활과 좀도둑질까지도 해야 하는 최악의 사태를 경험하면서도 현실을 낙망하거나 좌절하기보다는 더 나은 미래를 위해 어떻게 해야 하는가 하고 스스로에게 묻기를 반복했다.

그 결과, 그는 학문의 길에 대한 깊은 통찰을 이끌어내고, 마음속에 깊은 깨달음을 얻게 되었다. 이후 그의 생활이 어떠했는가는 우리가 알고 있는 그의 업적으로 충분할 듯하다.

이렇게 마음속에 신념이 뿌리내리면 이후부터의 생활은 180도 달라진다. 달라질 수밖에 없다. 아니, 자동적으로 달라지게 되어 있다. 여기까지가 문제다. 마음이 달라진 이후부터는 사실 아무것도 문제

될 것이 없다. 왜냐하면 마음이 달라지면 모든 것이 달라지기 때문이다. 발전적으로, 긍정적으로, 생산적으로, 진취적으로 달라지기 때문이다. 그러니 무엇이 문제이겠는가?

이것이 바로 신념의 놀라운 힘이다. 신념은 루소라는 한 사람의 위대한 사상가를 낳았고, 이는 다시 한 사람의 위대한 영웅을 탄생시켰다. 그가 바로 나폴레옹이다.

나폴레옹은 루소의 《사회계약론》을 읽다가 일생의 전환점이 된한 구절을 발견했다.

나(루소)는 어쩐지 코르시카 섬을 볼 때마다 이 작은 섬에 언젠가는 유럽 천지를 깜짝 놀라게 할, 역사를 변혁시킬 만한 위대한 영웅이 나타날 것만 같은 예감이 든다.

이 구절은 나폴레옹의 가슴을 뭉클하게 했고, 그는 두고두고 이 구절을 자기 자신을 채찍질하는 용기와 희망의 원동력으로 삼았다.

나폴레옹은 '(루소가 말한)영웅'이 되기 위해 군인이 되고자 했다. 그래서 육군소년학교에 입교한다. 그러나 그의 길은 순탄치 못했다. 너무나 가난하여 급우들로부터 온갖 멸시와 천대를 받아야 했던 것이다. 옷 한 벌, 신발 한 켤레를 제대로 사 입지 못하는 그를 급우들은 불량 학생으로 취급했다. 그런 모욕을 받을 때마다 나폴레옹은 오로지 책과 벗하며 시름을 달래었다. 그래서 열세 살 때에는 수석을 차지하기도 했다. 기쁨도 잠시, 생도들이 나폴레옹의 지휘를 받지 않겠다며 항의했다. 공부밖에 몰랐던 독불장군 나폴레옹에 대한 반감이 표출된 것이었다. 나폴레옹은 절망에 빠질 뻔했다. 그러나 교장의 말은 나폴레옹에게 새로운 깨우침을 안겨주었다.

"네가 강직하고 성실하며, 의지가 굳은 학생임을 나는 알고 있다. 하지만 세상은 절대 혼자서 영웅이 되는 것을 허락하지 않는다. 영웅이나 위인은 주위에서 만들어주어야만 비로소 탄생되는 법이다. 훌륭한 군인이 되려면 독불장군이 되어서는 안 된다. 부하의 신임과 존경을 한 몸에 지닐 수 없는 군인은 절대로 훌륭한 군인이 될 수 없다."

이후 나폴레옹은 자신의 성격을 바꾸기 위해 노력했다. 친구들과 어울려 트럼프 놀이도 하고, 농담도 해가며 주변과 어울리려 애를 쓰기 시작했다. 그렇게 하자 그를 멀리하던 사람들이 조금씩 가까워졌으며, 나중에는 나폴레옹과 뜻이 맞는 사람들이 늘어갔다. 이렇듯 나폴레옹은 루소의 말과 교장의 충고를 적절히 받아들여 발전의 원동력으로 삼는 지혜를 발휘했다.

다른 사람보다 뛰어난 사람은 무엇이 달라도 다르다. 그들은 인생을 즐겁게 바라보며, 무엇보다 인생을 즐겁게 살아간다. 그런 힘은 어디에서 나오는 것일까. 답은 의외로 단순하다. 즉, 마음속에 신념이 있는 사람은 인생이 즐겁다. 사는 것이 행복해진다. 사람과의 만남이 재미있다. 마음이 단단해지면 아무것도 거리낄 것이 없다. 두려움과 걱정이 사라지고, 자신감과 희망이 샘솟는다. 이런 힘은 당연히 마음속의 신념으로부터 나오는 것으로, 불가능이 없는, 그야말로 인생에 있어서 '초강력 울트라 파워'를 발휘하게 해준다.

선천적으로 보통 사람보다 남다른 강인한 신념을 타고나는 사람도 있다. 하지만 대개는 후천적으로 자기 자신의 확고한 결심이나 외부적인 어떤 계기를 통해 신념을 굳힌다. 특별한 사건이나 감동적인 한 마디 말을 통해서도 어느 날 갑자기 깨달음이 일어나고, 마치 활화산처럼 신념의 에너지가 솟아오르기도 한다. 특히 인생의 어떤 계기를 통해 결정적인 전환점을 맞이하고, 그때부터 승승장구 성공적인 삶의 길로 들어서는 경우가 많이 있는데, 동서고금을 통해 수많은 위인들도 역시 예외가 아니었다.

한 마디 말 때문에 불후의 인기 작가가 된 사람이 바로 추리소설의 대명사 애거서 크리스티다. 그녀는 본래 음악가나 시인을 꿈꾸던 수줍음 많은 소녀였다. 연극이나 음악, 글쓰기를 좋아했던 그녀는 한때 프랑스 파리에서 오페라 수업을 받은 적이 있을 정도로 예술가로의 진출을 모색하며 사춘기를 보냈다. 그러던 그녀가 스물여섯 살이 되었을 때였다. 어느 날, 언니와 추리소설에 대한 이야기를 나누다가 언니가 애거사에게 한 마디 던졌다.

"너는 시를 쓸 수 있을지는 몰라도 절대로 추리소설은 쓸 수 없을 거야."

이 말은 애거서의 자존심을 건드렸다. 그녀는 오기를 품고 추리소설에 도전했다. 그리하여 3주 만에 처녀작 〈스타일즈장 살인사건〉을 완성했고, 〈아크로이드 살인사건〉으로 일약 인기작가의 대열에 들어서게 되었다.

러시아의 대문호 톨스토이 역시 문학활동으로만 일관한 건 아니었다. 그는 인간의 욕망으로 치닫는 서구 물질문명에 대해 경악하고 번민하여 방황하는 날들을 보냈다. 그러던 그는 마흔여덟 살 때 인생의 전환점을 맞게 된다. 쉰이 다 되도록 여유로운 생활을 즐기던 톨스토이는 어느 날 갑자기 주위에 눈이 번쩍 뜨였다. 자신뿐만이 아니라 무수한 인간들이 절망을 겪고 있음을 깨달았던 것이다.

"문득 신을 믿지 않을 때는 살아 있는 것이 아니라는 것을 알았다. 신을 생각함으로써 생명의 물결이 내 마음속에 일어났다."

톨스토이는 신앙에 귀의하여 자신의 흔들리는 마음을 바로잡고자 노력하는 한편, 지금까지의 생활을 정리하여 《나의 참회록》을 썼다.

이렇듯 남다른 사람들은 우연한 기회도 결코 가벼이 넘기지 않고, 자기 자신에게 유리한 쪽으로 작용하도록 생각하는 힘이 강하다.

그렇다면 당신은, 인생의 승자가 누구라고 생각하는가? 거대한 부를 이룬 사람? 최고의 명예의 자리에 오른 사람? 인생의 진정한 승자는 인생을 진정으로 즐기며 살아가는 사람이 아닐까 한번 생각해보라. 인생을 살아가는 정답은 없다고 하지만, 어차피 살아가는 인생, 즐겁게 살아가는 사람만이 인생의 아름다운 향기와 맛을 고루 충분히 느끼며 살아가게 되어 있으니까.

당신도 지금부터라도 즐거운 리더, 행복한 리더가 되어볼 의향은 없는가?

**✻열정적인 리더는 웃는다

걱정 근심을 접어두고 일에 매진하는 마음은 여유로 이어진다. 또 여유는 상대를 제압하는 힘을 만들어낸다.

어떤 스포츠이건 간에 '기(氣) 싸움'이 먼저라는 말이 있다. 눈빛으로나 얼굴 표정으로, 몸짓으로 상대에게 허점을 보이지 않는 작전이 우선이라는 말이다. 즉, 우승자들은 여유를 통해 먼저 상대를 제압했던 것이다.

현대그룹이 한창 사업을 확장하고 있을 무렵 공장에 큰불이 났다. 사람들이 발을 동동 구르며 안타까워 했다. 그런데 아수라장이 되어 있는 화재 현장으로 달려온 정 회장은 무심히 불길을 바라보다가 한마디 던졌다.

"어차피 다시 지으려 했는데, 잘됐구면."

마음이 강한 사람에게서는 이런 여유가 나온다.

우리가 모르는 사람과 처음 만날 때는 대개 어떤 불안감 같은 것을 느낀다. 사람 사이에서 이런 불안감을 해소시켜주는 것이 바로 미소다.

"나의 미소는 1백만 달러의 가치가 있다."

미국의 사업가 찰스 슈와프가 세계적인 성공을 이룰 수 있었던 비결은 오로지 그의 인품과 남에게 호감을 사는 데 탁월한 능력을 소유하고 있었기 때문이었다. 그리고 더불어 언제나 밝은 미소와 표정이 있었다. 그로 인해 모든 사람에게 좋은 인상과 안도감을 주고, 결과적으로 신뢰감을 이끌어냄으로써 어떤 힘든 일도 잘 해결해나갈 수 있었던 것이다.

이탈리아의 배우 모리스 슈발리에는 성미가 매우 까다롭고 무뚝뚝하기로 소문나 있었다. 그러나 그는 늘 미소 지으려고 노력했고, 그 결과 그의 미소는 상업적인 코드가 되어 그의 성공에 부채질을 해주었다.

미소는 말 이상의 효력이 있다. 그러나 마음이 깃들어 있지 않은 미소에 속을 사람은 아무도 없다. 참다운 미소, 마음이 느긋해지는 미소, 마음속에서 우러나오는 미소, 그런 미소만이 천금의 가치를 지니는 법이다.

미국의 전설적인 판매왕 조 지라드는 자신의 성공 노하우에 대한 질문에 "웃음만이 모든 것을 여는 만능 열쇠"라고 답했다.

쇼핑을 하다 보면 조금 마음이 불편해지는 경우가 있다. 좀 전까지 분명 무슨 일이 일어난 듯 어수선하지만 점원은 프로다운 자세로 나를 향해서 활짝 웃고 있다. 그럴 때 고객은 어색해진다. 이와 같은 어색한 분위기가 감지되는 경험을 해본 적이 없는가?

그것은 '만들어진 웃음'이기 때문이다. 갑자기 고객을 발견하고 웃는 웃음은 고객에게 '왠지 뭔가 있는 것 같아. 강매라도 당할 것 같아'라는 피해의식을 안겨줄 수 있다. 그러므로 단순히 웃는 얼굴만 만들면 되는 것이 아니다. 영어로 보면 현재진행형, 즉 좀 전까지 웃는 얼굴로 지금까지 지속되는 여운과 진행이 필요하다는 말이다.

우선 시계나 스톱워치를 준비하고 1분간 웃는 얼굴을 유지해보자. 평소에 쓰지 않던 근육을 움직이려니 처음엔 아플 수도 있지만, 차츰 좋아질 것이다. '아까부터 계속 웃는 얼굴!', 이것이 중요하다.

인품이 나쁘거나 악의가 있는 것도 아니면서 말솜씨가 없는 탓에 반감을 사고 남들과 어색하게 지내는 사람이 의외로 많다. 그것은 같은 내용의 이야기라도 말하는 요령에 따라 상대를 즐겁게 하기도 하고, 화나게 만들기도 하기 때문이다. 커뮤니케이션 전문가의 연구결과에 따르면, 사람이 상대와 마주해서 받게 되는 자극 가운데 눈으로 들어오는 것이 가장 강한데, 그 비중은 55. 5퍼센트나 된다고 한다. 그 다음이 듣는 음성으로 38퍼센트를 차지하고, 내용은 불과 7퍼센트에 불과하다고 한다. 이 결과를 바탕으로 보면 필요한 단어만 입에 올려서 이야기를 전달할 수 없는 것이 분명하다.

그렇다면 어떻게 이야기해야 좀 더 실감나고 상대의 인상에 강하게 남는 이야기를 전할 수 있을까?

첫째, 음성이 중요하다.

혼자서 독백하듯이 중얼거리는 사람의 말은 정말 짜증난다. 유창한 말솜씨는 아니더라도 한 마디 한 마디에 담긴 성의는 듣는 사람에게 그대로 전해지는 법이다.

둘째, 눈으로 말하라.

아무리 좋은 말을 늘어놓아도 시선이 고정되어 있지 않으면 신뢰성이 떨어진다. 눈빛은 정직하다. 신나고 경쾌한 눈빛으로 말해야 한다.

셋째는 태도, 즉 온몸으로 말하라.

일단 상대를 웃겨 놓아라. 몇 번만 웃기면 바로 당신은 웃기는 사람으로 낙인찍힌다. 이런 낙인, 즐거운 선입견은 백만 불짜리 낙인이다. 이 낙인을 발견한 사람은 다음번에 당신을 다시 보게 되면 곧바로 웃을 태세를 갖춘다. 입가에 웃음을 머금고 밝은 눈빛으로 다가올 것이다. 그런 기대 심리가 그들의 마음을 편안하게 하고, 자석처럼 당신에게 가까이 다가가게 만든다.

누군가와 대화를 할 때 상대방이 내 눈을 바라보고 있으면 그 사람

한테서 당당하다는 인상을 받는다. 상대를 서로 바라본다는 행위에는 물론 상당한 긴장이 따른다. 흔히 우리는 이 긴장을 부담스럽게 생각하여 무의식적으로 시선을 딴 데로 돌리곤 한다. 이 말은 곧 상대의 눈을 정면으로 바라보면서 이야기를 한다면 그만큼 상대에게 강한 인상을 줄 수 있다는 말이 된다. 당신의 당당함과 자신감을 표출하는 것이다. 반대로 상대로부터 시선을 돌리거나 아래를 보는 행동은 스스로의 이야기에 자신이 없다거나 상대보다 열등하다는 점을 무언 중에 드러내는 것이다.

충분한 자기 표현을 하기 원한다면 다소의 긴장이나 어색함이 느껴지더라도 반드시 상대의 눈을 보면서 이야기를 하는 것이 좋다. 특히 서두 부분, 즉 상대가 이야기를 하기 시작하는 순간에는 절대 눈을 피하지 마라. 의식을 하고서 상대의 눈을 들여다보아야 한다. 단, 너무 뚫어져라 쳐다보면 내 쪽에서 눈이 시큰해질 수 있다. 그럴 때는 3~4초간 바라본 후 일단 눈을 떼는데, 여기에도 요령이 있다. 먼저 눈을 위로 향해버리면 잘난 척하는 태도로 보여서 반발심을 살 수 있다. 그렇다고 좌우로 두리번거리면 상대가 불안해한다. 따라서 천천히 티내지 않으면서 자연스럽게 아래쪽을 향하는 것이 좋다. 상대의 얼굴에서 아래로 눈을 옮겨 마치 무언가 생각하는 듯 보이게 하는 것이다. 그러나 몇십 초간이나 눈을 피하고 있다면 역시 상대는 불안해진다. 말하는 사람이 "그렇지?"라고 동의를 구한다든지 할 때, 이야기 중간에 틈이 생기면 다시 자연스럽게 상대의 눈을 보고 말을 이어가야 한다.

눈은 입만큼 중요하다. 특히 중요한 내용을 말할 때 상대방의 눈에 시선을 고정시키고 미소를 띠며 이야기하라. 진취적인 기상과 의지, 자신감, 그리고 부드러운 미소를 전달해야만 상대방의 마음을 움직일 수가 있다.

미국의 카네기 제철회사의 전무였던 찰스 슈와프는 프린스턴 대학의 학생들을 대상으로 연설을 하면서 자신이 남으로부터 얻은 교훈 하나를 강조했다. 더불어 그것이 카네기 제철회사에서 일하는 늙은 독일인에게서 배운 것이라고 고백했다.

어느 날 전쟁 중에 흔히 벌어지는 전쟁에 관한 맹렬한 논쟁에 휩쓸렸다가 흥분한 노동자들에 의해 그 나이든 독일인은 강에 내던져졌다. 흙탕물에 빠진 생쥐 모습으로 사무실에 그가 나타나자 슈와프가 물었다.

"당신을 강에 내던진 사람들에게 뭐라고 했소?"

"그냥 웃었지요, 뭐."

슈와프는 그 일이 있은 후부터 그 독일인이 대답했던 '그저 웃어라!'를 좌우명으로 삼게 되었다고 했다. 이것은 부당하게 희생이 되었을 때 특히 도움이 되었다고 했다. 덤벼드는 상대에게는 대꾸할 수 있지만 '그저 웃는' 상대방에게는 어떻게 할 수가 없는 법이기 때문이다.

✳✳유능한 리더의 자질

그렇다면 어떻게 하면 다른 사람의 마음을 움직여 협력을 얻어낼 수 있을까.

첫째, 항상 감사하는 마음을 표현해야 한다. 아무리 사소한 것이라도 상대방이 당신을 위해 해준 일에 대해서는 마음으로부터 우러나오는 고마움을 전달할 수 있어야 한다. 절대로 상대방의 행동이 당연하다는 태도를 보이거나 가져서는 안 된다.

둘째, 자기 혼자만 인정받으려고 해서는 안 된다. 영광을 혼자서 독차지하기보다는 그것을 과감히 투자해야 한다.

세째, 상대방의 자발적인 협력을 유도해야 한다는 것이다. 채찍보다 당근을 준다는 원리다.

한편 중국의 현인 손자는 리더가 갖추어야 할 자질로 지(智), 신(信), 인(仁), 용(勇), 엄(嚴)이라는 다섯 가지를 꼽았다.

첫째, 지(智)는 상황을 면밀하게 판단하고, 적절하고 합리적인 결정을 내리라는 말이다.

둘째, 신(信)은 부하직원을 믿고, 부하직원들의 신뢰를 받아야 한다는 말이다.

셋째, 인(仁)은, 리더는 부하직원을 따스한 마음으로 보살피는 너그러움을 지니고 있어야 한다는 말이다.

넷째, 용(勇)은 결단이나 실행을 하는 데 있어 용맹스러워야 한다는 말이다.

다섯째, 엄(嚴)은, 리더는 조직의 규율을 엄격하게 지켜야 한다는 말이다.

이 다섯 가지 조건은 오늘날까지도 변함없는 리더의 필수덕목이라고 할 수 있다. 가족, 친구, 동료 간의 수평 관계도 중요하지만, 사회생활에서는 특히 상사와의 관계, 부하직원과의 관계 등 수직 관계를 잘 유지해야 하루하루의 생활이 편안할 뿐만 아니라 장차 성취할 행복과 성공의 바탕이 된다.

그렇다면 어떤 리더가 가장 훌륭한 리더일까? 그 해답은 바로 이 책 속에 있다. 당신이 사람을 잘 관리하는 방법, 즉 리더십을 충분히 익혀서 활용한다면 성공과 행복이 눈앞에 있다고 할 수 있겠다.

한편, 노자의 5계(五戒)는 석가나 예수의 계율과는 다른 맛이 있다. 사마천의 《사기》에 의하면, 노자는 주나라의 궁정 도서실의 기록계장으로 있다가 궁정 생활에 염증을 느껴 떠돌이 학자가 되었다고 한다. 한번은 공자가 주나라로 노자를 찾아가 예를 갖추고 묻자, 노자는 이렇게 대답했다.

"뛰어난 상인은 물건을 깊숙이 감추고 아무것도 없는 것처럼 행사하며, 덕이 있는 군자 역시 어리석은 사람처럼 보이는 법이네. 그런데 자네는 자만심이 강하고 욕심이 많아 보이는군. 그러한 태도와 지나친 욕망은 버려야 하네. 내가 자네에게 가르쳐줄 수 있는 것은 이정도라네."

훗날 공자는 '선생님'이라 불리면서 높은 곳에서 사람이 지켜야 할 도리를 가르치려고 했다. 하지만 노자는 평범한 민중들과 함께 지내면서 사람으로서 나아가야 할 길을, 좋은 서민으로서의 인간관계론을 고민하고 설파했다.

《노자》 81장에 나오는 가르침을 다섯 가지 계율로 요약하자면 다음과 같다.

첫째, 진실함이 없는 아름다운 말을 해서는 안 된다. 세상에는 남의 비위를 맞추거나 다른 사람을 추켜세우고, 금방 밝혀질 사실을 감언이설로 얼버무리는 재주로 인생을 살아가려고 하는 사람이 너무나 많다. 그러한 행동으로는 사람들로부터 신뢰를 얻지 못하며 결코 리더가 될 수도 없다.

둘째, 지나치게 말을 많이 해서는 안 된다. 말이 많은 것보다는 없는 편이 좋다. 말없이 성의를 보이는 것이 오히려 신뢰를 갖게 한다. 말보다 태도나 행동으로 나타내 보여야 한다.

셋째, 아는 체하지 말아야 한다. 아무리 공부를 많이 하여 많이 알고 있더라도 아는 체하는 것보다는 침묵을 지키는 편이 낫다. 지혜로운 사람은 지식이 있어도 이를 남에게 자랑하지 않는 법이다.

넷째, 지나치게 돈에 집착해서는 안 된다. 돈은 인생의 윤활유로 생활하는 데 반드시 필요한 것이다. 그러나 '돈은 좋은 사환이지만 경우에 따라서는 나쁜 주인이 된다'고 한 베이컨의 말처럼, 돈에 집착한 채 일생을 보내는 것은 바람직한 일이 아니다. 돈으로는 해결될 수 없는 일들이 많기 때문이다.

다섯째, 다투지 말아야 한다. 다른 사람과 다투는 것은 손해다. 어떤 일이나 어떤 상황에서든 유연하고 여유 있게 대처해야 한다. 직장에서 자신의 주장이 관철되지 않으면 남과 다투어서라도 자기 주장을 밀고 나가려는 사람이 있는데, 이러한 태도는 이익보다 손해를 이끌어낸다. 사회생활에서 기본이 되는 인간관계를 그르치기 때문이다.

미국 CEO들이 말하는 '리더십이란?'

1. A. G. 래프리(P&G CEO), "주어진 대화 시간의 3분의 2를 듣고, 그 나머지를 대답하는 데 사용한다."

2. 칼리 로니(더눗 공동창업자 CEO), "회사를 이끄는 것은 육아와 비슷하다. 아이들이 커가면서 어느 정도 포기해야 하는 것처럼 조직에 대해서도 포기해야 할 건 포기해야 한다."

3. 테리 룬드그렌(페더레이티드 CEO), "열심히 남의 말을 들은 뒤에는 무엇을 해야 할지에 대한 결정을 내려줘야 한다."

4. 케빈 셰러(앰진 CEO), "새로운 일을 하는 건 항상 무서운 것이지만, 리더는 그런 위험의 최전선에 자신을 내던져 모험을 감내할 각오를 해야 한다."

5. 빌 졸러스(옐로로드웨이 CEO), "리더는 실패라는 단어에 친숙해져야 한다. 새로운 것을 시도하는 데 두려움이 없어야 하기 때문이다."

6. 행크 폴슨(골드먼삭스 CEO), "내가 저지른 실수에 대해 얘기하는 것으로 대화를 시작한다."

7. 브래드 앤더슨(베스트바이 CEO), "나 자신만의 관점을 가지기 위해 더 고집스러워지려고 노력했다."

리더의 처세훈

사자가 자고 있는 토끼를 발견하고 막 덮치려고 할 때, 사슴 한 마리가 곁으로 지나갔다.

"이게 웬 떡이냐. 이놈보다는 저놈이 더 맛이 좋겠지?"

사자는 토끼를 제쳐놓고 사슴을 쫓아갔다. 한참 동안 쫓아다녔으나 결국 사슴을 잡지 못했고, 결국 다시 토끼가 자던 곳으로 돌아왔다. 그러나 토끼는 이미 거기에 없었다.

사자는 혼잣말로 중얼거렸다.

"이것은 당연한 보수야. 입 속에 들어온 먹이를 버리고 더 큰 희망을 택하였으니……."

* 큰 이익을 추구하다 이미 얻어놓은 이익마저 잃는 경우가 있다. 모름지기 리더는 이 점에 유의해야 한다.

2

리더십의
심리학

**＊＊ 리더의 유형

　심리학적으로 사람이 어떻게 행동하느냐에 따라 다음 일곱 가지 유형으로 분류해 볼 수 있다.

　첫째, 발견형. 회사나 부문의 문제 발생에 대해서 민감하고, 다른 사람이 생각하기 전에 문제를 정확하게 파악하는 유형이다. 문제의 해결은 정확한 문제의 파악에서 비롯된다. 그리고 발견은 문제 파악의 전제 조건이다.

　둘째, 탐색형. 여러 가지 정보나 새로운 지식의 흡수에 열성적이고, 새로운 관리 기술의 유효성을 느끼게 하는 유형이다.

　셋째, 아이디어맨. 항상 기발한 것을 말하여 사람들을 놀라게 한다. 문제 해결의 아이디어를 내는 사람이고, 창조성 계발을 수월하게 해나가는 유형이다.

　넷째, 직언형. 상사의 방침이나 판단에 잘못이 있으면 그것을 직언할 용기가 있는 유형이다.

　다섯째, 투기형. 미지의 위험이나 불확실성을 두려워하지 않는다.

　여섯째, 기획형. 주도면밀한 계획을 세우고 앞으로 나아갈 방향을 찾아낸다.

　일곱째, 실행형. 말로만이 아닌, 실행력이 있다.

　당신은 이 유형 중에 어떤 타입인가? 자신이 먼저 어떤 유형인가를 파악한 다음, 상대방의 유형을 알아낸 후 처신하는 것이 바람직하다. 그러나 상대방의 스타일을 파악해내기란 결코 쉽지 않다. 하지만 이러한 각 유형의 사람들을 부하직원이나 동료 사이에서 찾아내는 것이야말로 좋은 말상대나, 행동을 같이하는 동지를 얻게 되는 비결이다. 그럼에도 인간관계에서는 좋은 관계가 변함없이 유지되기보다는 종종 서로 오해하고 불신하게 되는 것은 어쩔 수 없는 현실이기도 하다. 그렇다면 흔히 직장생활에서 리더와 부하 간의 오해를 불러일으키는 요인에는 무엇이 있는지 알아보기로 하자.

❋❋ 말의 의미가 왜곡되는 이유들

대리 : "잘 이해가 안 가는데요."
부장 : "제대로 듣고 있었으면 알 거 아냐!"
대리 : "근데 무슨 말씀을 하시는 건지⋯⋯?"
부장 : "처음부터 들으려는 의지가 없었던 거 아냐?"

듣는 사람이 지나치게 수동적이면 결국에는 이런 사태가 벌어지고 만다. 기껏 이야기했는데 아무런 보람도 없는 처지가 되었을 때 말하는 사람 입장에서는 공격적으로 나오게 마련인 것이다.

이렇듯 이야기를 나누다 보면 가끔 상대가 당신의 의도와는 빗나간 태도를 보이는 경우가 생긴다. 그 이유는 무엇일까? 그것은 이야기를 듣는 사람이 나의 말을 왜곡해서 듣기 때문이다. 이와 같이 대체로 말을 왜곡해서 듣게 되는 데는 다음과 같은 원인이 있다.

첫째, 듣는 사람이 받아들일 자세가 되어 있지 않기 때문에

상대방에 대한 불쾌감이나 불신을 갖고 있다면 말하는 의미를 제

대로 들을 리 없다. 또 자신이 초조해하고 있다거나 신경 쓰는 문제에 골몰하고 있는 경우에도 역시 말을 왜곡해서 듣게 된다. 말하는 사람에 대해서 좀 더 이해하기 쉽게 말해 달라고 요구할 수도 있지만, 듣는 사람 자신도 마음의 평정심을 유지하고 정확하게 듣는 힘을 길러야 할 필요가 있다.

둘째, 선입견을 갖고 있기 때문에

미국 GM사의 CEO로 이름을 날렸던 찰스 E. 윌슨은 국방장관에 취임할 당시 의회 청문회에서 답변한 말이 왜곡되어 전 미국을 뒤흔들어놓기도 했다.

"미국에 있어서 좋은 일은 GM에게 있어서도 좋은 일이다."

이 답변은 엉뚱하게도 "GM에게 있어서 좋은 일은 미국에게도 좋은 일"이라고 받아들여졌던 것이다. 윌슨이 세 번이나 오해를 풀기 위해 노력했지만 대중들은 '그렇게 말하지 않았더라도 그렇게 생각했을 것'이라며 끝까지 그의 말을 믿지 않았다. 이는, 그가 GM사의 대표라는 선입견을 갖고 있던 대중이 오만함의 표현으로 왜곡해 들은 데서 기인했던 것이다. 이처럼 선입관이란 말의 의미를 완전히 뒤집어 버리기도 하는 엄청난 차이를 만든다.

셋째, 겉모습에 대한 편견 때문에

사람은 눈으로 보는 정보에 강한 영향을 받는다. 외양에 일차적으로 쾌·불쾌의 감정이 자극받기 때문에 '느낌이 좋다' 또는 '느낌이 나쁘다'라고 순간적으로 결정해버린다. 사회심리학자의 연구에 의

하면, '사람들은 겉모습이 멋진 사람은 재능이나 친절함, 성실과 지성 등 바람직한 특성을 가졌을 것이라고 생각하는 경향이 있다'고 한다. 상대의 외모나 목소리, 옷차림, 태도, 표정은 그 사람의 가치를 그대로 나타내는 것이라고 단정짓고, 이야기를 들을 때도 그 사람의 겉모습에 휘말려든다는 얘기다. 그러나 이것만큼 커다란 오해가 없다. 실제로 마음과 인격은 외모와는 전혀 상관없기 때문이다. 그러므로 겉모습 속에 들어 있는 마음이나 인격, 이야기의 내용 등을 들으려는 태도가 중요하다.

넷째, 불분명한 말 습관 때문에

말하는 사람의 나쁜 습관 때문에 듣는 것이 어려워지기도 한다.

"저기, 그거 말이야……"

"어제 저기 한 거 있지?"

이런 식으로 지시대명사를 남발하는 사람이 있다. 그들은 자신의 생각에만 골몰해서 상대방이 빨리 답을 주기를 바란다. 그러자니 서로 간에 답답해서 죽을 지경이다. 말하는 사람은 자신의 생각을 빨리 읽어주지 못하니 답답하고, 듣는 사람은 무슨 말을 하는지 도통 감을 잡을 수 없으니 답답할 수밖에. 그러다 보면 "그거 있잖아. 그 기획 건 말이야. 이봐, 대체 무슨 생각을 하고 있는 거야!"라는 식으로 오히려 화를 내서 듣는 사람을 당황하게 만든다. 말하는 사람 입장에서는 서로 알고 있는 내용이기 때문에 빨리 알아들으리라고 기대할지라도, 듣는 사람은 뜬금없는 말에 기억의 회로를 뒤지느라 당황할 뿐이다.

'저거', '그거', '저기' 등의 지시대명사는 전 단계의 대화를 통해 서로의 공통 인식이 생겨난 후에 사용해야 가능하다. 적반하장 격으로 상대가 빨리 알아듣지 못한다고 화를 내고 비난하는 사람은 다른 사람에 대한 배려가 없는 사람이다.

"저기, 그때 길에서 우연히 만났던 사람 말이야. 그 뭐지? 뭐라고 하던 사람."

자신의 기억보다는 상대에게 완전히 의존하려는 이런 얌체족의 사람을 이해해주는 사람이 몇이나 될까? 하지만 똑같은 상황이라도 어떤 방법으로 말을 하는가에 따라 그 사람의 어리석음의 정도를 파악할 수 있다.

"약 한 달 전에 A사에 다녀오던 길에 양재동에서 만났던 사람인데, B사 기획실에서 본 약간 경상도 사투리 쓰던 남자가 누구더라?"

이처럼 자신에게 있는 기억의 단편들을 모아 구체적인 정보를 대고서 상대의 협조를 구하는 것이 마땅하다.

말할 때나 들을 때, 이런 대화의 습관으로 상대방이 당신을 얼마나 배려하는가를 가늠해볼 수 있다. 평소 말하는 습관은 여러 가지 이득을 주기도 하고, 손해를 끼치기도 하므로 신중하게 노력하여 일상생활에 적용해야 한다. 요즘에는 말을 잘한다는 것이 커다란 장점으로 부각되고 있다는 것을 주지하자.

**빚을 지면 갚으려는 심리를 이용하라

예컨대 말을 잘하면 당신의 업무실적도 얼마든지 높일 수 있다.

62

은행의 영업담당 대리 A 씨는 새로운 지점으로 전출을 된 후 실적을 높이기 위해 의욕을 가지고 열심히 뛰어다녔다. 그러나 매일 담당 지역의 사무실과 상점가를 돌아다니며 고객을 유치하려 해도 성과는 만족스럽지 않았다. 나름대로는 최선을 다한다고 해도 쌀쌀맞게 거절당하기 일쑤였다. 그는 문제가 무엇인가를 골똘히 연구하였고, 그 결과 자신에게는 신용이 없다는 사실을 깨달았다.

'열의만 가지고서는 안 되겠다. 상대의 신뢰를 얻지 못하면 계약을 따낼 수가 없어.'

그는 작전을 세우고 실행해나갔다.

"안녕하세요? H은행에서 나왔습니다."

이렇게 인사를 하면 업무 중이거나 영업 중인 사람들은 바쁘기 때문에 대부분 귀찮다는 듯이, '뭐야, 이 바쁜 와중에……' 하는 표정으로 이쪽을 바라본다.

"언제나 번창하시니 보기 좋습니다. 다시 들르겠습니다. 실례 많았습니다."

그는 무조건 상대가 입을 떼기 전에 이렇게 말한 후 꾸벅 인사를 하고 미련없이 그곳을 빠져나왔다. 이렇게 하루도 거르지 않고 똑같은 곳을 돌아다녔다. 그러던 어느 날, 한 회사의 관리부장이 멋쩍은 얼굴로 인사를 먼저 건네왔다.

"미안하네. 몇 번이나 왔었는데도……."

그러면서 부장은 A 씨의 말에 잠시 귀를 기울여주었다. 그 후로는 사무실이 눈코 뜰 새 없이 바쁠 때 방문하여도 모두 반갑게 인사를 받아주었다.

"좀 도와드릴까요?"

또 그는 자연스럽게 밝은 얼굴로 차를 한 잔씩 갖다주거나, 간단한 프린트 인쇄를 하는 일을 거들었다.

"고마워요. 바쁠 때 한시름 덜었네."

사무실의 직원들은 그를 돌아보며 이렇게 한 마디씩 던졌다. 작전은 훌륭히 성공하였고, 결국 A 씨는 그곳의 여러 사람들로부터 커다란 액수의 예금을 유치할 수 있었다.

인간관계에서 효과적인 커뮤니케이션을 하기 위해서는 상대방의 마음을 움직이는 것이 최선인데, 사람은 대부분 다른 사람에게 신세를 지면 무언가 보답을 하려는 심리가 생긴다. 상대에게 어떤 마음의 빚을 안겨주면, 상대는 미안함을 느끼고 당신에게 보답하려는 마음을 갖게 되는 것이다. 이렇게 되면 서로가 따뜻한 마음을 주고받을 수 있는 인간관계가 형성된다. 그러므로 말로써 상대에게 빚을 만들면, 그 사람은 당신에게 협조하는 사람이 될 수 있다.

그러기 위해서는 하고자 하는 말을 직설적으로 표현하기보다는 먼저 상대를 부드럽게 이해시키는 데 많은 시간을 할애해야 한다. 상대가 이쪽의 의중을 알아차리고서, 당신이 중요한 본론을 시작하기도 전에 "그래서 어떡하란 말이죠?" 하고 물어온다면, 이미 대화는 끝난 것이라고 보면 된다. 따라서 말을 할 때에는 어떤 일을, 어떤 이유 때문에 해야 하는지를 상대에게 정확히 이해시킬 필요가 있다.

**말 못하는 리더

"나는 말을 잘 못해."

"말도 할 줄 모르는 내가 어떻게 다른 사람 앞에 나선담?"

"너무 떨려서 말이 안 나와."

이렇듯 말이라고 하면 지레 겁을 먹고 포기해버리는 사람이 많이 있다. 하지만 사실상 이런 사람을 일 대 일로 불러 "왜 그렇게 떨린다고 생각하나요?", "어떨 때 특히 떨리나요?" 하고 물어보면 의외로 대답을 잘하는 것을 볼 수가 있다. 심리학적으로 볼 때 사람들 앞에서 말을 요령 있게 하지 못한다는 것은 무엇보다 열등감 때문이다. 그 열등감의 원인을 보면 다음과 같은 몇 가지로 정리할 수 있다.

첫째, 남 앞에 서면 얼굴이 빨개지고 가슴이 두근거린다.

둘째, 곧 흥분해버린다.

셋째, 무엇을 말해야 할지 모른다.

넷째, 선천적으로 말하는 것이 서툴다.

이러한 원인들은 각기 독립적으로 작용하는 것이 아니라, 서로 연결되어 있다. 무엇을 말하면 좋을지 모르기 때문에 흥분해버리기 쉽고, 선천적으로 말을 못한다고 생각하니까 얘기의 줄거리가 서지 않게 되며, 그 결과 얘기를 하고 있는 도중에도 자신이 무슨 얘기를 하는지 모르게 된다.

그렇다면 이처럼 얽혀 있는 매듭을 풀 수 있는 방법은 과연 무엇일까?

많은 사람들이 남 앞에서 얘기할 때 얼굴이 빨갛게 달아오르고 가

숨이 두근거린다. 특히 전혀 익숙하지 않은 장소에 나설 때나 아무런 준비 없이 말을 해야 할 때 그 정도가 더 심하다. 이런 현상은 자의식이 강한 사람일수록 자주 겪게 되는데, 그것은 그 사람의 방어 본능이 그만큼 강하다는 뜻이다. 남성보다 방어 본능이 강한 여성에게서 이러한 현상이 더 심한 것도 그 때문이다.

남 앞에서 얼굴이 달아오르고 가슴이 두근거리는 사람들은 일반적으로 말을 할 때 속으로 이런 생각을 가지고 있다.

'많은 사람들 앞에서 웃음거리가 되지는 않을까?'

'나는 얼굴이 빨개지는 타입인데, 오늘도 그렇게 되지 않을까?'

'떨게 되면 정말 개망신인데……'

이런 자기 암시는 오히려 얼굴이 붉어지는 것을 더 부채질할 뿐이다. 얼굴이 가볍게 붉어지는 것은 대부분의 사람들이 경험하는 일로서, 아무리 익숙한 연기자라 할지라도 많은 사람들 앞에서는 긴장하게 마련이다. 세계적인 단거리 선수인 파턴도 경주가 시작되기 직전에는 사람들에게 얼굴을 보일 수 없을 정도로 흥분된다고 말했다. 또 유명한 가수 슈만 하잉크는 무대에서 노래를 부르기 전에 흥분되느냐는 질문을 받고 이렇게 대답했다.

"노래하기 전에 흥분되지 않는다면 그때는 내가 은퇴해야만 할 시기일 겁니다."

대중들 앞에서 직접 연기하는 노련한 배우들도 무대의 막이 오르기 직전이면 극도의 긴장감을 경험한다고 고백하는 경우가 많다. 이러니 걱정할 필요 없다. 평상시 말 못하는 데 대한 콤플렉스로 고민하는 리더라면 평소 자신의 대화 스타일을 알아보고, 문제점을 찾아

66

내는 것이 급선무다. 문제를 알면, 그 다음은 행동치료. 말하는 습관을 고치도록 노력하면 된다.

　나는 평소 어떻게 얘기하고 있는지 다음 사항을 체크해보자.

성급형 : 상대의 말을 끝까지 듣지 않는 유형

"아아, 알았으니까 이제 그만."

"시간이 없으니 이쯤해서 끝내지."

"아까 들은 얘기 같은데……."

"변명을 듣자는 게 아니야."

비판형 : 상대의 말투를 비판하는 유형

"요점을 잘 모르겠네요."

"도대체 뭘 말하고 싶은 거야?"

"그래서 결론은 뭔데?"

부정형 : 모든 말에 반대적인 견해를 보이는 유형

"그래서 잘될 리가 있겠어?"

"그건 벌써 해본 일이야."

"가능하겠어?"

중단형 : 처음부터 말을 듣지 않는 유형.

"바쁘니 나중에 하지."

"다음에 듣자."

"알았으니까 때가 되면……"

이와 같은 말투들은 모두 상대로 하여금 얘기를 꺼낸 것 자체를 후회하게 만들고, 두 번 다시 얘기하고 싶지 않게 만든다.

대부분의 사람은 듣기보다는 말하는 것을 좋아한다. 때문에 자신의 말을 들어주는 사람에게 호감을 느낀다. 그래서 별다른 느낌 없이 잘 들어주기만 해도 자신을 신뢰하고 있다는 느낌을 받는 것이다.

"저 사람은 나의 말을 잘 들어주어서 좋아."

"나의 처지를 이해하는 유일한 사람이지."

이런 평판을 받는다면 당신은 이미 인간관계에서 성공한 사람이다. 말을 하려고 하면 듣는 사람들이 일제히 나를 처다본다. 그때 나는 심한 압박감을 느끼게 되는데, 그럴수록 용기와 배짱이 필요하다. 다른 사람의 주목을 받으며 말을 한다는 것은 누구든지 불안과 걱정에 사로잡힐 일이다. 그런 기분을 오래 간직할수록 더욱 흥분해서 말을 제대로 하기가 어려워질 뿐이다. 그러므로 '어떻게 되겠지 뭐' 하는 배짱을 가지면 문제는 의외로 쉽게 풀린다.

'죽기 아니면 살기다!'

이런 배짱은 오히려 마음을 진정시키는 효과가 있다. 얼마 전 TV에서 사람이 뇌로 생각하기만 해도 인체에는 똑같은 영향이 미친다는 사실을 입증한 프로그램이 방영되었다. 가만히 눈을 감고 앉아서 두 팔로 무엇인가를 들어올린다는 생각을 계속하면 뇌에서 실제로 명령을 내리는 효과가 발생하고, 때문에 두 팔에 긴장감이 전해지며, 결국은 점차 근육의 힘이 강해진다는 것이다.

68

생각은 곧 우리 몸 전체를 지배하며, 생각은 우리의 행동을 좌우한다는 말이다. 두려움만 극복하면 성공은 눈앞에 있다. 이제부터 나 자신을 지나치게 완벽하게 표현하려는 자의식을 줄여보자. 조금은 서툰 대로, 조금은 부족한 대로 다른 사람 앞에서 말하기를 시작해보자. 말하기는 순전히 훈련과 연습에 의해서 발전해나가는 것임을 기억하자.

자, 이번에는 각 혈액형에 따른 리더의 스타일을 유념해서 살펴본 다음, 주변 사람들을 신중하게 관찰해보자.

** 혈액형으로 보는 리더의 스타일

A형 리더

신중하고 꼼꼼한 성격이어서 돌다리도 두들겨만 보지 않으면 절대 건너지 않는 스타일이다. 완전주의적인 성격 때문에 하나를 끝내야만 다음 일을 한다. 때문에 여러 가지 일을 한꺼번에 처리하는 것보다 한 가지 일에 매진하는 것이 훨씬 더 높은 효과를 볼 수 있다.

이 형은 외관상으로는 온화해 보이지만, 내면적으로는 가장 완고하다. 그래서 자기가 잘못한 점을 인정하면서도 웬만해선 사과하지 않는다. 또 자기가 보여준 이해심을 알아주지 않으면 불쾌하게 생각한다. 항상 자신과 주변 사람들 사이에서 문제가 일어나지 않도록 세심하게 신경 쓰는 편이다. 너무 신경질적이다 보니 자신이 신경을 안 써도 되는 소탈한 교제를 원한다.

자존심이 강하고 남의 이목을 중시한다. 때문에 남 앞에서 비판을 당하게 되면 크게 상처를 입지만, 실제로 분노의 표현은 겉으로 드러내지 않는다. 이런 A형은 공식적으로 지적을 당하면 자신감을 잃고 폐쇄적인 경향으로 되기 쉽다. 또 규정이나 관습을 무엇보다 중요시하므로, 상하 관계에있어서는 대단히 엄격한 편이다. 그래서 서열에 위배되는 행동은 하지 않으며, 윗사람에 대한 예의가 바르고, 그렇기 때문에 아랫사람이 예의가 없으면 적대시한다.

A형의 능력은 자신감에 의해 좌우되므로 칭찬할 때는 누구나 인정하는 우수한 부분을 콕 찝어 드러내고 지적해주는 것이 효과적이다. 또 매우 신중한 성격이므로 여러 번 생각하고 또 생각한 후에야 결론을 내린다. 그러므로 한 번 찾아가서 마무리를 짓기는 어렵다. 여러 번 찾아가서 성심성의로 대하는 것이 좋다.

B형 리더

적응력과 충성도가 가장 뛰어난 혈액형이다. 자주성이 강하고 자기중심적이며, 속박되는 일을 대단히 싫어하기 때문에 그런 환경에서는 일의 능력이 떨어진다. 하지만 어떤 일에 대해서도 과감하게, 즉각 실행에 옮기는 스타일이다.

본래 승부에 대해선 관심이 없지만, 일단 논쟁이 생기면 좀체로 자기 주장을 굽히지 않는 집요함이 있다. 또 상대방이 자기 이야기를 잘 들어주지 않는다거나 무시되거나 재미 없게 생각하면 금방 불쾌한 감정을 느낀다.

형식적인 교제는 아주 싫어한다. 자신과 마음에 맞는 사람과 지내고 싶어 하고 상대방과 허물없이 교제하기를 원한다. 하지만 어디까지나 자기 본위로 관계를 맺는다. 속박되는 것을 제일 싫어한다. 한 번 분노하면 불같이 폭발한다.

B형은 아무리 윗사람이라 해도 자신의 업무에 대해 지나치게 간섭을 하면 갑자기 의욕을 상실한다. 상하 관계를 무시하고 누구에게든지 마구 터놓고 대하는 것을 좋아한다. 아랫사람에게 권위를 내세우지 않는 만큼 윗사람에 대한 허물도 없어서 자칫 예의를 모르는 사람이 아닌가 하는 의구심을 받는다.

B형은 얄팍하게 자신을 추켜세워 주는 말을 좋아하므로, 작은 일이라도 우월감을 불어넣어 주는 말을 해주면 능력을 발휘한다. 또 실용적인 것을 선호하므로, 먼저 전화로 용무를 정확하게 밝히는 것이 좋다. 형식적이거나 예의를 따져서 빙빙 우회하기보다는 전화나 메일, 또는 문서로 간단명료하게 용건을 밝히는 것이 더욱 효과적이다.

AB형 리더

냉정하고 지적인 성격. 사회적으로 매사를 잘 처리하는 편이다. 특히 인간관계에 있어서 조율을 잘한다. 그러나 주변사람의 의견에 지나치게 맞추다 보니 자주성을 잃기도 한다. 투쟁을 싫어하는 성격이므로 되도록 충돌을 피하려 하며, 미운 사람에게도 표면적으로는 온화하게 대하려 하기 때문에 원만한 교제를 한다.

AB형은 자신의 마음을 남에게 알리려 하지 않으며, 사생활이 간섭받는 것을 몹시 싫어한다. 하지만 만나는 사람마다 누구에게나 부드럽고 공평하게 대하기 때문에 호평을 받는다. 어느 정도의 거리를 유지하면서 담백한 관계를 유지하는 것을 좋아한다. 인정이나 의리에 얽매이는 것은 싫어하며, 냉정한 편이다. 배신감을 느끼면 심리적으로 크게 상처를 입고, 노여움이 증오감으로 변할 수도 있다.

AB형은 타인의 평가에 대해 민감하므로, 때때로 작은 지적에도 큰 상처를 입고 좌절한다. 반면 무난하게 상하 관계를 잘 유지한다. 공과 사에 대한 경계를 분명히 하고 공평하게 처신한다. 상사인 경우 아랫사람에게 지나치게 엄격한 경우가 많다. 따라서 자신이 없어서는 안 될 꼭 필요한 존재이며 유능한 사람이라는 인식을 심어주면 최선의 노력을 다한다. 또 사무적이고 체계적인 성격으로 모든 일을 요령있게 끝내려 한다. 모든 일에는 순서가 있다고 생각하므로, 선약을 하지 않거나 불쑥 찾아오는 것을 매우 싫어한다.

O형 리더

쾌활하고 매우 직선적이며, 자기 주장이 강하다. 목적을 향해서 돌진하며, 성취력도 뛰어나다. 하지만 지나칠 때는 강압적인 스타일이 되고, 타산적인 면이 부각되어 다른 사람들에게 지적을 받기도 한다. 승산이 있다고 생각하면 끝까지 밀고 나가는 근성이 있는 반면 승산이 없다고 생각하면 바로 포기한다. 논쟁에서는 자기 주장을 강력하게 펼친다.

O형은 진심으로 이야기를 주고받을 수 있는 상대를 원한다. 인간적인 신뢰를 가장 우선적으로 생각하므로 겉과 속이 다른 사람에게는 화를 내고 멀리한다. 동료의식이 강하며, 무엇보다 마음으로 주고받는 정신적인 스킨십을 원한다. 한편 사람을 아군과 적군으로 구별

하려는 경향이 있다. 그래서 잘 알지 못하는 사람에 대한 경계심이 크다. 자존심이 강해서 정면에서 지적받으면 마음에 상처를 입는다.

O형은 자기의 개성이나 전문지식을 인정하고 칭찬해주지 않으면 함께 일하고 싶어 하지 않는다. 또 믿음이 가는 사람에게는 이모저모를 도와주기도 하고 의리 있게 행동한다. 하지만 내 편, 네 편이라는 의식이 강해서 그 외의 사람에게는 냉담하다. 개성적이면서도 전문가적인 기질도 있으므로, 자신의 인품이나 재능을 칭찬해주면 열성적으로 일에 매진하여 큰 성과를 이룬다.

O형은 인간적인 면에 약하므로 먼저 신뢰 관계를 쌓는 것이 선결 문제다. 감정에 호소하면 백발백중 넘어온다.

혈액형은 타고나는 것이므로 일생 동안 변하지 않는 특성을 갖는다. 주변 사람들의 혈액형을 자연스럽게 물어보아, 그의 특성을 파악하고 리더나 부하직원으로서의 처세를 한다면 훨씬 큰 도움을 받을 수 있다. 혈액형 말고도 심리학적으로 인간의 행동특성을 알 수 있는 분류가 있는데, 바로 미국의 심리학자 윌리암 마스톤 박사가 인간의 행동유형을 네 가지로 분석한 'DISC법'이다.

✱✱심리학적으로 본 인간의 행동 유형

자신의 의도가 잘 전달되지 않았다면 상대방의 이해력을 탓하기보다는 다음에서 제시하는 상대방의 행동 특성에 걸맞는 방식으로 접근했는가를 반성해볼 필요가 있다.

주도형(Dominance)

특징 : 결론을 우선시한다/행동을 곧바로 시작한다/뒷걸음치지 않고 싸워서 이긴다/의사결정이 빠르다/자기 스타일을 주장하고 싶어 한다/권리를 요구한다/

이런 사람을 대할 때는 한껏 그를 존중해주고 인정해주는 방식으로 접근하는 것이 좋다.

"이 일을 맡을 사람은 너밖에 없어."

"너라면 목표를 달성해주리라 믿어."

"이번 일만 잘하면 앞으로 더 큰일을 맡길 거야."

직장에서 뿐 아니라 가정에서 아이를 교육시킬 때도 매우 효과적인 방법이다.

사교형(Influence)

특징 : 상대와 적극적으로 관계한다/긍정적이고 밝다/감정표현이 풍부하다/기왕이면 즐겁게 한다/자발적으로 한다/낙관적이다/

이런 사람은 자기 스스로 잘 알아서 하는 스타일이므로 지나치게 간섭하면 도리어 반대로 나간다. 적당히 칭찬을 곁들여서 의욕을 북돋아주면 더욱 신이 나서 일을 한다.

"자네의 일은 사장님께서도 칭찬하고 계시네."

"모두가 너를 주목하고 있어."

"패션 감각이 좋네요. 당신한테 아주 잘 어울려요."

안정형(Steadiness)

특징 : 관례를 중시한다/끈기 있게 해낸다/전문기술을 익힌다/상대 의견을 수용한다/충성을 다한다/안정된 환경에서 실력을 발휘한다/

"네가 있기에 안심하고 일을 맡길 수가 있어."

"자네의 끈기로 차분히 몰두해주게."

"계속 그대로 진행해주세요. 만약 잘 되지 않으면 언제든 얘기하세요."

이런 사람은 한번 충절을 약속하면 끝까지 의리를 지키는 스타일이다. 어려워하면 사이드에서 은근히 도와주면서 부추겨주면 좋다.

신중형(Conscientiousness)

특징 : 실수나 잘못을 용납하지 않는다/정확성이나 합리성을 추구한다/충돌을 피하고 타협하려 한다/계통적으로 정리한다/찬반 양론을 저울질한다/

이 유형의 사람은 너무 완벽하게 일처리를 하려다가 실수를 한다. 그럴 때 나무라기보다는 다음과 같은 식으로 말해주면 좋다.

"자네의 일처리는 언제나 빈틈이 없지."

"치밀한 계획이 필요한 일이니 자네가 맡아주어야겠어."

"걱정할 필요 없어. 이미 분석이 끝난 자료이니 자네 방식대로 해보게."

똑같은 상황에서라도 앞서 말한 네 가지 유형에 따라 대응 방식이 전혀 다르다는 것을 유념해야 한다. 일반적으로 사람들은 이와 같은 상식이 없는 상태에서 모든 사람을 자기의 잣대로 보고 똑같은 방식으로 다룬다. 그리고 자신의 잣대에 어긋나는 사람에 대해서는 무작정 비난하고 책임을 몰아붙이는 오류를 범한다. 이와 더불어 다음 사항들에 유념한다면 당신은 보다 유능한 리더가 될 수 있을 것이다.

**리더가 반드시 알아두어야 할 사람들의 특성

말이 빠른 사람은 더 똑똑할까?

말이 빠른 사람은 흔히 두뇌 회전도 빠른 것으로 생각하기 쉽다. 말이 빠르다 보니 말의 기·승·전·결까지를 일사천리로 해버리기 때문에 웬지 똑똑해 보이고 자신감이 넘쳐 보인다. 이런 사람들은 확실히 혀의 움직임이 빠르다. 그렇다고 해서 두뇌 회전도 빠르다는 과학적인 근거는 아직까지 없다.

말의 속도라는 것은 그 사람의 성격이나 습관을 나타내는 것에 불과하다. 본인은 말을 빨리 하려는 의도가 없음에도 불구하고 자신도 모르게 습관에 의해 빨리 말할 뿐이다. 또한 말이 빠른 사람은 '나의 이야기를 들어주세요'라는 의식이 강하다. 즉, 다른 사람의 이목을 집중시키고 싶다는 의지의 표출인 것이다..

"모든 사람에게 관심을 받고 싶어요."

"나를 보아주었으면 좋겠어."

이런 사람들은 다른 사람과의 친화 관계를 중요시하는 성격의 소유자라 할 수 있다.

문득 생각난 것을 바로 말로 표현하는 타입의 사람도 말이 빨라지기 쉽다. 그들은 '앗, 이거 말해야지.'라고 생각한 순간 이미 입을 열어 말을 하고 있다. 좋게 생각하면, 순간적인 번뜩임을 중요시하는 직관적인 성격의 소유자고, 나쁘게 보자면 깊이 생각하지 않는 성향의 소유자라 할 수 있겠다. 아무튼 이런 습관은 상대를 당황시키기 쉽다. 지나치게 말이 속사포처럼 빠르게 진행되면 여러 가지 문제가 생기므로 조심해야 한다. 즉, 듣는 사람 쪽에서 당신이 무슨 말을 하는지 알아듣지 못해서 "잠깐만요, 네?" 하고 되묻는가 하면, 그냥 포기하고 대충 듣는다. 이런 경우 아무런 반응 없이 지나치기 십상이다. 그러므로 말이 빠른 사람은 스스로 노력해서 말의 속도를 줄일 필요가 있다. 말이란, 말을 하는 사람보다는 말을 듣는 사람이 잘 알아듣도록 해야 하기 때문이다.

반면에, 천천히 또박또박 말하는 사람은 성격도 차분하고 신중한 편으로, 어떤 일을 행동으로 옮길 때에도 그 과정이나 결과를 충분히 생각하고 나서 단계적으로 진행시켜나가는 타입이다. 사람이나 사물을 한 번 보고 나서 바로 판단해버리는 일도 없다.

가벼운 대화를 즐기는 자리에서는 다소 말이 빠른 사람이 리듬감이 있어서 좋을 듯싶지만, 비즈니스나 교섭에서는 역시 충분히 생각하고 결정하는 신중파가 상대에게서 신용을 얻으며 원만한 대화를 이끌어나가는 경우가 많다.

말이 빠른 사람은 듣기도 소홀히 한다

자신이 말이 빠르다고 생각한다면 평소에 조심해야 할 사항이 많다. 왜냐하면 흔히 듣기에 불성실한 경우가 있기 때문이다.

부하직원들이 스스로 의욕적으로 일하기를 바라는 마음으로 그들을 향해 이러니저러니 마구잡이로 말을 내뱉어 버리는 사람들은 상사로서의 존경심은커녕 평소 은근슬쩍 기피의 대상이 되기 쉽다. 그러므로 말하기 전에 우선 상대의 이야기에 귀를 기울여라. 사실 무엇을 어떻게 말할지는 나중에 생각해도 괜찮다. 먼저 그들의 생각을 파악하고, 공동의 목표를 향해 접근해야 문제를 해결하는 데 한결 도움이 될 것이다.

대부분의 사람은 듣기보다는 말하는 것을 좋아한다. 때문에 자신의 말을 들어주는 사람에게 호감을 느낀다. 별다른 느낌 없이 잘 들어주기만 해도 자신을 신뢰하고 있다는 느낌을 받는 것이다. 그래서 뛰어난 리더일수록 격의 없이 찾아오는 부하직원들이 많다. 그것은 또 서로를 더욱 발전시키는 요인이 될 수밖에 없다. 왜냐하면 그들을 통해 새로운 정보나 아이디어를 얻는 일이 쉬워지기 때문이다.

"저 상사는 나의 말을 들어주는 사람이야."

"우리의 처지를 이해하는 유일한 상사지."

직원들에게 이런 평판을 받는 상사라면 당신은 이미 성공한 사람이다.

목소리가 큰 사람

목소리의 크기 역시 그 사람의 성격을 나타낸다. 필요 이상으로 큰 소리를 내는 사람은 '내 이야기를 들어주세요'라는 주장이 강할 뿐 아니라 인정받고 싶다는 소망이 강한 타입이다. 바꿔 말하면 말하는 내용이나 자신에 대한 평가에 대해서 그다지 자신감이 없기 때문에 목소리의 크기로 어필하려고 하는 것이다. 따라서 언뜻 보면 강한 성격의 소유자로 보이지만, 실은 마음이 약한 사람인 경우가 많다.

또한 목소리의 크기는 감정의 양에도 비례한다. 그러므로 쉽게 큰 목소리를 내는 사람은 능숙하게 감정을 컨트롤하지 못하는 어린아이 같은 성격이라고 볼 수 있다. 부하를 질책할 때는 큰 소리로 화를 내고, 윗사람에게는 간살스러운 목소리를 내는 사람은 어떨까? 밖에서는 누구에게도 눈에 띄지 않는 조용하고 얌전한 목소리로 말하면서 집에서는 거칠고 큰 목소리로 말하는 여자는 어떨까? 이 들은 모두 다른 사람을 신경쓰지 않아도 되는 상황에서는 목소리를 크게 냄으로써 스트레스를 발산하고 있다.

반대로 상대가 잘 알아듣지 못할 정도로 작은 소리로 소곤대는 사람은 상대에게 확실히 내용을 전달하려는 의식이 결여되어 있다. 이런 사람은 말하는 내용에 관심이 없다기보다, 가능하면 다른 사람과 이야기를 하고 싶지 않은, 즉 이야기하는 것 자체를 싫어하는 타입이다.

목소리가 너무 크거나 너무 작거나 하는 것은 모두 상대에 대한 배려가 결여되어 있는 것이라 할 수 있다. 따라서 상황에 따른 적절한 음량의 조절이 되지 않는 사람은 올바른 대화를 하고 있는 사람으로 볼 수 없다. 이런 경우 두뇌 회전이 빠르기는커녕 머리가 나쁜 사람이라고 낙인찍혀도 별수 없다.

간단히 'OK'라고 승낙하는 사람은 더 쉽게 'No'한다

예를 들어 "미안하지만 부탁이 있는데, 괜찮아?" 라는 말을 꺼내면,

"어, 괜찮아. 뭔데?"라고 가볍게 대답해주는 사람이 있는가 하면, "부탁이라고 하면 어떤……?" 하면서 약간은 불안한 얼굴 표정을 짓는 사람도 있다.

당신은 어느 쪽의 사람을 더 신뢰할 것인가?

출근해서 자리에 앉으니 직장 상사가 다가와 "이 문서 좀 정리해 줬으면 좋겠는데……." 하고 부탁을 하면, 그 일의 내용에 대해 자세히 확인하기도 전에 "알겠습니다. 해보겠습니다."라고 간단히 승낙해버리는 사람도 있다. 여기에는 모처럼 상사가 자신을 믿고 부탁을 해왔으니 그 부탁을 들어주고 싶다는 마음도 있고, 한편으로는 '이 일을 잘 해주면 내 주가도 올라가겠지.' 하는 흑심도 있을 수 있다. 하지만 막상 작업을 착수하게 되면 자신의 예상과는 달리 결코 쉽지 않은 문제임을 발견하게 된다. 그래서 약속한 날짜나 목표수치대로 완수하지 못하는 경우도 생긴다.

"죄송합니다만, 좀 무리였어요."

이렇게 말을 하는 것은 일단 부탁을 승낙한 입장으로서는 너무나 무책임한 일이며, 이런 일이 반복되면 신용 없는 사람으로 보이기 십상이다.

이와 반대로 누군가에게 어떤 부탁을 들었을 때, "음… 어떤 내용인데, 그리고 언제까지 하면 되는데?"라고 꼬치꼬치 물으면서 얼핏 보기에 승낙할 것 같지 않은 사람이 오히려 끝까지 정확한 사람인 경우가 많다. 이런 사람은 일단 일을 시작하면, 확실하게 부탁받은 일을 완수한다.

호칭에 따라 엄청난 차이가 생긴다

리더가 부하직원에게 영향을 받고 있다는 사실을 알려주면, 부하직원은 더욱 분발하게 된다.

이때 칭찬하는 방법은 세 종류로 구분된다. 무엇을 주어로 하느냐에 따라 듣는 사람의 인식에도 많은 차이가 나는 것이다. 부하직원의 의욕을 끌어내고자 한다면 각각 그 차이를 이해하고 적절히 활용할 수가 있어야 한다.

첫째, '자네'를 주어로 한 메시지. 여기에는 그 직원에 대한 평가가 담겨 있다.

"자네는 인사성이 밝아서 좋군."

"자네의 기획서는 제법 잘됐어."

"자네가 끈기 있게 노력해준 덕분이야."

이것은 상대보다 우위에 있는 입장에서 말할 때 사용한다.

둘째, '나'를 주어로 한 메시지. 이는 상대를 더욱 기쁘게 한다.

"자네의 기획안을 보고 나도 놀랐어. 정말 대단해."

"자네가 사장님께 칭찬을 들어서 나도 기쁘군."

이런 표현은 '상대의 기쁨이 곧 나의 기쁨'이라는 의미를 담고 있어 메시지 전달의 효과가 가장 크며, 말을 한 이후에도 상대에게 지속적인 영향을 미친다. 자신의 행동이 상사에게 영향을 미치고 있다는 사실을 자각한 부하직원은 더 큰 책임감을 느끼게 되고, 그러한 과정을 통해 상사와 부하직원 사이에 강한 공감대가 형성되기 때문이다.

셋째, '우리'를 주어로 한 메시지. 강한 연대의식을 심어준다.

"우리 모두 자네가 없는 동안 정말로 허전했다네."

이런 말을 들으면 부하직원은 자신의 행동 영향력이 사무실 전체에 확대된다는 사실을 체험하고서 팀에 대한 공헌도를 자각하게 된다. 이와 비슷한 방법으로 제3자의 입장에서 메시지를 전달하는 방법도 있다.

"부장님이 김 대리 일을 매우 칭찬하고 있더군."

"사장님이 무척 좋아하시더라고."

이런 전달방식은 신뢰감이 높고 상대의 의욕을 고취시키는 데 보다 효과적이다. 게다가 그런 사실을 확인한 직원은 더욱더 일에 대한 의욕을 보일 것이다.

거짓말하는 사람에 대한 평가

'설마 탄로날 일은 없겠지?' 하며 안심하고 있다가 낭패 본 경험이 흔히 있을 것이다. 간혹 우리 주변에는 부하직원이 거짓말을 둘러대면 대번에 얼굴에 웃음을 띠며, "거짓말이라고 얼굴에 씌어 있는데, 뭘."이라고 하면서 상대의 거짓을 족집게처럼 끄집어내는 리더도 있다. 물론 거짓말이 정말로 얼굴에 씌어져 있을 리는 없다. 다만 이런 사람들은 상대의 표정이나 언행에 나타난 절묘한 변화를 포착하는 능력이 탁월할 뿐이다.

대부분의 사람들은 거짓말을 하거나 양심의 가책을 느끼는 경우 그 마음의 동요가 반드시 겉으로 나타난다. 심리학자들은, 인간이 거짓말을 할 때 보이는 대표적인 행동을 다음과 같이 꼽았다.

1. 얼굴을 피하거나 숙인다.

2. 턱을 만진다.

3. 눈가나 입가에 손을 갖다 댄다.

4. 앞머리를 만진다.

5. 볼이나 이마를 쓸어내린다.

6. 담배를 피워 문다.

7. 안경을 고쳐 쓴다.

주의하지 않으면 자연스러운 대화의 연결이라고 생각될 수 있는 이런 행동들이 사실은 거짓말을 할 때에 포착할 수 있는 특징이라고 한다. 이는 거짓말을 함으로써 심리적으로 억압하고 있는 불안감이나 압박, 걱정 등이 무의식적으로 나타나는 것이라고 볼 수 있다.

머리가 좋은 사람은 거짓말을 할 때 얼굴을 감추면 도리어 의심을 살 수 있다는 점을 미리 염두에 두고서 천연덕스럽게 버티는 경우도 있다. 그러나 아무리 머리가 좋아도 인간의 몸은 하나의 유기체이기 때문에 자신이 거짓말을 했다는 사실 자체만으로도 뇌는 인체 곳곳에 불안의 표식을 남긴다. 그렇게 되면 턱의 근육이 긴장되어 있거나 볼을 오므리거나 눈을 자주 깜빡이거나 해서 결국은 밖으로 드러나게 되어 있다.

거짓말을 해서 어떤 이득이 올 수도 있지만, 굳이 거짓말을 해서까지 이득을 취할 만큼 인격적인 추락을 할 것인가의 결정은 순전히 자신에게 달렸다. 그런데 거짓말을 하는 사람은 일단 자신에 대한 자신감이 결여된 사람이다. 당당한 사람을 과장할 이유도, 감출 이유도 없다. 있는 그대로의 자신을 드러낼 용기가 없는 사람은 직장에서도 과감한 추진력을 발휘하기는커녕 실수나 능력 없음을 감추기에 급급하거나 작은 업적을 과장하게 마련이다. 이런 사람은 결코 직장에 도움이 되지 않는다. 따라서 리더는 상대의 미묘한 움직임을 통해 거짓을 탐지하는 기술은 유용하게 사용할 수 있어야 한다.

성공하기 위한 조건으로 자본이나 능력, 그리고 행운도 따라야겠지만 무엇보다 신념과 확신에 찬 언행으로 폭넓은 인간관계를 맺어나가는 것이 중요하다. 자신이 없는 사람은 말 한 마디를 하더라도 힘이 빠져 있다. 조리에 맞지 않는 말을 맥없이 지껄인다면 아무리 능력이 뛰어나고 행운의 여신이 미소를 지어준다 해도 직장인으로서 성공할 수가 없다. 어떠한 어려운 문제에 부딪히더라도 자신만만하게 임하는 태도가 중요한 것이다. 그리고 리더는 직원들의 모습을 통해 이러한 경향을 정확하게 파악하여 적절하게 인력을 배치할 수 있어야 한다.

✳✳ 리더의 현명한 처세

모든 사람들이 존경하고 좋아하는 리더가 되기란 실제로는 불가능할지도 모른다. 최고의 인기인도 안티가 들끓지 않는가? 그러나 한 가지 분명한 건 부하직원들에게 인간적인 호감 정도는 줄 수 있어야 상사의 자격이 있다는 것이다.

인간은 누구나 사람들과 일정한 관계를 이루고 커뮤니케이션을 나눈다. 서로에게 느끼는 호감 역시 그러한 커뮤니케이션 속에서 이루어진다. 좋은 인간관계를 유지하기 위해서 호감은 꼭 필요한 요소다. 하지만 누구나 쉽게 찾을 수 있는 결점과는 달리 상대의 장점을 발견하기란 쉽지 않다. 그 사람에 대한 친절한 애정과 관심 없이는 눈에 잘 띄지 않기 때문이다. 하지만 생각해보라. 당신의 장점을 발견하고 칭찬해주는 상대를 배척하고 미워하겠는가? 이는 바꿔 말해서 상대를 칭찬해주면 그만큼 당신을 신뢰하며 의욕을 불러일으키는 '당근'이 된다는 뜻이다.

어떤 상사는 '칭찬을 자주 하면 제가 잘난 줄 알고 우쭐댄다', '버릇이 되어 나중에는 오히려 다루기 힘들어진다'라고 생각하여, 철저한 상벌제를 바탕으로 부하를 평가한다. 하지만 이것은 칭찬이 가져다주는 커뮤니케이션의 효용을 올바르게 이해하지 못하는 데서 생기는 편견이다. 그렇다고 해서 값싼 칭찬은 금물이다. 그것은 아첨에 불과하다.

"상대의 자기 평가에 꼭 들어맞는 말을 해줄 것."

이것은 마음에 새겨두어도 좋은 말이다.

또한 부하의 결점을 고쳐주고 싶다면 그가 다른 사람보다 뛰어나다고 말해준다. 그러면 상대는 어김없이 이쪽에서 생각하는 대로 움직여준다. 부하가 자신의 장점을 발휘하도록 고무하고 싶으면 그가 그런 장점을 가지고 있는 것에 대해 공공연히 칭찬해줘라. 좋은 평판을 해주면 그는 당신의 기대를 저버리지 않도록 노력할 것이다. 너에겐 커다란 강점이 있으며, 거기에 대해 나는 무한한 기대를 걸고 있다는 말을 해주는 것이 가장 효과적이다.

그렇다면 가장 현명한 리더의 처세법에는 어떤 것이 있을까?

시비는 피하는 것이 상책

목소리만 크다고 우겨대는 사람의 시비를 받아줘 봤자 이득 되는 것은 하나도 없다. 설사 당신이 옳을지라도 그 자리에서 옳다고 주장하지 마라. 빨간색을 검정색이라 우긴다 하더라도 말이다. 그것이 빨간색이라는 것은 언젠간 밝혀진다. 당신이 그 자리를 떠났을 때 스스로 빨간색임을 깨닫는 경우도 있고, 다른 루트를 통해서 자신의 잘못을 인정하게 될 수도 있다. 하지만 굳이 당신과 마주 앉아 옳고 그름을 가린다면 그것을 증명하려다 서로의 감정만 다치게 된다. 그러므로 가능하면 옳고 그름을 가리는 일에 끼어들지 않는 편이 좋다.

"인간은 억지로 설득은 당할지언정 수긍은 하지 않는다."

이 말은 항상 기억해두어야 할 수칙이다.

시비란 예외 없이 서로 자기가 옳다는 사실을 확신시키는 것으로 끝나버리게 마련이다. 그러므로 설사 시비에서 이겼다고 한들 잠시 잠깐의 만족감 외에는 아무것도 남는 게 없다. 치열하게 경쟁하여 설사 상대를 여지없이 때려눕혔다 해도, 그 결과는 공격을 당한 쪽은 백이면 백 열등감을 가지게 되고, 자존심 상하여 분개할 것이 틀림없다.

"무지한 인간도 시비로 이기기는 불가능하다."

미국의 재무장관을 지낸 윌리엄 G. 맥도바의 말이다. 실제로 그 어떠한 인간도 시비에서 이길 수 없다. 링컨은 동료와 싸움질만 하고 있는 청년 장교를 나무라며 이렇게 말했다.

"자기의 향상을 염두에 두고 있는 사람은 시비 같은 것을 하고 있을 여가가 없네. 더구나 시비의 결과는 마음이 불쾌해지거나 자제심을 잃어버리거나 할 뿐 아닌가?"

시비란 자신의 우월감과 중요감을 충족시키는 반면 상대의 자존심을 여지없이 깎아내리는 일이다. 역설적으로 말하면, 모든 사람에게 미움을 받고 싶거든 언제 어느 자리에서든지 시비를 걸고 찬반 양론의 분분한 의견에서 목청을 높이면 된다. 설사 자신의 지식이 올바른 것이라는 확신이 있을지라도 상대의 앞에서 자신이 옳다는 주장을 할 필요는 없다. 그럴 땐 이렇게 말하는 것으로 족하다.

"아, 그렇습니까? 다시 한 번 잘 조사해보지요."

이렇게 말하고 한 발 물러서는 것이다. 이는 정확한 근거를 찾을 시간도 벌고, 상대에게 자신이 틀렸음을 깨달을 시간적 여유를 제공한다는 데 의미가 있다. 그렇게 되면 상대는 당신에 대해 미안함과 존경심을 아울러 갖게 될 것이다.

비난하는 부하 대응법

부하가 기침을 하는 것을 보고 상사가 이렇게 물었다.

"감기라도 걸렸나?"

그러자 부하는 시비 걸 듯이 대답한다.

"감기에 걸리면 안 됩니까?"

이쯤되면 막 가자는 것이다. 만일 당신이라면 어떤 반응을 보일 것인가?

"누가 감기 걸리면 안 된다고 했나? 태도가 왜 그래?"

대개는 이런 말이 튀어나가는데, 그런다 해도 어쩐지 개운치는 않다. 이런 상황에서는 조금 사이를 두고 상대의 입장에서 생각해볼 필요가 있다. 부하직원이 괜한 시비는 아닐 것이다. 무언가 있다. 그래서 마음과 다르게 시비조가 튀어나온 것이다. 하지만 마음속으로는 미안해하면서도 사과의 말이 나오지 않는다. 이런 상황을 눈치챘다면 웃으면서 상사로서 먼저 구조선을 보내주자. 그것이 상사의 아량이다.

"어떻게 된 거야? 무슨 일 있나?"

낮은 음성으로 이렇게 물어주는 것만도 부하직원의 마음을 움직일 수 있다.

"죄송합니다. 현장에서 이러쿵저러쿵 말썽이 있어서 저도 모르게 흥분했나 봅니다."

"현장에서? 무슨 일인지 기분이 나빴나 보군."

이것으로 상황은 종료.

비난이나 불평에는 먼저 사과하라

"대체 어떻게 된 거야?"

"이럼 곤란하지!"

"너무 무책임하군."

상사 쪽에서 느닷없이 쏟아지는 비난에 당신은 어떻게 대응하는가? 대개는 창피함과 자존심, 부끄러움 때문에 얼굴이 시뻘개져서는 할말을 잃고 서 있기 마련이다.

이럴 때는 당신이 리더라면 무조건 사과부터 하는 것이 좋다. 사과를 하는 것을 자신의 잘못을 인정하는 것이라고 생각하여 절대 사과를 안 하려는 사람이 있는데, 그것은 바람직하지 않다. "죄송합니다"

라고 먼저 말을 한 다음, 자초지종을 이야기하면 상대는 오히려 미안해서 몸둘 바를 모른다.

푸념은 관대하게 받아넘겨라

푸념이란 지금에 와서 말해봤자 소용없지만 말로나마 풀어보는 것을 말한다. 사람들은 푸념해도 소용없다는 걸 알면서도 푸념을 한다. 꾹 참는 것도 큰 스트레스가 되기 때문이다. 사실 무조건 참는 것보다 들어줄 상대를 찾아 푸념을 늘어놓는 것이 건강에 좋다. 한 마디 푸념하는 법도 없고, 남에게도 그럴 기회를 주지 않는 사람은 사실 인간미가 없다.

직장생활에서는 더욱이 푸념할 일이 많다. 매일같이 마주치는 동료, 상하 관계, 업무적인 불평들……. 그런데 어찌 여기에 대해서 한 마디도 할말이 없을 수가 있겠는가.

푸념이 많으면 험담이 되는 경우가 있다. 또 상대를 믿고 실컷 푸념을 털어놓았더니 다 듣고 한다는 소리가, "좀 더 긍정적으로 생각해봐."라고 한다면, 두 번 다시는 그 사람에게 푸념을 하지 않게 된다.

"야, 김 과장은 진짜 열받게 하지 않니? 내가 말한 걸 잊어버린 주제에 안 들었다고 잡아떼는 거야. 결국 내가 말을 안 한 게 돼서 혼나기만 하고……."

이런 말을 듣고서 당신이라면 어떻게 반응하겠는가?

"김 과장을 그렇게 나쁘게 말하면 안 되지. 네가 실수한 것일 수도 있잖아."

이렇게 말한다면 상대는 더욱 큰 목소리로 반론한다.

"너라면 알아줄 거라 생각했는데, 괜히 말했어."

결국은 이렇게 된다. 믿을 놈 하나 없다는 식이 되고, 김 과장보다 당신에게 더욱 배신감을 느끼며 돌아선다.

상대의 푸념은 일단 관대히 들어주어야 좋다. 안심하고 푸념할 수 있도록 마음을 열고 들어주어라. 이때 푸념의 대상자를 두둔하는 것은 절대 삼가야 한다.

"그런 일이 있었어? 너무하네."

"다음부터는 메모라도 전달해봐."

불평의 상담자가 되어주어야 한다. 상처 입은 상대와 공범자가 되어 상처를 쓰다듬어 주어서 마음을 풀고 한숨 돌릴 수 있게 되면 당신의 능숙한 듣기 기술에 고마워할 것이다.

스컹크 화술을 사용하라

아무리 영리하고 경험이 많은 사냥개도 스컹크가 있는 듯하면 몸을 피한다고 한다. 스컹크의 지독한 방귀 맛을 알기 때문이다. 스컹크 화술이란, 마치 스컹크의 방귀와 같은 화술을 써서 궁지에서 벗어나거나 상대를 교란시키는 방법을 말한다.

첫 번째, 전망이 없으면 선선히 달아나라.

부장 : "이 보고서는 사장님께 보고를 해야 하는데 프린트가 좀 더 선명하게는 안 되겠나?"

김 대리 : "기계가 낡아서 더 이상은 안 됩니다."

부장 : "너무 많이 사용해서 그런가? 하루에 얼마나 뽑는데?"

김 대리 : "쉴 틈이 없을 지경이지요."

부장 : "노후됐다면 교환 예산을 확보해야 하지 않겠나?"

김 대리 : "아직은 그럭저럭 사용할 수도 있고, 또 이 불경기에 쉽게 허락이 떨어질지 알 수도 없고……."

부장 : "이봐, 해보지도 않고 그걸 어떻게 아나?"

김 대리 : "그럼 당장 신청하겠습니다."

부장 : "참, 이 사람. 당장 그렇게 하라는 게 아니잖나. 미리 좀 그렇게 생각할 수 있지 않은가 말이야."

이렇게 되면 부장의 깨끗한 판정승이다. 변명할수록 문제는 김 대리에게 불리하게 돌아간다. 예산 운운 되었을 때 바로 "예, 곧 조사해 보겠습니다. 그리고 다시 선명하게 올리겠습니다."라며 물러섰어야 했다.

두 번째, 도주가 불가능하다고 느낄 때는 맞서라.

이것이야말로 스컹크 전술의 극치다. 막다른 골목에 몰리면 무지무지하게 고약한 냄새를 뿜어 적의 전의를 상실하게 만드는 스컹크의 전술과 같다 하겠다.

여기에는 끝까지 주장을 밀고나가는 것과 자신의 과실을 인정하고 상대에게 오해가 남지 않도록 백배 사죄하는 두 가지 방법이 있다. 자신의 잘못을 깨달았을지라도 무조건 우기든가, 그렇지 않으면 아예 손발이 다 닳도록 싹싹 빌면서 자신의 잘못을 인정하는 것이다. 빡빡 우겨대면 상대도 '과연 그런가?' 하고 머리를 갸우뚱하게 되고, 머리 숙여 깊이 사과하면 그 어떤 완고한 상대라도 마음을 풀지 않을 수 없게 된다.

결정을 앞당기는 전법

비즈니스를 성사시키기 위해서는 언제까지고 갑론을박하고 있을 수 없다. 어느 시점에서 단호하게 매듭을 짓는 요령이 필요한 것이다.

첫째 '반반' 전법은 가장 일반적인 흥정 방식으로, 양쪽의 주장을 반씩 양보하자는 뜻으로 가장 쉽게 받아들여진다.

둘째는 초조함을 이용하는 전법으로, 상대가 시간이나 기일에 쫓기고 있는 경우 효과적이다. 여러 가지 이유를 들어 느긋하게 마지막 기한까지 시간을 끌어간다. 그러다가 은근히 "기한이 많이 남았습니까?" 하는 등의 질문을 하면서 눈치를 본다.

"공연히 시간과 경비만 낭비했군요. 다음을 기대합시다."

이쯤 되면 실적이 필요한 상대는 어떻게든 마무리지으려 덤비게 될 것이다. 자신이 불리해지더라도 말이다.

셋째는 고무줄 전법으로, 쉽게 말하면 강경일변도로 세게 잡아당겼다가 도저히 안 되겠다는 식으로 고무줄을 놓아버리는 것이다.

"좋아요. 실적 때문에 할 수 없이 양보하는 겁니다."

이 경우 상대는 '이제는 데드라인에 다다랐구나' 하는 느낌을 받고, 심리적으로 '여기까지 최대한 양보를 받았다'고 생각하여 협상에 임하게 된다.

넷째는 위장 중단 전술로, 양쪽 주장이 팽팽히 맞서 쉽게 결론이 나지 않을 때 효과적이다. 흔한 말로 '공갈 협상'이다.

회의 중간에 갑자기 벌떡 일어서서 "이런 식으로라면 시간 낭비에 불과합니다. 그만둡시다!" 하고 말을 던지면서 나간다. 그리고는 덧붙이기를, "이 책임은 모두 당신에게 있소."라며 결정권자를 지목하여 힐책한다. 그러면 상대는 이런 상황에 대한 책임을 통감하고 어서 마무리를 지어야겠다는 생각을 하게 될 수밖에 없게 된다.

리더가 지켜야 할 덕목

첫째, 겸허해야 한다. 이는 샐러리맨으로 성공하는 화술의 원칙이다. 아무리 달갑지 않은 명령이라 해도 담담하게 "예." 하고 받아야 한다. 자기에게 유리한 것일수록 "제가 어떻게 그것을 받겠습니까?" 하고 사양해야 겸허한 사람이 된다. 자신에게 유리한 것이라고 기쁨에 떨면서 덥석 받는다면 주위의 시선이 따가워진다. 입으로는 "축하해." 라고 하면서도 속으로는 '괘씸한 놈'으로 여기는 법이다.

표창을 받게 될 때도 마찬가지다. 자기가 공을 세워 표창을 받는다고 생각하면 늘 질타와 시기의 대상이 될 수 있다. 주위의 동료는 "저 녀석만 없었다면 내가 받을 수 있었는데……."라고 생각하기 마련이다. 그러므로 허리를 낮추고 만나는 사람마다 "여러분을 대표한 데 불과하지요."라고 말해야 한다.

어떤 경우에도 늘 '회사를 위해 꼭 필요하다'라는 명분을 내세우고, 언제나 나를 위해서가 아니라는 것을 명백히 해야 한다.

"여러분을 위한 것이었습니다. 잘못된 책임은 저에게 있습니다."

이런 식으로 말하다 보면 '싹수 있다', '사람 됨됨이가 됐다'는 평과 아울러 인기도 얻는다.

둘째, 명분으로 일하라. 명분이 분명하지 않은 일에는 응하지 말아야 한다. 내심으로는 간절한 일일지언정 명분이 없으면 들은 척도 하지 말아야 하는 것이다. 그러므로 인기를 얻으려면 사람들 가슴 깊숙이 있는 욕망을 찾아내고, 그것을 충족시키기 위한 명분을 내세워 정당화시켜주면 좋다.

"우리는 국민의 건강을 위해 일하고 있습니다"라고 하는 의약품 광고 카피를 보았을 것이다. 이것 역시 명분을 앞세워 기업의 영리를 추구하는 기술이다.

✴✴ 잘못된 생각의 패턴

미국의 정신과 의사인 데이빗 번즈 박사는 '잘못된 생각의 패턴 10'을 다음과 같이 정리했다.

전부가 아니면 전무(全無)라는 생각

모든 것이 완벽하게 되지 않은 것은 하나도 이루지 못했다고 받아들인다. 이 세상에 완벽한 사람은 없다. 100점 만점에 90점이라고 생각하기보다는 90점 만점에 90점을 이루었다고 생각하자.

지나치게 일반화시키는 생각

한 가지의 부정적인 면만 보고 전체가 잘못되리라고 생각하는 태도는 바람직하지 않다. 똑같은 제품을 만들더라도 이번에 잘못 만들었으면 다음번에는 잘 만들 수가 있는 것이다. 한 가지 실수만 해도 나머지 모든 것을 싸잡아서 잘못되리라고 생각해서는 안 된다.

94

잘못된 한 가지 일에만 몰두한다

이런 것은 현실 전체에 대한 올바른 시각을 흐리게 한다. 한 방울의 잉크가 물 전체를 흐려놓을 수 있다. 부분이 아니라 전체를 바라봐야 한다.

긍정적인 것에 대한 무시

잘 되어가는 긍정적인 것을 대수롭지 않게 제쳐두고 잘 안 되는 것만 붙들고 있으면 발전을 기대할 수 없다.

서둘러 단정해버린다

뚜렷한 이유도 없이 이 일은 안 되겠다고 포기하고는 상대방의 의도나 의견을 부정적인 쪽으로 단정해버리면 원하는 목표를 절대 이룰 수 없다.

과장, 축소의 잘못된 잣대

자신의 잘못이나 다른 사람의 성공은 축소시키는 반면, 자기 자신의 성취나 다른 사람의 잘못은 극대화시키는 태도는 일종의 자기 과장이며 타인에 대한 경시 태도에서 비롯된다. 사실은 사실대로 전달해야 한다. 아니 나에게는 엄격하게, 그리고 타인에게는 관대하게 처신하는 것이 바람직하다.

감각을 현실화시키는 것

자신의 부정적인 느낌을 현실에 근거한 것으로 믿고 틀림없다고 확신해버리는 사람들이 있다. 이들은 절대로 모험을 하지 않는다. 모험을 하지 않는 자는 발전은커녕 지금의 자리도 지킬 수 없다. 오로지 퇴보만 있을 뿐이다.

의무감에 잡혀 있다

이것은 하고, 저것은 하지 말아야 한다는 고정관념에 사로잡혀서 안 된다는 쪽을 행동할 때는 죄의식을 느낀다. 하지만 세상은 변한다. 그에 따라 사고도 변한다. 지금 내가 생각하는 것이 모두 다 불변의 진리는 아니다. 유연할 필요가 있다.

라벨을 붙인다

사소한 실수에도 '나는 낙오자야', '나는 이건 못해' 하는 딱지를 붙여버린다. 사람은 누구나 실수를 할 수 있다. 중요한 것은 실수가 아니라 실수를 경험 삼아 딛고 일어나는 용기다.

'내 탓이오'라는 생각

잘 들여다보면 자기 탓이 아닌데도 지나친 도덕성을 부여하여 모두 내 탓이라고 자책하며 괴로워한다. 그러나 과도한 자책은 상대방을 피곤하게 만든다.

96

리더의 처세훈

마루 위에 걸려 있는 램프가 태양빛보다도 자기가 더 밝다고 자랑하고 있었다. 이때 바람이 불어오자 램프 불은 힘없이 꺼지고 말았다. 주인이 다시 램프에 불을 켜면서 조용한 말로 타일렀다.

"램프야! 잔말 말고 비추고만 있거라! 태양빛은 꺼지는 일이 없지 않니?"

* 자기 명성이나 또는 작은 업적을 크게 내세우는 사람은 그것보다도 더 낮은 실력의 소유자인 경우가 많다.

3

사람을 움직이는
리더십

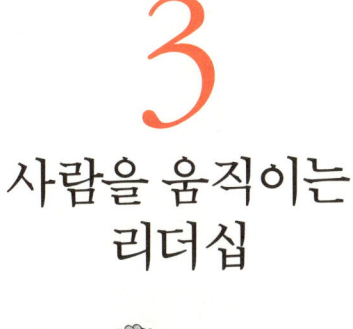

✱✱사람을 끌어들이는 힘

"위인은 하인을 다루는 방법에서도 그 위대함을 나타낸다."
영국의 사상가 칼라일의 말이다.

리더십의 사전적 의미는 '성원(成員)이 자발적으로 집단활동에 참여하여 집단의 목표나 내부 구조의 유지라는 목표를 달성하도록 유도하는 능력'이다. 사람이 살아가는 이 세상에서는 정치 · 경제 · 사회 등 어느 부문에서도 리더는 존재하게 되어 있다. 인간관계의 구조가 상하좌우로 연결되어 있기 때문이다. 그러므로 다른 사람과의 연결고리를 탄탄하게 맺는 기술, 즉 사람을 움직이는 기술은 누구에게나 필요한 덕목이 되었다.

L. 아위크는 리더에게 필요한 요건으로 용기 · 의지력 · 마음의 유연성 · 지식 · 고결한 성품을 들었는데, 특히 공정과 성실함을 끊임없이 간직함으로써 부하에게 신뢰를 받는 일이 중요하다고 말했다. 이처럼 보통 리더십이라고 하면 위에 있는 사람이 아래 있는 사람을 이끌고 지배하는 것이라고 생각한다. 그러나 이것은 잘못된 생각이다. 한마디로 리더십은 지배나 명령, 강압이 아니다. 오늘날 다정다감한 리더, 사랑받는 리더, 그리고 유머감각을 겸비한 리더가 더 부각되고 있는 것도 그 때문이다.

조직이란 상하좌우로 잘 짜여 맞추어져 있는 사람들의 모임이다. 세로와 가로는 물론 대각선으로도, 입체적으로도 짜여져 있다. 그렇게 짜여진 구조 속에서 리더의 힘은 아래쪽으로만 미치는 것이 아니다. 위로도 옆으로도, 때로는 대각선으로도 영향을 미치고 큰 영향력을 발휘한다.

기업의 경우, 대각선의 관계라고 하면 경영자와 노동조합과의 관계를 말한다. 그리고 스태프와의 관계도 대각선의 관계다.

가로는 일의 흐름이다. 분업 시스템에서는 앞 공정으로부터의 흐름이 원활하지 않으면 상대방은 일을 할 수가 없다.

세로는 물론 상사와 부하직원의 관계다. 이렇게 볼 때, 리더는 상하좌우에 신경을 쓰고, 여러 가지를 고민하면서 담당하는 직무를 수행하지 않으면 안 될 위치에 놓여 있는 것이다. 결국 부하직원을 리드하는 것만 가지고서는 제대로 된 리더일 수 없다는 결론이 나온다. 무릇 리더십이란 결국 '설득력'에서 비롯된다. 상사나 스태프, 그리고 노조를 설득함으로써 전체로서의 일을 원활하게 진행시킴과 동시에 자기가 담당하는 부문의 업적을 올리는 것이 프로 리더의 역할이다.

남아프리카 공화국의 대통령이자 투쟁의 아버지인 넬슨 만델라는 다음과 같이 말했다.

"지도자는 마땅히 자기의 텃밭을 가꿔야 한다. 씨를 뿌리고 살피고 일구어야 하며 그 결과를 거둬들여야 한다. 그리하여 정원사와 마찬가지로 자기가 경작하는 것에 책임을 져야 한다."

사람을 다루는 방법과 자기의 인격을 살찌우는 방법은 벤자민 프랭클린의 자서전에서 도움을 얻을 수 있다. 이 자서전에서 프랭클린은 어떻게 하여 자기가 언쟁을 좋아하던 나쁜 버릇을 극복하여 유능하고 온화하며 사교적인 수완에 있어서 미국 일류의 인물이 되었는가에 관해 자세히 기술하고 있다.

프랭클린은 이렇게 말했다.

"나는 남의 의견을 정면으로 반대하거나 자기의 의견을 단정적으로 말하지 않기로 했다. 결정적인 표현, 예컨대 '확실히' 또는 '의심할 여지없이'라는 말 대신 '나로서는 이렇게 생각하는데', '현재로서는' 등의 말을 썼다. 상대방의 주장이 확실히 옳지 않더라도 즉각 이를 반대하거나 상대방의 잘못을 지적하지 않기로 한 것이다."

링컨은 동료들과 싸움만 일삼고 있던 한 청년 장교에게 이렇게 충고했다.

"반쯤의 타당성밖에 없을 경우에는 아무리 중대한 일이라도 상대방에게 양보하라. 그리고 설령 충분한 타당성이 있다고 생각되는 경우라도 사사로운 일이라면 양보하라. 좁은 길에서 개를 만나 권리를 주장하다가 개에게 물리는 것보다 차라리 개에게 길을 양보하는 편이 현명하다. 물린 다음 개를 죽여보았자 물린 상처는 낫지 않는다."

성공한 사람에게는 이처럼 남과 다른 아량과 현명함이 있었다는 것을 잊으면 안 된다. 그들은 이렇게 보통사람보다 넓은 안목과 이해심으로 모든 불리한 상황들을 유리하게 풀어나갔던 것이다.

또 벤자민 프랭클린은 이렇게 말했다.

"언쟁을 하다 보면 상대방을 이기는 수도 있을 것이다. 그러나 그것은 헛된 승리다. 절대로 상대방의 호의를 기대할 수 없게 되었기 때문이다."

이론 투쟁의 혁혁한 승리를 택할 것인가? 아니면 상대방의 호의를 택할 것인가? 그것은 당신이 선택할 문제다.

드골은 이렇게 말한다.

"위대한 인물은 사람들과의 사이에 거리를 둔다. 권위는 위신 없이는 성립되지 않으며, 위신은 속세와의 거리 없이는 성립되지 않기 때문이다."

✱✱경청자가 되어라

그렇다면 사람을 내 맘대로 움직이게 하는 힘은 어디에서 나오는 것일까? 유능한 리더는 어떠한 경우에도 부하직원의 항명이나 불복을 경험하지 못한다.

1864년 4월 15일 토요일 아침, 포드 극장에서 괴한의 흉탄에 맞고 쓰러진 링컨은 그 극장의 바로 건너편 어느 싸구려 하숙집의 침대에 누워서 죽음을 기다리고 있었다. 이 서글픈 현장을 지켜보고 있던 스탠턴 국방 장관은 이렇게 중얼거렸다.

"여기 누워 있는 분처럼 완전히 인간의 마음을 사로잡을 수 있었던 사람은 이 세상에 다시는 없을 것이다."

이러한 칭송을 비결은 과연 무엇이었을까? 링컨은 사람을 비난하는 일에 과연 전혀 흥미가 없었을까?

사실 그도 젊었을 때는 남의 흉을 잘 찾아냈을 뿐만 아니라 상대방을 비웃는 시나 편지를 써서 남의 눈에 띄게 했고, 신문에 기고했다가 결투 신청을 받기도 했다. 이러한 체험을 통해 그는 어떠한 일이 있어도 남을 비난해서는 안 된다는 귀중한 교훈을 얻었던 것이다. 그래서 그는 두 번 다시 다른 사람을 비난하는 일을 하지 않았다. 그랬기에 누구에게나 칭송받는 위대한 지도자가 될 수 있었던 것이다.

남북전쟁이 한창일 때, 링컨은 고향인 스프링필드에 있는 친구에게 편지를 보내어 워싱턴에 오도록 요청했다. 중요한 문제에 대하여 토론하기 위해서였다. 그 친구가 백악관을 방문했을 때, 링컨은 몇 시간 동안이나 줄곧 노예 해방 선언을 발표하는 것이 얼마나 중요한 것인가를 그에게 이야기했다. 링컨은 그 방침에 대한 의견을 말하고 나서, 이번에는 각종 투서와 신문 기사를 읽어주었다. 당시 사람들은 노예 해방에 대해 찬성 또는 반대, 그리고 찬성도 반대도 아닌 어정쩡한 태도를 취하고 있는 편으로 갈라져 있었다.

그런데 링컨은 이렇게 몇 시간 이야기한 뒤 친구의 의견은 한 마디도 듣지 않고 작별 인사를 나누고는 돌려보냈다. 이렇게 링컨은 처음부터 끝까지 자기 할 말만 하였다. 처음부터 링컨은 상대방의 의견을 바랐던 것이 아니다. 다만 그는 그의 마음의 부담을 덜어줄 만한 친근하고 동정적인 경청자가 필요했던 것이다.

마음에 고민이 있을 때는 누구나 그러하다. 링컨과 같은 위대한 인물도 그러한데 보통 사람들은 말할 것도 없다.

✳✳사람의 이름을 기억하라

미국 조지아 주 탄생에는 아주 재미있는 일화가 있다.

영국인 오글소프 장군은 신세계에 새로운 식민지를 건설하겠다는 야망을 품고 영국 왕에게 허가를 요청했다. 그러나 왕은 전혀 흥미를 보이지 않았다. 고민 끝에 오글소프 장군은 영국이 새로운 식민지를 개척한다는 것이 얼마나 보람된 일이며, 새로운 영토에 영국의 국기가 휘날리게 되는 것이 얼마나 영광스러운 일인지를 왕에게 설명했다. 그런데도 왕은 관심 없는 투로 말했다.

"장군, 우리 영국은 이미 신세계에 많은 식민지를 갖고 있소."

오글소프 장군은 왕의 우월감을 자극했다.

"물론 식민지는 많습니다, 폐하. 그러나 폐하의 존함을 붙인 식민지는 아직 한 군데도 없지 않사옵니까?"

그러자 조지 2세는 의자에서 몸을 벌떡 일으키면서 관심을 보이기 시작했다. 이렇게 해서 '조지아'라는 이름의 새로운 식민지가 탄생된 것이다. 조지 2세는 개척 비용을 전액 부담해주는 한편, 국가에 부채를 지고 있는 사람들에게 그 부채를 면제해주는 대신 조지아에 가서 살 수 있도록 해주었다.

한편 미국의 강철왕 앤드류 카네기의 성공 비결은 무엇일까?.

카네기는 강철왕이라고 불리우고 있지만, 본인은 강철에 관해서는 별로 아는 바가 없었다. 단지 강철에 관해 잘 알고 있는 수백 명의 기술자를 고용하고 있었을 뿐이다. 그는 사람을 부릴 줄 아는 사람이었던 것이다. 바로 이 능력이 그를 대부호로 만들었다.

실제로 카네기는 어렸을 적부터 사람들을 조직화하고 통솔하는 데 특별한 재능을 보였다고 한다. 열 살 때 이미 '사람은 자기 이름에 대해 비상한 관심을 갖는다'는 것을 알고 이를 남의 협력을 얻는 데 적절하게 사용했다.

그가 아직 스코틀랜드에 있던 소년 시절의 이야기인데, 어느 날 그는 토끼 한 마리를 잡았다. 그 토끼가 새끼를 낳게 되자 토끼우리는 새끼들로 가득 차게 되었다. 그러자 먹이가 부족했다. 그래서 그는 동네 아이들에게, 토끼밥이 될 풀을 많이 뜯어온 아이의 이름을 어린 토끼에게 붙여주겠다고 약속했다. 결국 그는 힘 하나 들이지 않고 많은 토끼들의 먹이를 구할 수 있었다. 카네기는 장성한 다음에도 그때의 일을 결코 잊지 않고, 그 경험을 활용하였다.

대개의 사람들은 자기의 이름에 대해서 지극한 애착을 가진다. 반면 상대방의 이름은 그다지 잘 기억하지 못한다. 하지만 처음 본 사람의 이름을 얼굴과 함께 암기하고, 다음에 만났을 때 그의 이름을 정확하게 불러주면, 상대방은 '어! 이 사람이 나를 기억하고 있네!' 하면서 기쁨 반 놀람 반으로 다시 한 번 쳐다보게 된다.

이름을 기억하기로 대표적인 사람은 또 제2차 세계대전을 미국의 승리로 이끈 프랭클린 루스벨트다. 그는 상대방의 이름을 기억하고, 그에게 자신에 대한 중요감을 갖게 하는 방법을 사용해 상대의 호감을 얻어냈다.

루스벨트 대통령은 이렇게 말한다.

"반드시 선거인의 이름을 기억해두어야 한다. 그것을 잊어버린다는 것은 곧 자신이 유권자들에게서 망각되어버린다는 것을 의미하는 것이다."

이것은 정치가가 명심해야 할 첫 번째 원칙이다. 그러나 어찌 정치가뿐이겠는가. 사람을 움직이고 사람을 지도하려는 자는 이 철칙을 반드시 기억해야 한다.

자신의 성공 노하우를 전 세계에 전파한 데일 카네기는, 누구나 자기 이름에 대해서 비상한 관심을 갖고 있다는 데 착안하여 그들의 협력을 얻어냈다고 밝혔다. 그런가 하면 루스벨트 시절, 우정 장관을 지 낸 짐 펄리도 이름을 기억하는 데 남다른 정성을 쏟았다. 고등학교 문 턱에도 가보지 못한 짐 펄리는 방문 판매원으로서 각지를 돌아다닐 때 고객의 이름을 기억하는 방법을 고안해냈다. 그리고 훗날 루스벨 트가 대통령 선거를 치를 때 그의 참모로 일하면서 그때의 기억을 되 살려 매일 수백 통의 편지를 썼다. 짐 펄리가 기억하고 있던 사람들 의 이름은 무려 5만 명이었다고 한다.

심리학에서는, 인간의 모든 행동의 배후에는 '중요한 존재가 되고 싶다'는 욕망이 잠재해 있다고 말한다. 상대의 이름을 기억한다는 것 은 곧 상대방의 존재를 인정한다는 것이 된다. '까짓 이름쯤이야' 하 고 가벼이 넘겼다간 다른 사람에게 호의를 얻지 못한다.

나폴레옹 3세는 자신이야말로 다른 사람의 이름을 가장 많이 기억 하는 사람이라고 공언했다. 그의 이름 기억법은 간단했다. 그는 상 대의 이름을 분명히 알아듣지 못했을 경우에는 "죄송하지만 다시 한 번 말씀해주십시오." 하고 정중히 부탁했다. 만약 이름이 기억하기 어렵다면 한 자 한 자 또박또박 되물었다고 한다. 이렇듯 이름 기억 법을 활용하여 처세나 비즈니스에서 성공한 사람들의 예는 얼마든 지 있다.

누군가 당신의 이름을 선뜻 불러주었을 때, 당신의 기분은 어떻겠 는가?

'내 이름을 어떻게 알았지? 용케도 외웠군.'

이렇게 비딱하게 볼 수도 있다. 하지만 싫지는 않을 것이다. 그리 고 상대에게 특별한 관심을 기울이게 될 것이다.

✲✲ 경쟁의식에 불붙인다

허름하기 짝이 없는 작업복 차림으로 동네 이발관을 돌아다니면서 트럭을 몰던 샘 월튼이 어떻게 해서 세계적인 월마트의 신화를 이루었을까? 그것은 바로 강한 신념 때문이었다.

월튼은 아주 검소한 사람이었다. 그는 자신의 지출에 엄격한 방침을 정해두고 자린고비 생활을 했다. 출장을 다니면서도 최대한 싸구려 호텔에 묵었으며, 광고비도 절약하여 매출액의 2퍼센트를 넘지 않도록 했다. 또한 바이어들에게 식사나 선물을 대접받는 일도 없었다. 일단 접대를 받거나 금품 등의 향응을 받게 되면 그만큼 그 비용이 제품의 공급가격 상승을 불러온다고 생각했기 때문이었다.

"내가 독자적인 아이디어로 할인마트를 운영해가고 있다는 사실을 안 사람들은 모두 내가 완전히 이성을 잃었다고 생각했다. 당시 할인마트는 초창기 사업이었기 때문에, 캐딜락을 몰고 다니는 돈 많은 발기인들은 나 같은 사람을 거들떠보지도 않았다. 아마 그때 내게 투자한 사람이 지금도 주식을 갖고 있었다면 억만장자가 되었을 것이다."

월튼의 이 말은 바로 자신의 신념을 여실히 보여주는 대목이 아닐 수 없다. 그는 누가 뭐라 해도, 심지어 손가락질을 해도 근검절약을 실천해나가는 마음을 누그러뜨리지 않았고, 자신이 믿고 있는 바를 묵묵히 실천해나갔던 것이다. 그는 평소 '경쟁자를 의식하지 않으면 도태된다. 살아남기 위해서는 항상 경쟁의식을 가지고 살아야 한다'는 마음으로 도전을 두려워하지 않았다. 이것이 세계 부자 순위 몇 손가락 안에 드는 또 하나의 비결이다.

강철왕 앤드류 카네기로부터 연봉 100만 달러를 받았던 사람, 사람을 다루는 재능에 있어 지금도 모든 사람의 귀감이 되고 있는 찰스 슈와프가 담당했던 공장 중에 유독 실적이 오르지 않는 공장이 있었다. 그는 공장장을 불러 물었다.

"자네는 유능한 사람이라 생각하고 있는데, 좀처럼 성적이 오르지 않는군. 웬일이지?"

"저도 그것을 모르겠습니다. 달래보기도 하고, 위협해보기도 하고, 억눌러보기도 하고, 모든 수단을 다 써보았지만 공원들이 좀처럼 열심히 일해주지 않습니다."

"자네 팀은 오늘 몇 번 주물을 부었지?"

"여섯 번입니다."

슈와프는 아무 대꾸도 하지 않고 마루에 '6'자를 써놓고는 나가버렸다. 오후 팀이 들어와서 이 글자를 보고는 그 뜻을 오전 팀의 공원에게 물었다.

"전무님이 공장에 오셨었는데, 오늘 몇 번 주물을 부었는가 하고 묻기에 여섯 번이라고 대답했더니 이렇게 '6'이라고만 써놓고 나가셨네."

그런데 이튿날, 오전 팀이 출근해 보니 마루 위에 '7'자가 큼직하게 써 있는 것이 아닌가. 오후 팀이 더 성적을 올린 것이었다. 이에 자극을 받은 오전 팀은 경쟁의식을 발휘했고, 퇴근 시간에는 '10'자를 써놓을 수 있었다. 이렇게 하여 공장의 능률은 점차 올라갔다. 업적이 형편없었던 이 공장은 이윽고 딴 공장을 앞질러 생산성에 있어 첫 번째를 차지하게 되었다.

"무슨 일이든 경쟁심이 중요하다. 악착같은 돈벌이 경쟁이 아니라 남보다도 뛰어나고 싶다는 인간의 본능인 경쟁심을 자극해야 한다."

슈와프의 말이다. 즉, 우위에 서 보겠다는 욕구, 대항 의식, 지지 않으려고 안간힘을 다하는 끈기, 사나이의 영웅심에 호소해야 한다는 것이다.

테오도르 루스벨트 역시 이렇게 지지 않으려고 애쓰는 끈질김이 자극되지 않았다면 미국 대통령에 당선되지 못했을 것이다. 그는 미서(美西) 전쟁에서 귀환하자 곧 뉴욕 주지사에 당선되었다. 그런데 반대파는 그의 약점들을 지적하며 문제 삼기 시작했다. 그는 당황하여 사퇴할 결심까지 하게 되었다. 그때 어떤 친구가 찾아와 루스벨트에게 호통을 쳤다.

"자네가 그래도 산쥬안 힐 전선의 용사인가? 겁쟁이 같으니라구!"

결국 그는 마음을 돌려 끝까지 싸울 결심을 했고, 마침내 승리할 수 있었다.

미국의 한 학교에서는 하류층 학생들과 중산층 학생들을 섞어서 가르쳤더니 성적이 크게 향상되었다고 한다. 하류층 흑인 학생들에게 지고 싶지 않다는 중산층 백인 학생들의 경쟁심리를 부추긴 결과였다. 그러나 하류층 학생과 상류층 학생을 섞어놓았더니 아무 효과가 없었다. 지나치게 간격이 벌어지면 기가 꺾여서 경쟁심보다 아예 포기해버리기 때문이었다. 은근히 경쟁자를 의식하는 가운데 자기도 모르게 자신의 실력은 더욱 향상되며, 이기려는 마음이 자극되면 의욕이 불타오르는 법이다.

❋❋정보에 민감한 리더

정보에 둔감한 리더는 참다운 리더가 될 수 없다. '부장님이 그것도 모르시나?'라든가 '아니, 우리 사장은 왜 저렇게 느려?' 하는 느낌을 아랫사람들에게 준다면, 당신은 리더로서의 권위를 발휘할 수가 없게 된다.

우리는 지금 신문, 서적, 텔레비전이나 라디오 방송 등이 엄청나게 쏟아내는 정보의 홍수 속에 살고 있다. 심지어 정보 공해라도 한다.

그러나 지나친 것은 부족한 것만 못하다. 정보가 범람하면 어떤 정보가 진짜고, 어떤 정보가 참으로 도움이 되는지 분간할 수 없게 되어버린다. '풍요 속의 빈곤'이라 하겠다.

이런 정보화 사회에서는 정확한 정보를 재빠르게 포착하여 분석하고, 자기에게 도움이 되도록 급소를 파악하여 활용하는 능력이 필요하다. 리더라면 더욱 그렇다. 즉, 남보다 우위에 있어야 하는 리더는 정보에 있어서도 우위를 선점하고 있어야 하는 것이다.

일반적으로 주어진 직권적 우위성이 중요하게 보이기 쉽지만, 실제로는 실력에 의해 아래로부터 지지받음으로써 비로소 참다운 리더십이 성립된다.

'실력'이란 것을 분석해보면 대개 다음과 같이 설명할 수 있다.

첫째, 연공에 의해 쌓인 경험적 우위성. 지식이나 기술·기능의 우수성을 말한다.

둘째, 경제적 우위성. 급료가 많고 주머니가 두둑해서 필요한 경우에는 부하직원들의 사기를 돋워줄 수 있는 경제적 능력을 말한다.

셋째, 인간적인 우위성. 즉, 인격·인덕·사람됨이라고 일컬어지는 미덕을 두루 갖춘 사람을 말한다.

넷째, 체력적 우위성. 관록을 말한다. 끈기·찰기 등에 의한 기력적인 면에 있어서의 능력을 말한다.

다섯째, 정보의 우위성. 지식적 우위성과 비슷한데, 정보를 선진적·독점적으로 파악하고, 폭넓고 정확하게 급소를 파악하여 다른 사람보다 우위에 서는 경우를 가리킨다.

이른바 실력이란 이런 것들이 종합된 것이다.

그런데 오늘날에는 이중에서도 '정보적 우위성'이 보다 강조되고 있다. 인심 좋고 물 맑고 산 좋은 시골에 살고, 좋은 직장에 근무하면서도 큰 도시를 잊지 못하고 있는 것은 시골에 사는 사람으로서 느껴야 하는 정보의 기아감 때문이다. 그만큼 현대에 있어서 정보 가치의 비중은 크다. 따라서 이 가치를 풍부하게 지니고 이를 활용하는 사람이 리더가 되는 것은 당연한 일이다.

✱✱ 서브 리더를 육성하라

리더 혼자서 회사를 이끌어나가는 것은 불가능하다. 때문에 리더는 자신의 일을 분담할 수 있는 책임감 강한 서브 리더를 선별해서 육성해야 한다. 즉, 리더는 리더가 된 그때부터 곧바로 대행자를 정해놓아야 한다.

흔히 '오른팔'이나 '참모'로 일컬어지는데, 이들은 언제 어느 때라도

112

리더를 대신하여 일처리를 하게 된다. 그에게는 '이런 때 리더라면 이렇게 했을 것이다'라는 프로그램이 내재해 있다. 그래서 리더가 없더라도 리더가 했을 때와 똑같은 결과를 만들어낼 수 있다.

이런 '서브 리더'가 있는 리더는 불안할 일이 없다. 평상시에는 의논 상대자로서, 그리고 비상시에는 자신을 대신해서 중책을 맡을 대행자로 역할을 수행해줄 테니 말이다. 언제 리더가 사고로 임무를 수행할 수 없게 될지 모르는 일이므로 임무 수행에 조금도 차질이 없도록 하기 위해서는 대행자를 결정해놓고, 이를 모두에게 명확하게 알려야 할 의무가 있다. 또 그 대행자도 한 사람이 아니라 세 번째, 네 번째 하고 순위를 매겨 복수로 명시해야 한다. 군대에서는 그야말로 '마지막 한 사람이 될 때까지' 순위가 매겨져 있다. 적탄에 맞아 지휘자가 차례로 쓰러지더라도 절대로 '지휘자 부재'의 상태가 되지 않도록 지휘를 맡는 순위가 매겨져 있는 것이다.

이 '대행자'는 '후계자'와 반드시 일치하지는 않는다. 대행자는 일반적으로 연공서열에 따라 정해지지만, 후계자는 서열이 아니라 참으로 리더의 일을 맡기기에 부족함이 없는 사람을 지목하고 특별 훈련을 통해 육성한다는 점이 다르다. 서열이 빠른 전무가 아니라 상무 가운데서 다음 번 사장이 임명되는 예가 바로 그렇다. 후계자도 두 사람을 육성하는 것이 바람직하다. 좋은 적수로서 서로에게 자극을 주고, 경쟁하게 하는 것만큼 발전에 이바지하는 것은 없기 때문이다.

대행자에게 일상 업무에 관한 지휘를 맡기더라도 특별한 경우를 제외하고는 반드시 자기가 직접 해야 할 것은 맡기지 않는 것이 원칙이다. 중요한 결정 사항, 이를테면 인사나 장기 계획 등은 리더 자신이 책임을 지고 수행해야 한다.

그러나 대행자가 아닌 후계자에게는 직접 자기가 해야 할 중요한 일도 서서히 맡겨 교육시키는 것이 좋다. 이를테면 회의에 대리로서 출석시키거나 장기 계획을 입안시키면서 의식적, 계획적으로 리더로 필요한 자질을 키워주는 것이다. 물론 후계자에게 맡긴다는 것은 결코 쉬운 일이 아니다. 그러나 후계자가 없으면 미래도 없다.

부하직원을 신뢰한다는 것은 맡긴다는 것이며, 맡긴다는 것은 가르친다는 것이다. 거꾸로 말하면 가르칠 수 없으면 맡길 수 없는 일이며, 맡길 수 없다는 것은 신뢰하지 못하고 있다는 것을 의미한다.

일을 맡는 자는 의욕이 생겨서 임무의 중대성을 의식, 혼자서도 공부하게 된다. 한편 일을 맡기는 자는 짐이 가벼워지고, 중요한 일에 에너지를 집중시킬 수 있다. 그러나 후계자가 없다면 리더만 바쁠 뿐이다. 그리고 성과는 오르지 않는다. 이는 조직 전체의 의욕 상실 및 생산력 저하로 연결될 수 있다.

맡기고 대행시킬 때 비로소 후계자를 육성할 수 있을 뿐만 아니라 리더 자기 또한 성과를 올릴 수 있다.

✱✱칭찬은 고래도 춤추게 한다

칭찬은 어른 아이 할것없이 누구에게나 마음을 가라앉히고 의욕을 북돋워주는 커다란 영양제다.

한 소년이 런던의 직물 상점에서 일하고 있었다. 아침 5시에 일어나 밤늦게까지 청소며 잔심부름을 하는 등 하루에 열네 시간씩이나 혹사당했다. 소년은 이러한 중노동이 견딜 수 없이 고생스러웠지만, 그런대로 2년간을 참았다. 그러다 도저히 더 이상은 참을 수가 없다고 생각한 어느 날 아침, 그는 밥도 먹지 않은 채 가게를 빠져나와 가정부로 일하고 있는 어머니를 만나기 위해 24킬로미터나 되는 머나먼 길을 달려갔다. 그는 미친 듯이 울부짖으면서, 그 가게에서 일하느니 차라리 죽어버리는 편이 낫겠다고 어머니에게 호소했다. 그리고 모교의 교장 선생님께 자기의 딱한 처지를 호소하는 장문의 편지를 썼다. 교장 선생님으로부터 곧 답장이 왔다.

"자네는 매우 두뇌가 명석하니 그러한 중노동보다는 지적인 일에 더 적합할 것이네"

이 칭찬 한 마디가 소년의 장래를 바꿨다. 소년은 훗날 영문학사상 불멸의 공적을 남기는 문학가가 된 것이다. 그가 바로 77권이나 되는 책을 저술했고, 100만 달러 이상의 재산을 펜으로 벌어들인 공상과학소설의 원조 H. G. 웰스다.

흔히 개를 훈련시킬 때, 개가 조금이라도 잘하면 쓰다듬어 주고 맛있는 먹이를 준다. 누구나 다 알고 있는 이 원리를 왜 사람에게는 응용하지 않는 것일까? 왜 채찍 대신에 당근을, 비판 대신 칭찬을 해주지 않는 것일까? 조금만 잘한 일이 있어도 진심으로 칭찬해주면 그것은 채찍보다도 더 강한 분발을 이끌어낼 수 있는데도 말이다.

약 100년 전, 열 살 가량의 소년이 나폴리의 어떤 공장에서 일하고 있었는데, 그는 성악가가 되고 싶었다. 그러나 맨 처음 만난 선생이 다음과 같이 핀잔을 주는 바람에 그는 심한 좌절감에 빠졌다.

"너에게 노래는 맞지가 않아! 마치 덧문이 바람에 덜컹거리는 것 같은 목소리야."

그러나 가난한 농부의 아내였던 어머니는 어린 아들을 껴안고 따뜻하게 격려해주었다.

"너는 꼭 훌륭한 성악가가 될 거야. 나는 그것을 알 수가 있단다. 점점 노래 솜씨가 나아지고 있지 않니? 그게 바로 너에게 훌륭한 자질이 있다는 증거란다."

모멸과 꾸중보다는 끝없는 칭찬과 격려야말로 사람의 마음을 자극하여 욕망을 부채질하는 원동력이 된다는 것을 그 어머니는 알고 있었던 것일까? 아무튼 그녀는 몸이 부서지도록 일하여 아들의 음악 공부를 뒷바라지하였다. 이런 어머니의 칭찬과 격려 그리고 헌신으로 소년의 생애는 천천히 바뀌어갔다. 그 소년이 바로 훗날 이탈리아의 유명한 오페라 가수가 된 카루소다.

비록 작은 일일지라도 조금이라도 잘한 점이 있다면 아낌없이 칭찬해주어야 한다. 이 칭찬이 좌절로 허우적거리고 있는 사람들의 마음에 희망에의 발동을 걸어줄 수 있다.

"세 사람이 길을 가면 그중에는 반드시 나의 스승이 있다."

《논어》〈술이〉편에 나오는 한 구절처럼 아무리 나보다 못한 것처럼 보이는 사람일지라도 내가 존중해야 할 면이 반드시 있다. 그러므로 자신만이 최고라는 생각을 버리고, 다른 사람의 장점을 생각해보자. 그리고 거짓이 아닌 진심에서 우러나오는 칭찬을 해보자. 상대방은 그것을 마음속 깊이 간직하고 평생 잊어버리지 않을 것이다. 그 한마디로 해서 그는 희망의 지푸라기를 잡게 될지도 모른다.

브로드웨이를 현혹시킨 지그펠드라고 하는 일류 흥행사가 있었다. 그에게는 어떠한 소녀라도 눈부신 미인으로 만들어낼 수 있는 교묘한 수단이 있었다. 아무도 거들떠보려고 하지 않는 초라한 아가씨를 데리고 와서 무대에 내세울 때는 놀랍도록 매혹적인 모습으로 변모시켜놓았던 것이다. 그 방법은 간단했다. 즉, 상대방을 신뢰하고 칭찬하는 것이 얼마나 중요한 것인가를 알고, 그는 친절과 성의를 다해서 그녀로 하여금 자기가 아름답다고 믿도록 해주었던 것이다. 또 그는 공연 첫날 저녁에는 출연 스타들에게 축전을 보내고, 코러스 멤버 전원에게 호화로운 꽃다발을 고루 선사하기도 했다.

칭찬은 아첨과는 다른 것이다. 칭찬은 진실인 데 반하여, 아첨은 진실이 아니다. 칭찬은 마음속에서부터 우러나오는 것이지만, 아첨은 혓바닥 끝에서 나오는 것에 지나지 않는다.

멕시코의 위대한 영웅 오브레곤 장군의 흉상 아래에는 평소 장군의 신조가 새겨져 있다.

"적을 두려워할 필요는 없다. 그러나 달콤한 말을 일삼는 친구는 두려워해야 한다."

미국의 영화사 '폭스'를 창립한 윌리엄 폭스는 1879년 헝가리에서 태어나 미국으로 이민 온 후 맨손으로 영화계에 뛰어들어 당대에 빛나는 업적을 남긴 사람이다.

윌리엄 폭스는 완고하기 이를 데 없는 사람으로, 하고 싶은 말을 돌려서 이야기하거나 상대방의 체면을 생각해서 결점을 덮어주는 사람이 아니었다. 하지만 항상 직설적으로 사람의 단점을 들춰냈음에도 불구하고 그에게 적이 없었다. 당사자 앞에서는 잘못을 들춰내어 질책하고 매도하지만, 뒤에서는 자기가 매도했던 사람을 헐뜯는 대신 칭찬을 했기 때문이다. 폭스 주변 사람 중에 그에게 매도당하지 않은 사람은 거의 없을 정도였다고 한다. 동업자, 평론가, 배우, 감독, 카메라맨 등 사람을 가리지 않고 누구나 면전에서는 인정사정 보지 않고 심하게 몰아세웠지만, 뒤돌아서서 그 사람에 대한 이야기가 나오면 '그 사람은 훨씬 더 좋은 대우를 받을 만한 충분한 가치가 있다'는 식으로 칭찬을 침이 마르도록 늘어놓았다.

또한 그는 누구보다도 사람들의 재능이나 장점을 정확히 파악하는 능력이 있었다. 그런 이유로 그와 관계를 맺고 있는 사람들은 '폭스를 위해서라면' 하는 마음을 가슴속 깊은 곳에 간직하고 있었다. 그래서 다른 영화사로부터 좋은 조건에 스카우트 제의가 들어와도 그들은 자리를 옮기려 하지 않았다. 폭스는 뒤에서 남을 욕하거나 흉보는 일이 얼마나 자신에게 나쁜 결과를 가져오며, 거꾸로 그 사람이 없는 곳에서 칭찬하는 것이 얼마나 사람들의 마음을 사로잡는 일인지를 잘 알고 있었던 것이다.

✳✳ 결단은 단호하게

미국의 남북전쟁이 한창이었던 1871년 7월, 불런 전투에서 북군이 참패했다. 전쟁터가 수도 워싱턴의 서남쪽에서 불과 50킬로미터 떨어진 곳이라, 정부로서는 이중의 충격을 안아야 했다. 피투성이가 된 장병들이 워싱턴 거리를 비틀거리며 퇴각했고, 이 모습을 지켜보던 시민들과 관리들은 새파랗게 질렸다. 북부의 주민들은 패배한 병사들의 입에서 흘러나오는 전선의 소식을 들으며 어쩔 줄 몰라 했다. 그것은 명백한 참패였다. 북군은 패색이 짙어지고 있었다.

이런 상황을 보고 받은 링컨은 침착하게 책상으로 걸어가 의자에 앉았다. 그리고 손에 펜을 들고 작전 계획을 수립하였다. 이번 사태의 해결책이라고 생각되는 아홉 가지 방법을 질서 정연하게 써나갔다. 모든 계획이 구상되었을 때 링컨은 가장 먼저, 남부 여러 주의 항구를 합중국 해군의 손으로 즉시 봉쇄하라고 명령을 내렸다. 이 남부 항구에 대한 봉쇄 조치는 북군을 승리로 이끈 최대의 작전이었다는 것이 역사가들의 일치된 견해다. 즉, 북부군을 일시적 패배에서 영구적 승리와 평화로 이끈 것은 긴박한 상황에서 내린 링컨의 창조적 결단이었던 것이다.

역사상 가장 뛰어난 리더십을 발휘했던 군인을 꼽자면 알렉산더 대왕이나 가까이는 아이젠하워 대통령을 빼놓을 수 없다.

알렉산더는 젊은 나이에 뛰어난 리더십을 발휘해 유럽에서 인도에 이르는 대륙을 석권했다. 그러나 싸움터에서 말라리아에 걸려 갑작스럽게 죽음을 맞아야 했다. 그는 임종할 때 주위를 에워싸고 있는 장군들을 둘러보며 "후계자는 이 중에서 가장 강한 자가 되어라."고 말했다고 한다. 설령 자기가 신뢰하는 인물을 지명한다 하더라도 자기가 죽고 나면 결국 실력 있는 자에게 정권을 빼앗기게 되고 만다는 사실을 알고 있었던 것이다.

아이젠하워는 맥아더와 함께 제2차 세계대전의 영웅이었지만, 육군 사관학교 시절 그들에 대한 평가는 상반됐다. 맥아더가 단연 수재로서 많은 사람들의 선망의 대상이었다. 그러나 아이젠하워는 졸업 때 중간 정도의 성적이었다. 아무도 그가 장차 대통령이 될 만한 큰 인물이라고는 생각하지 않았다고 한다. 그런데 어째서 맥아더는 '노병은 죽지 않는다. 다만 사라질 뿐이다'라는 말을 남기고 강제로 퇴역하지 않을 수 없게 된 것일까?

여기에 인생의 교묘함이 있다. 기록을 보면 맥아더는 자존심이 강하고, 고립적이었으며, 스타일리스트였다. 그러나 사람을 다룬다는 점에 있어서는 아이젠하워에게 미치지 못했다. 아이젠하워는 무엇보다도 사람을 좋아했고, 그래서 사람들 또한 아이젠하워를 지극히 따랐다. 그의 애칭인 '아이크(IKE)'도 'I like'의 약자라고 한다. 아이젠하워는 젊었을 때부터 사람을 다루는 데 있어 뛰어난 재능을 보였는데, 이것이 바탕이 되어 자연히 주위로부터 추대와 도움을 받아 급성장을 할 수 있었다. 특히 그의 역량이 최고로 발휘된 것은 대서양 연합군 총사령관이 되었을 때다. 맥아더의 독무대였던 태평양 연합군과 달리 유럽에서는 영국의 처칠, 프랑스의 드골이라는 초거물이 버티고 있는 데다가 미국인을 깔보는 유럽 대국들의 연합이었으므로 이를 조절·통솔해간다는 것은 보통 일이 아니었다. 하지만 그는 먼저 모든 사람들의 의견을 충분히 들었다. 그리고 어떤 결론이 무르익었을 때 단호한 결단을 내렸다. 아이젠하워는 그 타이밍과 차원 높은 결단으로 말썽 많은 연합군 지휘자들을 승복시킬 수 있었다. 즉, 이들을 이끌고 히틀러를 타도하기 위해서는 맥아더의 강한 리더십보다는 아이젠하워의 조화로운 리더십이 필요했던 것이다.

120

✳✳ 신중한 태도를 보여라

데일 카네기가 어느 날 컬럼비아 대학의 힉스 학장을 찾아가 만났다. 굉장히 바쁠 것이라고 생각했는데 힉스 학장의 책상 위는 물론, 방 어디에서도 서류나 서류철을 찾아볼 수 없었다. 말끔하게 치워져 있는 책상만 있을 뿐이었다.

"학내외의 많은 문제를 처리하셔야 할 텐데 크게 바빠 보이시지는 않네요. 무슨 비결이라도 있으신지요?"

카네기의 질문에 힉스 학장이 대답했다.

"일정 기한을 두고 결단을 내려야 할 문제가 생기면 결정을 내리기 전까지 나는 그 일에 관한 자료를 모으기만 합니다. 그동안은 어떠한 결단을 내릴 것인가 하는 생각은 하지 않습니다. 그 문제에 관한 사실을 조사할 뿐이지요. 그렇게 자료를 모으다 보면 결단을 내려야 할 내용이 그 속에서 저절로 떠오릅니다. 어떻습니까. 간단한 일이죠?"

물론 그렇다. 그럼에도 불구하고 사람들은 이렇게 자명한 사실을 다른 상식적인 원리와 마찬가지로 잊어버리고 있다. 감정이나 편견 또는 열광뿐 아니라 어떠한 것이든 당면한 사실의 분석 이외의 것에 행동의 기초를 두는 것은 성숙한 태도가 아니다.

무엇이든지 '지금 바로!' 하지 않으면 직성이 풀리지 않는다는 것은 마치 어린아이와 같은 욕망의 발로에 지나지 않는다. 보통은 '이것이 좋은 방법이다'라고 직감하면 바로 돌진한다. 이것이 직선적 사고만으로 사물을 판단하거나 일을 처리하는 사람들의 통례다. 일단 좋은 방법이라고 생각하면 좀처럼 제2, 제3의 방법을 진지하게 고려해보려고 하지 않는다. 때문에 자기의 의견에 반대하거나 그 정정을 제의하는 사람을 미워하게 된다. 이러한 유형의 사람은, 목적 달성을 위해서는 이상할 정도의 정열을 쏟아낸다. 이런 사람에게 좀 더 신중히 생각하라고 요구하면 '찬물을 끼얹는다'고 무시해버린다. 그리고 자기의 목적을 향해 맹렬히 전진한다.

이와는 반대로 사방을 둘러보고도 혹시 빠진 것은 없는지 꼼꼼히 체크하는 신중한 타입의 사람도 있다. 때로는 주위 사람들로부터 '굼뜨다'는 비난을 듣기도 한다. 그러면 저돌적인 사람과 신중한 사람 중에 성공률이 높은 쪽은 누구일까?

물론 어떤 일을 수행함에 있어 정열적이 되지 말라는 말이 아니다. 목적을 향해서는 맹렬하게 돌진해야 한다. 그러나 내닫기 전에 충분히 생각해봐야 한다.

외교관은 항상 'Yes'와 'No'에 게을러야 한다는 말이 있다. 오랫동안 영국의 외무 차관을 지낸 R. 밴시터트와 같은 사람은 현명하지만 게으른 사람을 최고의 외교관으로 평가했었다. 의미심장한 이야기다. 신중한 태도는 비단 외교관에게만 적용되는 문제는 아니다. 우리는 지금껏 '대답은 바로, 그리고 분명하게 해야 한다.'고 배워왔고, 또 그래야만 제대로 된 사람이라는 평가를 받아왔다. 하지만 충분한 고민과 분별력 있는 사리분별 없는 대답은 주저하는 것보다 못한 결과를 만든다.

리더의 처세훈

사자는 입을 크게 벌리고 양에게 물었다.

"내 입에서 무슨 냄새가 나지 않나 맡아보게."

그러자 양은 가까이 코를 대고 "아주 고약한 냄새가 납니다."라고 했다.

그러자 사자는 버릇없는 놈이라고 그 양을 잡아먹었다.

이번에는 늑대에게 물었다. 늑대는 고개를 살래살래 저으면서 아무런 냄새도 나지 않는다고 대답했다. 그러자 사자는 "이 간사한 놈이 내 맘에 들려고 거짓말을 하는구나." 하면서 늑대를 잡아먹었다. 이번에는 여우에게 물었다. 여우는 곤란한 표정을 지으면서 "저는 감기 때문에 냄새를 맡을 수가 없답니다."라고 대답했다.

* 지혜로운 생각은 순박한 생각보다 유익하다. 사회생활에서 지식보다 중요한 건 지혜인 경우가 더 많다는 사실을 기억하라.

4

최고는
무엇이 다른가?

✳✳보통 사람과 다른 1퍼센트가 있다

일본의 전자업계가 불황의 회오리에 휘말렸을 때, 마쓰시타전기는 한 휴양지에서 전국 판매회의를 개최했었다. 유력한 판매회사 170개의 회사 사장들이 모인 자리에서 마쓰시타 고노스케 회장이 스스로 의장으로 나섰으며, 3일에 걸쳐 격의 없이 의견을 교환할 수 있도록 했다.

회의 분위기는 경기 불황을 그대로 반영한 것처럼 불만의 공기가 팽배했다. 170개의 회사 가운데 흑자를 내고 있는 회사는 20여 개에 불과했던 것이다. 적자를 내고 있던 약 150개 회사의 사장들의 불만은 이만저만한 게 아니었다.

"한마디로 오늘의 적자 상태는 마쓰시타전기의 지도 방침이 나빴기 때문에 벌어진 일입니다."

"하지만 이러한 불황 속에서도 20여 개의 회사는 이익을 내고 있지 않습니까? 지나치게 본사에 의지하려는 여러분의 의타심이 이러한 결과를 초래했다고도 볼 수 있는 문제가 아닐까요?"

마쓰시타 회장이 반박했지만, 적자를 내고 있는 회사의 사장들은 노골적으로 회사를 매도했다.

"지금 우리에게 필요한 것은 돈이지 설교가 아닙니다."

회의가 진행된 3일 동안에 약 열세 시간이나 판매회사 쪽 불만과 회장의 반박이 충돌했다. 결국 회의는 결렬 직전 상태에 이르게 되었고, 중역들은 얼굴이 새파랗게 질렸다. 끝으로 마쓰시타 회장이 단상에 올라가 입을 열었다.

126

"지금까지 서로의 상황에 대해서는 충분히 이야기했다고 생각하므로 더 이상의 거론은 하지 않도록 하겠습니다. 다만, 끝으로 하고 싶은 말이 있어서 이 자리에 올라왔습니다.

지금까지 여러분의 공방에 여러 가지 변명을 늘어놓았지만, 결국 모든 원인은 저희에게 있습니다. 마쓰시타전기가 나빴습니다. 이 회사의 최고 책임자로서 저는 진심으로 여러분에게 용서를 비는 바 입니다. 앞으로 심기일전하여 여러분들이 안정된 경영을 할 수 있도록 근본적인 대책을 강구하겠습니다. 앞으로도 잘 부탁드립니다."

말을 마친 마쓰시타 회장이 머리를 숙였다. 그러자 회의장에 숙연한 분위기가 흘렀다. 그리고 물을 끼얹은 듯이 조용한 가운데 절반 이상의 사람들이 손수건을 꺼내 눈물을 닦았다.

"회장님, 저희들을 채찍질해 주십시오. 저희가 잘못했습니다. 반성하고 힘을 내겠습니다."

모두가 이렇게 말하는 것 같았다. 먼저, 철저하게 이야기해서 일의 사리를 명확하게 가린 다음에 마지막으로 깨끗하게 고개를 숙이는 일. 이 얼마나 절묘한 설득인가!

세계대전이 지난 후에 데일 카네기는 찰스 슈와프가 사장으로 있던 베슬헴 제강회사에서 일을 하게 되었다. 4개월 동안은 뭐가 뭔지 분간할 겨를도 없었다. 그래서 급료를 청구하는 일조차 잊어버리고 말았다. 그러던 어느 날, 슈와프가 카네기를 사무실로 불러 물었다.

"자네는 반찬 가게의 외상값을 어떻게 갚으려고 하는가?"

카네기를 금방 말뜻을 알아듣지 못하고 농담으로 받아들여 이렇게 대답했다.

"가끔 친구들의 신세를 지고 있습니다."

그러자 슈와프는 미소를 지으며 말했다.

"내가 말하는 것은 자네의 보수에 대해서일세. 자네가 큰 수고를 해주는 것을 알고 있고, 그 보답에 대해 신중하게 고려하고 있는 중일세. 그러나 자네 희망을 듣고 싶네. 얼마를 받았으면 좋겠는가?"

"어떻게 제 입으로 말씀을 드리겠습니까? 그냥 사장님께서 적당히 정해주시지요."

"아니, 그래도 자네 희망사항이 있을 게 아닌가? 최대한 반영해보겠네."

그러면서 슈와프는 종이를 내밀었다. 종이를 받아 든 카네기는 사장에게 정중하게 제의를 했다.

"사장님도 어느 정도 예산이 있으실 것이고, 저도 물론 있습니다. 그러니 사장님도 생각하신 액수를 종이에 써주신다면 저도 흔쾌히 쓰겠습니다. 둘을 대조해본 다음, 그 중간쯤으로 정하는 것이 어떻겠습니까?"

슈와프는 흔쾌히 동의하였다. 슈와프는 2만 달러라고 썼고, 카네기는 1만 달러라고 썼다. 이를 본 슈와프는 이렇게 말했다.

"좋아, 자네는 5천 달러의 손해, 나는 5천 달러의 이익이네. 5천 달러는 자네에게 빌리는 것으로 하지."

이렇게 해서 카네기의 연봉은 1만 5천 달러로 정해졌다. 카네기는 이후 수년 동안 찰스 슈와프와 베슬헴 제강회사를 위해 헌신적으로 일했고, 덕분에 고정적인 연봉 이외에도 막대한 특별 수당을 받게 되었다.

카네기는 이렇게 말한다.

"누군가 포도주를 부어주려 하거든 단단히 컵을 붙들고 있어라. 그가 당신을 시험하려는 것이니. 그 잔으로 가득 마시고 싶거든 80퍼센트만 요구하라. 그러면 그는 잔에 넘치도록 가득 부어줄 것이다."

미국 유명 인사들의 좌우명

1. 브래드 앤더슨(베스트바이 CEO)

"당신이 어떤 지위에 있느냐보다 어떤 사람인지를 기억하라."

2. 스티브 발머(마이크로소프트 CEO)

"인재 채용에 가장 역점을 둬라."

3. 캐럴 바츠(오토데스크 CEO)

"당신이 뭘 할 수 없다고 생각한다면 정말 못하게 될 것이다."

4. 워렌 버핏(버크셔헤더웨이 회장)

"당신이 둘일 수는 없디."

5. 존 체임버스(시스코시스템스 CEO)

"고객을 항상 행복하게 만들어야 한다."

6. 사이먼 쿠퍼(리츠칼튼 CEO)

"할 수 없다고 자꾸 말하면, 결국 행동으로도 할 수 없게 마련이다."

7. 마크 큐번(HD넷 공동창업자)

"고객을 당신의 주인인 것처럼 대접하라. 왜냐하면 그건 사실이니까."

8. 앤디 그로브(전 인텔 회장)

"지나치게 의심이 많은 사람만이 살아남는다."

9. 칼로스 구티에레즈(미국 상무부 장관, 전 켈로그 CEO)

"당신보다 뭔가 더 대단한 것을 믿어라."

10. 제럴딘 레이번(옥시전미디어 회장)

"경쟁자의 성공을 따라하려 하지 마라."

11. 스콧 맥닐리(선마이크로시스템스 CEO)

"항상 다른 이들과 나누고 공유하라."

12. 앤 멀케이(제록스 회장)

"고객과 마주 대하는 시간을 가져라."

13. 데이비드 닐먼(제트블루 USA 회장)

"당신은 고객의 종이라는 걸 절대 잊어서는 안 된다."

14. 헥터 루이스(AMD CEO)

"해결사가 되어라."

15. 램 슈리럼(구글 이사회 멤버)

"과거에 뭘 했느지 모르는 사람은 과거의 실수를 반복하기 쉽다."

16. 에드워드 잰더(모토로라 회장)

"정점에 올랐다고 생각될 때 사업을 과감하게 재정비하라."

✳✳ 사태를 정확히 파악한다

중국의 진(晉)나라 문공 때의 일이다. 궁의 요리사가 불고기를 요리하여 문공에게 올렸다. 그런데 고기에 머리카락이 붙어 있었다. 깜짝 놀란 문공은 요리사를 즉각 불러 질책을 했다.

"어떻게 요리를 했길래 머리카락이 고기에 붙어 있느냐? 그것이 목에 걸려 내가 죽기를 바랐더냐?"

그러자 요리사는 몸둘 바를 몰라 하며 머리를 조아렸다.

"변명할 여지가 없는 일이오나, 소인의 말씀을 부디 들어주소서. 소인은 세 가지 대죄를 범하였으니, 죽어 마땅합니다. 제가 칼을 천하의 보검이라는 '간장(干將)'보다 더 예리하게 갈아서 고기를 썰었으되 머리카락을 썰지 못하였으니, 이것이 첫 번째 죄이옵니다. 그리고 나무꼬챙이로 고기를 꿸 때 머리카락을 발견치 못하였으니, 이것이 두 번째 죄요, 불이 달아오른 화로에 고기를 구울 때 고기는 충분히 잘 구웠지만, 머리카락은 굽지를 못하였으니, 이것이 세 번째 죄이옵니다."

이 말을 들은 문공은 가만히 눈을 감았다. 잠시 시간이 흐른 후, 요리사는 조심스러운 목소리로 문공에게 물었다.

"혹시 주공의 주변 사람들 가운데 저를 미워하는 사람이 있지 않습니까?"

그러자 문공은 갑자기 전후 사정이 짐작이 갔다. 곧 이 일에 대한 조사를 착수했다. 그러자 과연 한 궁인이 간계를 꾸며 요리사를 모함한 것이었음이 밝혀졌다. 어떠한 모함을 받았더라도 침착하게 전후 사정을 파악하여 대처한다면 위기를 벗어날 수 있다는 이야기다.

인간관계에서는 언제든 이러한 억울한 일을 당할 수도 있다. 그러기 때문에 윗사람은 그런 처지에 처한 부하에게 억울한 일은 없는지 현명하게 판단해야 하는 법이다.

**✳️ 마음씀씀이가 다르다

'경영의 신'이라 일컫는 일본의 마쓰시타전기의 회장 마쓰시타 고노스케의 이야기다.

어느 날, 마쓰시타가 식당으로 손님들을 초대하였는데, 여섯 사람 모두 소갈비를 주문했다. 사람들이 식사를 거의 마치자, 회장은 소갈비를 요리한 주방장을 불러오도록 지시했다. 그런데 회장은 갈비를 반 정도나 그대로 남긴 상태였다.

마침내 주방장이 불려왔다. 그는 이 손님이 얼마나 중요한 인물인지를 알고 있었기에 내심 불안에 떨며 조심스레 입을 열었다.

"부르셨습니까? 갈비에 무슨 문제라도 있습니까?"

그러자 회장이 말했다.

"오, 그게 아니요. 당신의 솜씨는 훌륭했소. 나는 오늘 갈비를 대단히 맛있게 먹었소. 그러나 반이나 남기지 않을 수 없었다오. 나이가 들어서인지 식욕이 예전 같지가 않아서 말이오. 그러나 갈비에는 아무 문제 없었소."

이 장면을 지켜보던 사람들은 서로 얼굴을 쳐다보며 어리둥절해 했다. 그러나 잠시 후 사람들은 마쓰시타 회장의 진심을 알게 되었다.

"반이나 남긴 접시가 다시 주방으로 들어갔을 때, 얼마나 실망할까 염려가 되어서 말이오. 공연히 나로 인해 상처를 받을까 봐 이렇게 직접 설명해주고 싶었소."

그 자리에 있던 사람들은 마쓰시타 회장의 마음씀씀이에 탄복하지 않을 수 없었다.

✻ 칭찬에 연연해하지 않는다

중국의 《한시외전(漢詩外傳)》에 이런 이야기가 나온다.

옛날 곽나라의 한 군주가 망명길에 오르게 되었다. 길을 가던 중 목이 말랐던 마부에게 명하여 물을 가져오게 했다. 그러자 마부는 곧바로 청주를 올렸다. 길을 가다 이번에는 다시 배가 고파진 곽공이 말했다.

"배가 고프구나. 뭘 좀 먹을 것이 없겠느냐?"

마부는 곧 말린 고기와 여러 가지 먹거리를 내놓았다. 그때그때 먹을 것이 척척 나오자, 곽공이 물었다.

"이런 것들이 금방 어디서 나왔더냐?"

"제가 모아둔 것입니다."

"뭐라고, 왜 이것들을 모아두었더냐?"

"공께서 도망가시는 길에 목마르고 배고프실 것을 염려하여 미리 준비해둔 것입니다."

"아니, 너는 내가 도망갈 것을 알았더냐?"

"그렇습니다."

"그렇다면 왜 미리 나에게 간언하지 않았느냐?"

그러자 마부는 정색을 하고, 천천히 말했다.

"평소 공께서는 참된 말을 듣지 아니하시고, 아첨의 말을 즐겨 들으셨기 때문에 차마 간언할 용기가 나지 않았습니다. 자칫 나라가 망하기 전에 제가 먼저 목숨을 잃게 될까 하여 감히 입을 열지 못했습니다."

이 말을 들은 곽공은 즉시 얼굴빛이 변하며 노한 목소리로 물었다.

"그렇다면 자네는, 내가 이렇게 망명길에 오른 것이 무엇 때문이라고 생각하느냐?"

사태의 심각성을 눈치챈 마부는 재빨리 말을 바꾸었다.

"그것은 공께서 현명하시기 때문입니다."

"그렇다면 현명한 사람이 백성들로부터 존경받지 못하고 망명길에 오른 것은 무엇 때문이냐?"

마부는 입에 침을 바르며 더욱 칭송하여 말했다.

"그것은 오로지 공께서 홀로 현명하시기 때문에 이렇게 외로운 망명길에 오르신 겁니다."

곽공은 그제야 기분이 흡족해져서 웃음을 띠며 말했다.

"오, 현명한 사람이란 왜 이리 험난한 길을 가야 한단 말인가!"

그는 마부를 의지하며 잠시 그의 다리를 베고 잠을 청했다. 잠시 후, 마부는 곡식자루를 곽공의 머리에 받쳐놓고 몰래 달아나 버렸다. 이후 곽공은 들판에서 홀로 죽게 되었고, 그의 몸은 들짐승들의 먹이가 되었다고 한다.

이렇듯 모름지기 리더가 아첨의 말을 좋아한다면 그 결과는 뻔하다. 자기 구렁텅이를 스스로 파는 형국을 맞이하게 될 것이다.

＊＊ 내면에 충실하다

어느 날 석유 왕 록펠러가 사업상 워싱턴에 갔다.

"사장님, 도대체 어디를 가시려고 이렇게 자꾸만 걸으십니까?"

뒤 따르던 비서가 걷는 게 짜증이 나 퉁명스럽게 묻자 록펠러가 말했다.

"글쎄, 잠자코 따라만 오면 돼."

이윽고 록펠러가 지저분한 뒷골목, 어느 자그마한 호텔로 들어가려고 했다. 비서는 깜짝 놀라 말했다.

"안 됩니다. 석유왕으로 통하는 사장님께서 그 많은 호텔 중에 이런 값싼 호텔에 묵으신다면 사람들이 형편없는 구두쇠라고 비꼴 것입니다. 그러니 제발 월라드 호텔로 옮기도록 하십시오, 부탁입니다."

"하하하! 자네 말이 옳은 것 같군. 돈 쓰는 것은 아깝지만 할 수 없지."

록펠러는 비서와 월라드 호텔로 갔다. 그러나 월라드 호텔에 온 록펠러는 가장 싼 방을 달라고 해서 또다시 비서를 놀라게 했다.

"아니, 사장님! 가장 값싼 객실에 묵으시겠다니요?"

"이 사람아, 나는 체면에 못 이겨 이 호텔에 들어온 거야. 그러니 내

말대로 제일 값싼 방으로 골라주게."

"정 그러시다면 그렇게 해야죠. 하지만 정말 이상하십니다."

"내가 이상하다고? 어째서 내가 이상하다는 건가?"

"생각해보십시오. 사장님의 아드님은 호텔에 오면 으레 제일 비싼 방을 쓰시는데 사장님은 제일 싼 방을 찾으시니 말입니다."

"그야 그럴 수밖에 없는 일 아닌가? 내 아들 녀석은 돈 많은 아비가 있으니 그렇게 할 수가 있지만 나야 어디 내 아들처럼 돈 많은 아버지가 있어야지."

가난한 사람이 부자처럼 행동하는 것은 허영이다. 허영심을 부리면 쓸데없이 남의 빈축만 살 뿐이다. 내면을 충실히 가꾸면 외부적인 장식에 관계 없이 은은한 광채를 발하게 된다. 이런 모습이야말로 신념 있는 사람의 가장 큰 특징이다.

✳✳작은 일에도 소홀히 하지 않는다

제나라에 이사(夷射)라는 대신이 있었는데, 어느 날 그가 국왕이 베푸는 연회에 참석하게 되었다. 그는 기분이 좋아 마음껏 술을 마시고 크게 취하게 되었다. 그는 정신을 가다듬을 겸하여 밖으로 나갔다. 그런데 문지기가 애원하듯 그에게 말했다.

"혹시 남는 술이라도 있다면 저희에게도 좀 주십시오."

그는 예전에 월형(발을 자르는 형벌)을 받은 적이 있는 사내였다.

"뭐라고? 저리 비키거라. 너처럼 수형을 받은 자가 감히 나에게 술을 청하다니!"

이사는 기분이 불쾌해져서는 곧바로 그 자리를 떠나버렸다. 이때 마침 비가 내려 그 모양새가 마치 궐문 앞에 마치 누가 소변이라도 본 듯 물이 고였다.

다음 날 아침, 왕이 궐문을 나서다가 이것을 목격하게 되었고, 크게 분노하였다. 당시에는 남의 집 앞에 소변을 보는 것을 크게 모욕적인 일로 여겼던 것이다. 문지기는 당황하여 어쩔 줄을 몰라 했다.

"자세히는 보지 못하였으나, 어젯밤에 이곳에 이사 대신께서 서 있는 것을 보았습니다."

왕은 이사를 즉각 사형시켜버렸다. 만약 이사가 하찮은 직책의 인물이라고 문지기를 무시하지 않았다면 그런 어처구니 없는 죽음은 당하지 않았을 것이다.

또 이런 이야기도 있다.

춘추시대 때 송나라와 정나라가 전쟁을 벌이고 있었다. 어느 날, 송나라의 장군 화원(華元)은 양을 여러 마리 잡아서 군사들에게 먹이며 힘을 불어넣었다. 그런데 어쩌다 보니 마차를 모는 양경(羊敬)에게 양고기를 나누어주는 것을 잊고 말았다. 양경은 서운함을 감출 길이 없었고, 나중에 전투가 시작되자 화원을 향해 화풀이를 하였다.

'양고기를 나누어주는 일은 네 마음대로 하였으나, 오늘 전장에서 마차 모는 일은 내 마음대로 하리라.'

양경은 고의적으로 적군의 진중으로 마차를 몰았고, 이로 인해 화원은 적의 포로가 되었으며, 송나라의 군대는 대패하였다.

리더는 누구나 바쁘다. 그러다 보면 자칫 작은 일에 소홀할 수 있고, 잠시 만나는 사람을 무시하거나 홀대하거나 소홀히 대할 수 있다. 그러나 자꾸 그러다 보면 개미구멍 때문에 튼튼한 제방이 무너지는 형국을 맞아하게 될 것이다.

✱✱ 실전에 강하다

중국 《독성잡지(獨醒雜誌)》에 다음과 같은 이야기가 나온다.

당나라 때 유명한 화가로서 유독 소를 잘 그리는 '대숭'이라는 사람과 말을 잘 그리는 '한간'이라는 사람이 있었다. 이 두 사람을 일컬어 당대 사람들은 '한마대우(韓馬戴牛)'라고 칭했다. 그들의 많은 그림 가운데 〈투우도〉라는 대숭의 작품이 전해져 오다가 송나라 때 관리인 마지절의 집에 소장되었다. 큰 명인의 작품이므로 마지절은 이 그림을 극진히 아꼈다. 비단으로 덮개를 만들고, 옥으로 족자 봉을 만들었으며, 벌레를 막기 위해 밖에 내다 걸어서 빛과 바람을 자주 쐬어주었다.

그러던 어느 날, 대청 앞에 그림을 걸어놓고 바람을 쐬어주고 있는데, 세금을 내려고 찾아온 한 농사꾼이 그 그림을 보더니 느닷없이 웃기 시작했다. 마지절은 당황하여 그 연유를 물었다. 그러자 농사꾼은 이렇게 대답하였다.

"저는 농사를 짓는 농부이니 이 그림에 대해서는 잘 모릅니다. 그러나 소의 성질에 대해서는 잘 알고 있습니다. 소는 싸움을 할 때 힘을 뿔에 모으고 꼬리는 두 뒷다리 사이에 단단히 끼워두지요. 그러

138

나 이 그림 속에서 소는 꼬리를 흔들며 싸우고 있지 않습니까? 그러니 웃음이 나올 수밖에요."

아무리 세상에서 유명한 명인이라 칭하는 사람일지라도 아이디어나 창작품이 현실과 동떨어져 있을 때는 이런 해괴한 실수를 낳기 마련이다. 유능한 실력과 행동력을 겸비하였다 하여도, 현실의 경험이 뒷받침되지 않으면 안 되는 것이다.

✳✳플러스적 사고에 강하다

노벨 물리학상을 받은 한 학자의 대담 기사에 이런 내용이 실렸었다. 테마는 '목표 달성'에 대해서였다. 대담 내용은 일본인과 미국인의 사고방식 차이에 대해 언급하고 있었다.

미국인은 목표의 80퍼센트를 달성하면 'VERY GOOD! (아주 좋다)'라고 평가한다. 60퍼센트 정도면 'GOOD! (좋다)', 20~30퍼센트 정도라도 'OK'.

그런데 일본인의 경우는 상당히 다르다는 것이다. 일본인의 경우는 80퍼센트가 잘 되었어도 '그저 그렇다'라고 평가한다. 또한 60퍼센트 정도면 '반성의 여지가 다분히 있다'라고 평가하여 목표를 100퍼센트 달성하지 않았다고 평가한다고 했다. 그러고 보면 일본인에게는 '완전주의'라는 특성이 있는 것 같다. 잘 실행하지 못한 부분에 엄한 힐책의 눈길을 돌린다. 그런 엄격함이 오늘의 일본 경제를 구축한 것이라고 할 수 있다. 그러므로 완전주의를 부정할 수만은 없다.

그러나 그것과는 반대의 견해도 부정할 수 없다. 그것은 '실패'의 부분에 눈을 돌리지 않는다고 하는 플러스 사고이다. 즉, '잘 성취된' 부분에 눈을 돌리는 아메리카적인 사고방식을 말한다.

매사에 '잘 성취된 부분', '좋은 부분'에 눈을 돌린다는 것은 안 되는 일을 가지고 끙끙거리지 않는다는 것이다. 잘 풀리지 않는 마이너스 면에만 사로잡혀 걱정만 한다면 결코 적극적인 사고를 갖기 어렵다. 그렇다고 하여 마이너스 면에 눈을 감아버리라는 것이 아니다. 실패는 실패로 냉정하게 대응할 필요가 있다. 하지만 거기에 언제까지나 구애되어 연연한다면 그것이야말로 마이너스다.

'실패'한 사태일지라도 그 속에서 플러스 면에 눈을 돌리는 습관이 중요하다. '50퍼센트는 실패했지만 나머지 50퍼센트는 잘 되어가고 있다'라고 플러스적인 사고를 하는 것이다. 무의미한 적극보다는 의미 있는 소극 쪽이 얼마나 적극적인지 모른다. 매사에 플러스 사고를 하면 적극적으로 새로운 출발을 할 수 있을 것이다.

세계 정치가들이나 위인들, 그리고 성공자들의 이야기를 보면 한결같은 공통점 중의 하나가 바로 '나는 할 수 있다'는 긍정적인 마인드를 갖고 있었다는 것이다. 그들에게 '안 된다'라는 생각은 없었다. 실제로 99퍼센트가 불가능해 보여도, 그들은 단 1퍼센트의 확률로도 얼마든지 무모한 도전을 멈추지 않았다. 또 주변에서 많은 사람들이 뜯어말리며 방해를 하여도 그들은 오로지 된다는 생각을 밀고 나가며, 도리어 안 된다는 사람들을 설득하는 데 상당한 시간과 노력을 투자하였다.

할 수 있다는 자신감이야말로 자신을 믿고 자신을 의지하며 자신에게 힘을 부여해주는 커다란 동력이 된다. 힘은 외부에서 오는 게 아니라, 바로 내 자신 안에서 불어넣어야 하는 자가 동력이기 때문이다.

우리가 흔히 알고 있듯이 소크라테스는 철학자로서의 명성뿐 아니라 지독한 악처 때문에 곤혹을 치른 것으로 유명하다. 하지만 실제 소크라테스 자신은 그렇게 불행하게 생각하지 않았다.

어느 날 소크라테스가 책을 읽고 있을 때, 갑자기 심한 욕설과 함께 머리 위에 물이 쏟아졌다. 깜짝 놀란 소크라테스의 반응은 어땠을까? 그는 그제서야 천천히 책에서 눈을 떼며 껄껄 웃으며 한마디했다.

"어허, 천둥이 요란하더니 마침내 소낙비가 쏟아지는구먼."

그는 악처와 맞서싸우지 않고 가벼운 재치로 웃어넘겼다. 이때 제자들이 몰려와서 스승을 안타까이 바라보며 물었다.

"스승님, 남자는 꼭 결혼을 해야 합니까?"

그러자 소크라테스는 웃으며 대답했다.

"결혼은 반드시 해야지. 좋은 아내를 얻으면 행복할 것이고, 나쁜 아내를 얻으면 철학자가 될 테니까. 모름지기 훌륭한 어부는 바다에서 사나운 파도와 싸워보아야 하고, 훌륭한 기수는 성질 사나운 말을 다뤄보아야 하는 법이라네. 사나운 아내를 잘 달랠 수 있는 사람이라면 다른 어떤 사람이라도 훌륭하게 상대할 수 있지 않겠는가?"

과연 관조하는 철학자다운 면모가 아닐 수 없다.

자신의 현재 상황을 비관하기보다는 그 자체를 받아들이고 여유롭게 즐기는 마음자세야말로 위인다운 신념에서 비롯된 것이라 하겠다.

우리나라의 위인으로, 3·1운동에 직접 참여하면서 민족주의적이고 민주적인 기독교 정신을 깨우친 함석헌 선생에게서도 그런 여유를 찾을 수 있다.

그는 모교인 오산학교에서 학생들을 가르쳤는데, 어느 날, 학생들로부터 문제 교사로 지목된 사람이 있어 학생들이 교무실로 쳐들어왔다. 다른 교사들은 모두 도망을 갔는데, 오직 함석헌 선생만이 고개를 숙인 채 눈을 감고 있었다.

"저 선생의 자세로 보아 틀림없이 문제 교사다."

학생들은 자세히 알아보지도 않고 함석헌 선생을 마구 구타했다. 그러나 나중에 보니 함석헌 선생은 아무 잘못이 없다는 것이 밝혀졌고, 학생들은 몰려와 용서를 빌었다.

"그런데, 왜 선생님은 눈을 감은 채 고개를 숙이고 계셨습니까?"

선생님의 태도에 의아했던 학생이 묻자, 함석헌 선생은 웃으면서 이렇게 대답했다.

"내가 만일 눈을 뜨고 맞았다면 내 제자들 가운데 누가 나를 때린 것을 알게 될 것 아닌가? 그렇게 되면 내가 어떻게 강단에 설 것이며, 나를 때린 제자는 어떻게 나를 쳐다보겠는가?"

이런 여유 있는 모습으로 재치를 발휘한 선생님을 보고 수많은 학생들은 고개 숙여 존경심을 표했다.

직장에서도 신념 있는 리더는 단연 돋보일 수밖에 없다. 상하 관계가 부드럽고, 뭐가 좋은지 언제나 미소를 띠며 일을 하기 때문에 다른 사람들로부터 주목받는 경우가 많기 때문이다.

신념이 있는 사람은 우선 즐겁게 일한다. 하루가 멀다 하고 상사에게 불려가 호통을 당하고 얼굴을 찌푸리며 죽을상을 하고 앉아 있는 사람에게는 결코 밝은 마음이 자리잡을 수 없다.

영국의 작가 윌리엄 헤즐릿은 이렇게 말했다.

"윗사람에게 이겨야겠다는 생각을 버려라. 우선 필요한 것은 평생을 통해서 자신의 행동에서 발견되는 특징적인 약점을 아는 것이다. 그것이야말로 당신에게 커다란 도움을 줄 것이다."

직장에서 상하 관계를 대치 상태로 유지하는 사람에게는 긴장의 고삐가 항시 팽팽하게 당겨져 있다. 언제 어느 때 자신의 약점으로 꾸지람을 들을지 모른다는 불안감과 상사에게 밉보인다는 강박관념 때문에 일에 대한 자신감은 점점 줄어들고 회사 생활은 나날이 불쾌해져만 간다. 이것은 자기 자신에게 엄청난 마이너스로 작용함은 두말한 나위가 없다.

《엘리아의 수필》로 유명한 영국의 작가 찰스 램의 이야기다.

직장 생활을 하던 그는 지각을 밥 먹듯 했다. 그의 예술적 재능이 아직 알려지기 전이었던 터라 그의 상사는 찰스 때문에 골머리를 앓았다.

"자네는 어떻게 허구헌날 지각인가그래!"

이렇게 호통을 쳤지만, 그럴 때마다 찰스는 얼굴에 미소를 띠며 이렇게 말했다.

"그렇지만 퇴근 시간만큼은 어느 누구보다 빠르잖아요."

이 말을 들은 상사는 그만 웃음을 터뜨리고 말았다. 찰스 램의 마음에는 상대방의 질책도 슬기롭게 받아들이는 여유가 있었던 것이다.

이렇듯 직장에서 즐겁게 일하는 사람은 우선 인간관계를 잘 이끌어간다. 이것은 바로 자신의 마음을 잘 다스리고 있다는 확고한 증거가 아닐 수 없다.

내면의 갈등이 없는 사람은 겉으로도 밝다. 즉, 신념이 강하게 자리잡고 있는 사람은 언제나 밝게 일한다. 그리고 신념이 있는 사람은 상대방을 멋지게 인정해준다. 결코 자기 자신만 잘났다고 거만하거나, 다른 사람을 비하시켜 악감정을 유발시키지 않는 것이다.

**** 듣기를 즐겨한다**

훌륭한 리더는 상대방의 말에 듣기를 즐겨한다. 실제로 말하는 데 급급한 사람은 보기에도 무언가 불안하고 자신감 없는 자기를 포장한다는 느낌이 전해져 온다. 그런데 일반적으로 듣고 있는 상태를 휴식이라고 생각하기 쉽다. 그러나 이것은 잘못된 생각이다. 듣는 자세는 휴식이 아니라 왕성한 활동이다.

하지만 가만히 듣고만 있다면 극단적으로 표현해서, '너는 떠들어라, 나는 잘 테니까'라는 의미와 같다. 말을 어떻게 하느냐에 못지않게 어떻게 듣느냐 역시 매우 중요한 커뮤니케이션의 수단인 것이다. 게다가 들을 때의 표정이나 행동, 태도에서 그 사람의 심리상태를 짐작할 수 있을 만큼 내면의 자기표현이 무의식적으로 표출되어 나온다는 점을 잘 기억할 필요가 있다.

"나는 그런 의미로 말한 게 아닌데……."

"네가 그런 식으로 말했으니까 그렇게밖에 안 들리지."

144

"너무 멋대로 듣는 거 아니야?"

대화를 나누다 보면 이런 식의 혼선이 종종 빚어진다. 말하는 사람은 자신의 말을 상대방이 정확하게 이해해주기 바라지만, 경우에 따라서는 의미가 전혀 엉뚱하게 전달되어 마침내 말다툼으로까지 비화되기도 한다.

대부분의 사람들은 말하는 쪽에서 전적으로 이야기의 의미를 전달한다고 생각하지만, 그것은 잘못된 생각이다. 실제로 발신된 메시지에 의미를 부여하는 것은 말하는 쪽이 아니라 바로 듣는 사람이기 때문이다. 그러므로 듣는 사람이 말하는 사람의 메시지를 정확하게 듣는 힘을 기르지 않으면 위와 같은 상황이 벌어지기 십상이다.

"그렇게 받아들이다니 머리가 어떻게 된 거 아냐?"

이렇게 화를 내면서 토라지는 일이 없게 하기 위해서는 반드시 듣는 기술을 연마해야 한다. 즉, 말하는 쪽에서는 자신의 이야기를 어떻게 받아들일 것인가 생각해보아야 하고, 듣는 쪽에서는 말하는 사람의 입장에 서서 메시지의 의미를 이해하는 것을 훈련해야 하는 것이다.

"듣고, 듣고, 듣고, 말한다."

이 리듬만 정확히 몸에 익혀라. 충분히 듣는 것, 그것이 바로 듣기 기술의 요체다.

"입은 하나인데, 귀가 둘인 것은 무슨 까닭일까?"

이 말은 위리 고리어의 희곡에 나오는 대사로 말하기는 쉬워도, 듣기는 어렵다는 의미다. 그런데도 우리는 대개 말하는 데만 열심이고, 상대방의 말을 듣는 데는 소홀하다.

영국의 논설가인 W. F. 조지는 이런 말을 했다.

"이야기를 잘하는 사람은 존경을 받는다. 하지만 잘 듣는 사람은 더욱 존경을 받는다. 나는 다른 사람들과 마찬가지로 자의식이 강해서 남의 이야기를 듣는 것이 서툴다. 그래서 상대방의 이야기를 듣고 싶으면 나의 입을 놀리는 속도를 반감시키기로 정했다."

이건희 삼성그룹 회장의 좌우명이 '경청'이라고 한다. 성공한 많은 사람들의 인간관계 기술을 들여다보면 그들은 한결같이 말하기에 앞서 듣기에 정성을 쏟았다는 사실을 알 수 있다. 그들은 잘 듣는 자세야말로 상대에게 보여주는 가장 확실한 신뢰임을 강조하고 있다.

앞 장에서 말했지만 다시한번 예를 들어보자.

상대의 말을 끝까지 듣지 않는다.
"아아, 알았으니 이제 그만해."
"아까 들은 얘기 같은데……."
"변명을 듣자는 게 아니야."

성급한 비판으로 말할 의욕을 저하시킨다.
"도대체 무엇을 말하고 싶은 거야?"
"들으나마나 아냐?"

부정의 반응을 보인다.
"그건 벌써 해본 일이잖아."

146

"가능할 리가 없잖아."

"그걸 말이라고 해?"

처음부터 아예 말을 듣지 않는다.

"바쁘니까 나중에……."

"다음에 듣지."

"알았어. 알았으니 때가 되면……."

위와 같이 듣는 태도는 말하는 사람으로 하여금 불쾌감마저 안겨주는 결정적인 요소가 된다.

'이 사람하고는 두 번 다시 이야기하고 싶지 않아.'

'뭐야, 내 이야기를 안 듣겠다는 거잖아.'

이렇게 되면 당신과의 대화의 길은 영영 끊어질지도 모른다. 인간 관계에서 감정을 다치면 그것을 회복하기란 여간 어려운 일이 아니다. 그러므로 상대의 말을 들을 때에는 관심을 기울이고 적극적인 자세로 들어야 한다.

대부분의 사람들은 듣기보다는 말하기를 좋아하기 때문에 자신의 말을 들어주는 사람에게 호감을 느낀다. 또 귀 기울여 잘 듣는 동안 당신은 한 번 더 생각하게 되고, 또 새로운 의견이나 지식을 자연스럽게 접할 수도 있다.

듣는 사람이 목을 가볍게 아래 위로 흔드는 모양만 보여도 이야기를 일단 받아들인다는 수긍의 신호가 된다.

"그렇군요."

"확실히 그래요."

반면에, 상대의 이야기에 의문이나 부정을 하는 경우에는 머리를 약간 갸웃거리게 된다.

"글쎄요. 그럴까요?"

"아뇨. 그게 아니죠."

부정도 반대도 결국은 듣는 사람으로서는 우선 제대로 이야기를 듣고 있다는 신호가 된다. 물론 수긍이 좋다. 당신이 수긍을 함으로써 상대는 더욱 신이 나서 말을 하게 되고, 자신의 말이 당신에게 신뢰받고 있다는 확신으로 기쁜 마음을 갖게 된다.

그런데 수긍하는 방법에도 세 가지 타입이 있다.

첫째, 전혀 수긍하지 않는 타입. 이런 사람은 수긍하는 것도 듣는 사람의 소중한 커뮤니케이션 수단이라는 점을 인식하지 못하는 사람이다. 그렇지 않으면 수긍할 필요도 없는 뻔한 이야기라고 생각하는 등 상대를 깔보는 사람이라고 보면 된다.

둘째, 상대가 이야기하자마자 자동적으로 수긍하는 타입. 들을 때는 자동적으로 고개를 끄덕이고 이야기의 내용에 관계 없이 수긍하는 사람이다. 그런데 상대가 한 마디 할 때마다 아무 의미도 없이 고개를 끄덕이는 사람은 실상 버릇일 뿐 이야기 내용은 거의 모르는 경우가 허다하다. 이것은 자기와 의견이 같아서 끄덕이는 것이 아니라 박자를 맞추는 데 불과한 것이다. 그러니 애당초 독자적인 의견이 있을 리 없다. 특히 외국인이 볼 때 고개를 끄덕이는 것은 강력한 긍정의 뜻이 되므로 커다란 오해를 불러일으킬 수도 있으니 주의해야 한다. 게다가 직장에서 상사가 이야기할 때 고개를 끄덕이는 것은 일반

148

적으로 아부의 뜻으로 보인다.

'저 사람 아부꾼 아냐!'

인간관계에서 한번 이렇게 낙인찍힌 이미지는 쉽게 사라지지 않으므로, 습관적으로 끄덕이는 습관이 있다면 시급히 고치는 것이 바람직하다.

수긍이란 상대를 향한 표현이다. 그러므로 효과적인 수긍의 표현을 하기 위해서는 다음 사항을 주의하라.

- 내용에 따라 수긍할 것.
- 타이밍을 보아 수긍할 것.
- 이야기하는 사람의 얼굴을 보며 확실히 수긍할 것.

셋째, 적재적소에 확실히 수긍하는 타입. 가장 바람직한 자세다. 같은 수긍이라면 이와 같이 이야기를 잘 듣고 요소요소에서 확실하게 수긍하는 것이 좋다. 단락단락 알맞은 추임새를 넣어가면서 상대의 말을 정성껏 이어나가는 재치가 필요하다.

✱✱ 성공한 리더는 메모광

세계적으로 성공한 CEO들이나 노벨 문학상에 빛나는 작가들을 보라. 그들은 가볍게 끄적거린 메모 한 줄에서 아이디어를 발굴하여 독보적인 창의력을 만방에 빛낸 사람들이다.

그렇다고 해서 메모를 거창하게 생각할 필요는 없다. 메모란 타고나는 능력이 아니라, 평소 길들이는 습관이기 때문이다. 그러나 이

습관을 실행하려는 의지와 실천은 성공이냐, 실패이냐를 가르는 최대 좌표가 될 수 있다.

흔히 글쓰기를 전문가에게만 국한되어 있는 기술로 생각하고서 아예 펜을 들지 않는 사람도 많이 있다. 기획자들 가운데도 쓰기 습관이 몸에 배지 않아 단지 머릿속으로만 생각하는 이들이 많다. 그러나 그것은 구체화되지 않으면 바로 회로에서 지워버리고 만다. 이렇게 저렇게 구상했던 내용들이 시간이 지나면 점차 퇴색되어 백지로 돌아가 아무것도 남는 것이 없게 된다.

그러나 메모의 효율성을 체득한 사람들은 쓰는 즐거움을 만끽한다. 쓰는 것이 곧 생산성이며, 쓰는 것만이 전략의 재창출이라는 것을 알기 때문이다. 백지 위에 자신의 의견이 하나 둘씩 쌓여가다 보면 언젠가부터 감정이입이 생긴다. 버리기엔 아까운 기억을 보관해둔다는 생각에서 시작하지만, 점차 기록 자체를 소중하게 생각하게 되고, 그것이 자신의 지적인 깊이를 더해준다는 사실을 깨닫게 될 것이다.

'메모광'이란 말은 대부분 좋은 의미로 쓰인다. 실제로 각 분야에서 독보적인 위치를 차지하고 있는 사람들은 한결같이 메모광이라는 공통점이 있다. 그렇다고 메모가 특별한 사람만이 쓰는 것이 아니다. 무엇을 기록할지 고민할 필요도 없다. CEO들에게는 메모만으로도 회사의 성장을 한눈에 들여다볼 수 있고, 경영자로서의 마인드, 나아가 현재 상황을 체크할 수도 있다.

우리는 메모한 것을 박스에 모아두었다가 그것을 정리하면서 한 권의 책을 엮어냈다는 작가들의 일화를 흔하게 접한다. 순간적으로 떠오른 아이디어를 기록해서 엄청난 부가가치를 창출하는 아이템으로 탈바꿈시키는 것도 메모광들의 특기다. 그들은 때와 장소를 가리지 않고 메모한다. 보통 사람이 메모해서 특별한 사람이 되는 것, 이것이 바로 메모의 놀라운 힘이다.

항상 써라. 그리고 나중에 반드시 메모를 정리하라. 메모의 진정한 의미는 여기에 있다. 메모해둔 내용을 다시 보면서 재창출의 성공시대가 열리기 때문이다.

세계적인 자동차회사로서의 자리를 굳건히 지키고 있는 BMW의 헬무트 판케 회장은 이렇게 말했다.

"회사의 특성을 한눈에 알아볼 수 있고, 모든 사람들이 이해하고 신뢰할 수 있는 하나의 문장으로 특정 개념을 표현해야 한다고 생각한다."

다른 자동차회사들이 BMW에서 해답을 찾게끔 만든 것은 바로 이 점이었다. 자동차업계에서 광고와 마케팅전략은 거의 2년마다 바뀐다는 통설이 있지만, BMW는 예외였다.

"최고의 드라이빙 머신!"

이 한 마디 아이디어로 최고의 브랜드가 되었던 것이다.

쓰기의 힘은 무엇보다 많이 읽는 데서 나온다. 흔히 책을 읽고 나서 독후감 쓰기를 많이 권장하지만, 책은 장르에 따라 감동이나 감성 외에도 전문기술, 정보, 안내나 가이드를 위한 내용을 취할 경우도 많으므로 한 권의 책을 다 읽고 났을 때는 무엇을 읽었는지가 분명히 기억에 남아야 한다. 하지만 인간의 뇌는 기능적으로 기억하는 양보다 잊어버리는 망각의 양이 훨씬 더 많기 때문에, 보다 효율적으로 책을 읽기 위해서는 메모 기술을 병행하는 것이 바람직하다.

매일같이 쉬지 않고 쏟아져나오는 신문들은 거의 한 권의 단행본 분량의 정보와 지식들을 전해준다. 인터넷만 접속하면 정치, 경제, 사회, 문화 등 다방면에 걸쳐 풍부한 내용을 손쉽게 볼 수 있으므로 자칫 읽는 것은 충분하다고 착각할 수도 있다. 그러나 같은 정보와 지식이라 해도 짤막한 뉴스 위주의 신문이나 인터넷에 비해 책에는 보다 깊이 있는 정보와 지식이 있으며, 무엇보다 저자와의 자문자답을 통해 발상을 이끌어낼 수 있다는 점에서 매우 큰 차이를 보인다. 그러므로 독서란 오늘보다 나은 내일을 추구하는 사람들이라면 한시도 게을리해서는 안 될 필수조건이다. 정보량에 비해서 정보 수준이 향상되며, 지식량에 비해서 지식 수준이 향상되기 때문이다.

그런데 책을 읽을 때도 요령이 있다. 즉, 메모의 활용이다. 일종의 복습 효과를 꾀하는 목적으로, 책을 읽는 중간 중간에 중요하다고 생각되는 부분에 메모지를 붙여놓는 기술이다. 왜 중요한지의 이유를 간단히 적어놓으면 그 효과는 더욱 커진다. 이렇게 하면 내가 책 읽기를 마쳤을 때 최후까지 남은 부분을 핵심 포인트로 끄집어낼 수가 있고, 시간이 지남에 따라 퇴색되어갈 발상도 오늘 이 시점에서 살아 있는 발상으로 흡수할 수 있다는 커다란 효용 가치가 있다.

책 속의 한 마디나 하나의 메시지에 대해 느낀 점이 있다면 즉각 메모를 하라. 독서를 마친 다음에는 내가 메모한 부분을 정리하면서 컴퓨터에 옮겨도 좋다.

이처럼 자극을 받는 것들은 모두 새로운 발견이 된다. 그때가 바로 나의 가슴 깊숙한 곳에 숨어 있던 가치가 책을 통해 비로소 끌어올려지는 순간이다.

메모를 습관화했을 때 나에게 돌아오는 이점은 무엇이 있을까? 일
상생활에서 나에게 평소 부족한 점이 있었다면 이번 기회에 충전시
키자. 종이와 펜을 항상 휴대하고 다니면서 언제나 쓸 자세를 취하고
이야기를 듣는 사람은 중요한 말을 단 한 마디도 놓치지 않으며, 매스
미디어나 책을 보면서도 언제나 자신에게 필요한 중요 정보들을 쏙
쏙 캐낼 수가 있다.

정보와 아이디어 시대에 살고 있는 사람으로서 메모 습관은 이밖
에도 여러 가지 효용 가치가 있다.

메모는 아이디어의 보고(寶庫)다.

기껏해야 메모냐고 우습게 생각할 사람이 있을지 모른다. 하지만
기획력이나 아이디어를 생명으로 하는 사람들에게는 메모가 얼마나
중요하며 얼마나 필요한 일인지를 현실에서 체득하고 있다. 모든 아
이디어는 메모가 기초이기 때문이다.

문득 아이디어가 떠올라도 그대로 머릿속에 두었다가는 깜빡 하는
사이에 사장되어버리기 일쑤다. 메모의 효용은 이때 작은 아이디어
의 가닥을 머리 밖으로 끌어내는 데 있다. 마치 하드 디스크에 저장
하기 전의 데이터처럼 모호한 것을 손을 움직임으로써 일단 확실한
물체로 붙잡아두는 것이다.

그렇기 때문에 메모라고 해서 반드시 글자로 해야 된다는 법칙은
없다. 때로는 그림으로, 때로는 숫자로. 최대한 당신이 알아보기 좋
은 상태의 기록이면 되는 것이다. 나중에 이 메모를 보면 그 당시의

아이디어가 다시금 생생하게 떠오르면서, 매스미디어나 인터넷에서 얻을 수 없는 현실감 있는 정보를 즉각 즉각 취득할 수가 있게 되는 것이다. 이로써 흥미 깊은 화제나 발상의 단서가 생겨나는 것은 당연하다.

대화 능력의 향상된다.

메모를 하기 위해서는 상대방의 이야기에 귀를 기울여야만 한다. 말하기보다 듣기에 열중하는 습관이 생겨난다. 또한 내용의 포인트를 재빨리 포착하여 키워드화하는 능력이 배양되기 때문에 상대방의 이야기에서 요점을 잡아내는 귀재가 된다. 즉, 판단력, 집중력, 요약력이 향상된다.

인간관계가 돈독해진다.

당신의 메모는 주변 사람과 공유할 수도 있다. 나누어줄 수도 있다. 게다가 급할 때는 다른 사람의 메모까지 대행하기도 한다. 게다가 종이와 펜을 들고 있는 당신의 모습은 이야기를 들려주는 사람 쪽에서 좀 더 좋은 정보나 지식을 이야기해주어야겠다는 노력을 하게 만들며, 이로 인해 대화의 질이나 수준이 한층 높아진다. 곁에서 지켜보는 사람까지도 깊은 신뢰감을 가질 것은 두말할 나위도 없다.

이런 점으로 인해서 주변 사람들은 흔히 이렇게 말하기도 한다.

"저 사람은 틀림없는 사람이야. 저 사람에게 물어보면 유익한 게 많아."

이것은 비즈니스에서뿐 아니라 모든 인간관계에서 당신에 대한 호감을 가지고 신뢰할 수 있게 해주는 촉매제가 된다.

최대 효율을 끌어낼 수 있다.

이탈리아의 경제학자 파레토가 고안한 법칙에 따르면 모든 일은 80 대 20의 구성비로 이루어진다고 한다. 예를 들면 내가 일하는 여덟 시간 가운데서 정말로 효율적인 성과는 그중 두 시간 속에서 생겨난다는 얘기다. 마찬가지로 능률의 80퍼센트의 가치는 작업시간의 20퍼센트에서 결정된다.

이런 원리를 이해하면 시간을 좀 더 효율적으로 관리하는 데 도움이 된다. 내가 어떤 일을 집중한다고 할 때, 그 효율성이 계속적인 상향선으로 타고 올라갈 수는 없기 때문이다. 그래서 총 투여 시간의 20퍼센트만이 진정한 능력을 발휘하는 기회가 되는 것이라고 본다면 처음부터 많은 집중력을 소모하는 것은 비과학적인 방법이라는 말이다.

그러므로 일의 우선순위를 정해서 이런 오류를 피해야 한다. 중요도와 긴급성을 감안하여 순차적으로 일의 순서를 정하는 메모야말로 최대 효율, 최대 효과를 끌어내는 지름길인 것이다. 이렇게 순서를 정한 업무나 스케줄의 예정은 간단한 종이에 번호순으로 적어 기록해둔 다음, 그것을 달성한 후에는 바로 바로 지워나가는 것이 요령이다. 메모는 가장 효과적으로 자기 관리를 할 수 있는 도구가 된다.

세계적인 경영 컨설턴트인 스테파니 윈스턴은 우리나라에 초대되어 '성공하는 CEO의 일하는 방법'이라는 주제로 강연을 한 적이 있었다. 이 자리에서 윈스턴은 "넘쳐나는 정보와 이메일, 정보, 서류의 홍

수 속에서 자료와 업무의 우선순위를 결정하여 생산성을 극대화하는 노력이 무엇보다 중요하다."고 말했다.

윈스턴은 각종 서류를 정리하는 데 효과적인 4단계 처리법을 소개했는데, 버리고(Toss) 전달하고(Refer) 처리하고(Act on) 파일하는 것(File)으로서 일명 'TRAF시스템'을 서류 정리의 기본으로 삼으라고 권고했다. 또 효과적인 시간 관리를 위해 파워 아워(power hour), 기회시간 활용, 중간에 끼어드는 일의 생산적 관리라는 세 가지 전략을 꼽았다. 파워 아워란 하루에 1시간은 문을 닫고 방해받지 않으면서 최우선 업무에 집중하는 시간을 말하며, 기회시간 활용이란 회의 중간에 비는 10분을 효율적으로 쓰라는 말이다. 마지막으로 중간에 끼어드는 업무를 적절한 항목으로 분류한 뒤 처리하면 생산성이 크게 향상된다는 것이다.

명사(名士)들의 메모 습관

1. 김우황(제일화재 부회장)

어릴 적부터 끄적거리는 것을 좋아했다고 한다. 목욕탕과 이발소만 빼고는 때와 장소를 가리지 않고 메모를 해댄 것으로 유명하다. 내셔널 플라스틱 판매부장으로 일하던 1978년, 대한항공기에 탑승했다가 그의 꼼꼼한 메모 덕분에 화제가 되었던 적이 있다. 비행기가 소련의 무르만스크 호에 강제 착륙한 사건이 일어났을 때 그는 비행기에서 시간대별로 모든 상황을 기록하였고, 나중에 신문, 방송은 이를 토대로 사건 내용을 재구성해 자세히 보도할 수 있었다. 덕분에 그는 졸지에 미디어 스타가 되었다.

2. 김윤규(현대아산 부회장)

고 정주영 명예회장도 혀를 내둘렀을 정도로 메모광이었다. 언제인가부터는 디지털카메라를 들고 다니며 이미지를 통째로 기록하여 회의 때 보여주었다.

3. 김정만(LG산전 사장)

늘 활용하는 메모장만 열 권이 넘는다는 메모광이다. 기술동향이나 사업전략 등을 주제별로 메모장을 준비해놓고 생각이 떠오를 때마다 수시로 메모했다. 중요한 회의나 출장 때에는 메모장을 한 번씩 검토한 후 업무를 수행했다고 한다.

4. 김희정(사비즈 사장)

항상 세 가지 종류의 메모장을 갖고 다닌다고 한다. 스케줄은 회사 다이어리에 기록하고, 좋은 글귀나 정보를 적기 위한 수첩은 따로 마련해두고 있다. 꼭 기억해야 할 사항은 포스트잇으로 처리한다. "메모를 통해 실수를 줄이고, 성과를 낸 경험이 수없이 많다."고 말한다.

5. 링컨(미국의 제16대 대통령)

모자 속에 항상 종이와 연필을 넣고 다니면서 좋은 생각이나 이야기를 메모했던 것으로 유명하다.

6. 배영호(코오롱유화 사장)

꼼꼼히 기록하는 타입으로, 업무 지시를 내리거나 받을 때는 번호까지 매긴 것으로 유명하다. 업무에 피곤했던 직원이 집무실에 들어와 지시 사항을 지워놓고 간 일이 있었을 정도로 꼼꼼하다.

7. 아드보카드(한국국가대표축구팀 감독)

K리그를 관전할 때도 가만히 팔짱만 끼고 있는 게 아니라 수시로 선수들의 움직임을 메모했다. 꼼꼼한 성격으로 집무실 책상에 모든 일정을 메모한 계획표를 항상 붙여놓는 등 모든 정보를 데이터화한다. 선수들에게 개인기를 적은 메모지를 나눠주기도 하여 화제가 되기도 했다.

8. 아인슈타인

한 기자가 아인슈타인과의 인터뷰 때 집 전화번호를 묻자 아인슈타인은 수첩을 뒤적거렸다.

"설마 댁 전화번호를 잊으신 건 아니겠지요?"

"적어두면 쉽게 찾을 수 있는 걸 왜 기억해둬야 하나요?"

아인슈타인은 평소 기록을 생활화하였다. 기록을 해둔 뒤에 잊어버리고 두뇌의 빈 공간을 창의적으로 활용했던 것이다.

9. 안철수(전 안철수연구소 소장)

언제나 외출 시에는 어깨에 메는 검고 커다란 가방에 메모지를 잔뜩 갖고 다녔으며, 가방에는 각종 전략을 기록한 메모지가 가득했다고 한다. 메모가 너무 많아서 가방을 메면 어깨가 기울어질 정도였다는 이야기도 있다.

10. 오경수(롯데정보통신 사장)

언제 어디서나 쉽게 찾아볼 수 있도록 메모한 것으로 유명하다. 하루 일정을 세 가지로 적어서 회사 책상의 월간일정표, 양복주머니 수첩, PDA에 모두 기록해두었다.

11. 윤병철(전 우리금융 회장)

각종 아이디어가 떠오르면 그 자리에서 즉시 메모했다. 70여 장이나 되는 수첩을 일주일에 1~2권씩 사용했다고 한다. 혼자 식사하다가도 수저 대신 수첩과 볼펜을 꺼내 들 때가 많아서 화제가 되기도 했다.

12. 윤일영(육군본부 인사참모부장)

평소에 공식적인 회의는 물론 사소한 일상사까지 꼼꼼히 메모한다. 자신이 메모한 수첩을 복사하여 제출해가면서 잘못된 언론보도에 대한 반박을 하기도 했다.

13. 윤종용(삼성전자 부회장)

평소 듣고 보고 느낀 것을 항시 메모하던 그는 국제회의장에서도 메모하는 모습으로 만인의 귀감이 되었다. 40여 년간 메모한 것을 모아 《초일류로 가는 생각》이라는 책을 출간하여 화제가 되기도 했다. 이마트의 각종 이벤트를 기획하면서 "기획은 메모가 원천"이라고 말했다. 아이디어를 메모한 뒤에는 반드시 실제로 활용하는 데 주력한다고 밝혔다.

14. 이건희(삼성그룹 회장)

"기록이 실수를 바로잡을 수 있다"고 항시 경영진에게 강조한다. 모든 것을 꼼꼼히 적어두라고 지시해왔다.

15. 고 이병철(삼성그룹 회장)

재계에서 손꼽히는 메모광으로 알려져 있다. 지금의 삼성을 일군 장본인으로서 종이에 촘촘히 채워서 써내려가며 메모하는 타입. 메모 뒤에 수십 번을 검토하고 수정해나갔다고 한다.

18. 잭 웰치(미국의 제너럴일렉트릭사 8대 회장)

IT산업을 이끌면서 수많은 신화를 낳은 경영인으로서 아내와 휴가를 가면서도 "벽 없는 조직"에 대하여 메모하고, 레스토랑에서 식사를 하다가도 냅킨에 "고치거나 매각하거나 폐쇄하라"는 메모를 해서 실제 전략에 활용한 것으로 알려져 있다.

이밖에도 발명왕 에디슨, 독서노트의 제왕이라 불리는 나폴레옹, 옷에도 악보를 그린 슈베르트, 녹음기를 들고 다녔던 거스 히딩크 등 메모의 중요성을 실감하고 잘 활용한 명사들은 한둘이 아니다.

나의 메모 습관을 체크해보자.

1. 종이(수첩)와 펜을 늘 휴대하고 다니는가?

2. 사무실 책상, 집 안 곳곳에 메모지가 놓여 있는가?

3. 어떤 생각이 떠오를 때 즉시 쓰는가?

4. 다른 사람의 말을 들을 때 쓸 자세로 있는가?

5. 신문이나 잡지, 책을 읽을 때 메모지를 이용하는가?

✱✱결코 포기하지 않는다

한 남자가 해발 8,848미터의 에베레스트 정상에 도전하고 있었다. 언제 꺼져 내릴지 모를 크레바스의 설원과 험난한 빙벽, 죽음의 신처럼 덮쳐 내리는 눈사태의 길을 불굴의 의지와 집념으로 헤쳐나가고 있었다. 한 발자국 한 발자국 산을 오르던 남자는 오랜 시간의 투쟁 끝에 마침내 정상 부근까지 오르게 되었다.

그러나 자존심 강한 세계의 지붕 에베레스트는 왜소하기 그지없는 인간에게 정복되지 않겠다는 듯 조화를 부리기 시작했다. 뼈와 살을 도려낼 듯한 추위와 한 치 앞도 가늠할 수 없는 세찬 눈보라로 남자의 발길을 막은 것이었다. 남자는 에베레스트의 거센 저항을 받자 어찌할 줄 몰랐다. 이내 숨이 가빠지기 시작했고 호흡이 곤란해졌다.

마침내 한 발자국도 떼놓을 수 없게 되었다. 그때 마음속에서 하나의 작은 속삭임이 들려왔다.

"위험하니 그만둬. 더 이상 오르다가는 죽을지도 몰라. 포기하고 내려가는 거야."

남자는 하산을 결심하고 몸을 돌이켰다. 그 순간 어디선가 큰 소리가 사나이의 귀청을 때렸다.

"포기하면 안 된다. 정상이 네 눈앞에 있다. 두려워 말고 앞으로 나가거라."

남자는 깜짝 놀라 주위를 둘러보았다. 그 소리는 11년 전에 돌아가신 아버지의 목소리였다. 남자는 다시 몸을 돌려 산을 오르기 시작했다.

얼마쯤 더 올랐을 때 영문을 알 수 없는 뜨거운 눈물이 두 뺨을 타고 쉴새없이 흘렀다. 남자는 자신이 서 있는 곳이 어디인지 알 수 없었다. 계속 걸으려 했지만 걸을 수가 없었다. 갈 곳이 더 이상 없었던 것이다. 순간 정신을 차리고 보니 그곳이 바로 에베레스트의 정상이었다.

남자는 감격의 눈물을 흘리며 자신이 딛고 서 있는 정상에 우리 민족의 표상인 태극기를 꽂았다. 이때가 1977년 9월 17일 12시 50분, 그는 바로 만년설 매킨리 고봉 기슭에서 산화한 산(山) 사나이 고상돈이다.

대부분의 모든 사람들의 가슴속에는 성공을 향한 도전과 열정이 숨 쉬고 있다. 그것을 어떻게 현실화할 것인가? 어떻게 나아가고, 어떻게 이룰 것인가? 시시각각 몰아붙이는 시련과 역경을 어떻게 이겨

162

나갈 것이며, 불행 가운데 어떻게 자신을 지킬 것인가? 또 모험과 수치 속에 어떻게 당당하게 자신을 일으킬 것인가?

이런 것들이 실제로 많은 사람들이 생각하고 의문을 가지며 쉽게 해결하지 못하는 문제들인 것이다. 그러나 우리는 가난 속에서 부를 일구고, 그것도 세계에서 손꼽히는 부를 일군 사람들의 경험을 통해 그 이유를 밝힐 수가 있다.

"경영자는 용기를 가져야 한다. 리더는 비겁하게 행동할 수 없다. 고도의 경쟁을 요하는 경영 상황에서 종업원과 고객, 주주들은 모두 경영자에게 기대감을 가지고 있다. 경영자는 공포감에 떨어서는 안 된다. 스스로 종업원에게 용기를 갖게 하고 비전을 제시할 줄 알아야 진정한 리더다."

일본 재계(財界)에서 '경영의 신'이라 불리는 이나모리 가즈오다 회장의 말이다. 그는 맨손으로 창업한 지 16년 만에 소니(SONY)를 제치고 일본 최고의 주가를 올린 초일류기업 '교세라'를 일군 장본인이다. 직원 3만 명, 매출 5억 엔. 이런 성공의 과정에는 무엇이 숨어 있었을까? 그 비결은 무얼까? 그것은 무엇보다 열정과 최선의 노력을 다하는 일에 대한 강한 집념이 있었기 때문이었다. 그는 가난한 집안에서 태어나 취업 시험에서 거듭 낙방을 경험한, 결코 엘리트 코스를 밟지 않은 인물이다. 그는 자포자기한 심정으로 아무도 알아주지 않던 무기화학 분야에 뛰어들었는데, 거기서 한 가닥의 운이 잡을 수 있었던 것이다. 운이라고 하면 대개 그럼 그렇지 하고 고개를 끄덕이는 사람도 있다. 하지만 운이란 노력하는 자에게 따라주는 것임을 잊지 말자. 어쨌든 그의 끊임없는 도전정신과 탁월한 인재 경영으로 오늘날 세계적 거부가 된 그는 자신의 성공 비결을 이렇게 꼽는다.

허영심과 투기심을 버려라.

완벽주의가 되라.

이나모리 회장이 '교세라'를 세울 때는 무일푼이었다. 주위의 도움으로 300만 엔을 가지고 겨우 회사를 세운 후 지금의 대기업으로 키우기까지 그는 "경영자로서 인격을 닦고 자신을 다스릴 줄 알아야 한다"는 신념으로 초지일관했다고 밝힌 적이 있다.

과연 성공자들에게는 성공할 만한 이유가 있음을 다시 한 번 느끼지 않을 수 없는 대목이다.

✳✳ 생각이 다르다

세계적으로 '혼다'라는 자신의 이름을 떨친 일본의 혼다 소이치로 사장이 미국행 여객기의 일등석에 탑승했다. 그는 간단한 여행가방에 빨간 티셔츠 차림을 하고 있어서 누구도 그가 세계적인 기업가라고는 도저히 생각하지 못했다. 승무원 역시 "이코노미석은 저쪽입니다."라며 3등석을 가리킬 정도였다. 이에 그는 "다시는 이 회사 비행기를 타지 않겠다."고 꾸짖으면서 1등석 좌석표를 보여주었다. 최소한 서비스 업종에 종사하고 있는 사람이라면 시대가 어떻게 변하고 있다는 것쯤은 알고 있어야 하는 것 아니냐는 것이 혼다 사장이 성낸 이유였을 것이다.

경영 이념이라 해서 어렵게 생각할 필요가 없다. 경영자의 철학이 바로 경영 이념이다. 혼다 사장의 철학은 다음과 같다.

"여러분, 사업이란 그 근본을 명확히 파악해야 하는 것입니다. 사업이란 물건을 만들어 팔거나 서비스를 제공해서 손님을 모으는 것입니다. 손님만 모아놓으면 결국 돈은 들어옵니다.

손님을 모으려면 어떻게 해야 할까요? 그것은 손님의 마음에 기쁨과 만족을 주는 것입니다. 손님에게 기쁨과 만족을 주려면 어떻게 해야 하는 것일까요? 좋은 물건을 적당한 가격으로 파는 것입니다. 단지 판매하고 나면 끝나는 것이 아닙니다. 애프터 서비스도 필요하고, 때로는 비포 서비스도 있어야 할 것입니다.

손님의 가슴속에 기쁨과 만족을 채워주려면 절대로 결함 있는 상품을 만들어내서는 안 됩니다. 또한 납기일을 맞추지 못해도 불쾌감을 느끼게 됩니다. 직원 모두 손님을 모으는 것이 사업임을 명심하고, 그들에게 기쁨과 만족을 주기 위해 단 한 개의 부품이라도 소홀히 다루지 말아야 합니다. 그렇게 함으로써 손님과 여러분 사이에는 따스한 마음의 교류가 이루어질 것입니다. 이렇게 되면 기업의 목적과 개인의 목표가 같아지는 것입니다.

여러분, 사업이란 얼마나 의의 있는 일이며, 얼마나 마음 흐뭇한 일입니까. 지금부터는 여러분이 이 목표를 위해 어떠한 방법을 생각해내는가 하는 문제만 남아 있습니다. 여러분에 대한 기대가 몹시 큽니다. 잘 부탁합니다."

역시 뛰어난 경영자는 생각하는 바도 일반인과는 사뭇 다르다. 그는 계속 말을 이어나갔다.

"손님을 기쁘게 하기 위해서는 좋은 물건을 적당한 가격으로 제공하면 됩니다. 좀 더 저렴한 값으로 판매를 한다면 좋아할 것입니다. 그러나 사업인 이상 적정한 이익은 있어야 합니다. 회사의 수입이 늘어나야 직원 모두에게 이익을 돌아갈 수 있고, 직원 모두가 풍요롭고 즐거운 인생을 보낼 수 있기 때문입니다.

한 걸음 더 나아가 다른 사람은 할 수 없는 독자적인 물건을 만들 수 있다면, 상대방도 기뻐하고 우리도 훨씬 많은 이윤을 남길 수 있을 것입니다. 그렇게 하려면 기술 혁신을 이룩해야 하는 것입니다."

이처럼 성공한 사람들에게서는 보통 사람과는 다른 1퍼센트의 생각이 있다.

리더의 처세훈

개미가 매우 무거워 보이는 지푸라기 하나를 물고 낑낑거리며 옮기고 있었다. 한참 가다가 개미가 건너기에는 너무 틈이 벌어진 곳에 다다르게 되었다. 개미는 잠시 머뭇거리면서 궁리하는 듯하더니, 이내 물고 가던 지푸라기를 틈에 가로질러 놓고는 그 위를 기어서 건너갔다.

* 사람에게 주어진 고난의 짐이 때로는 발전을 위한 다리가 될 수도 있다. 플러스적 사고방식을 갖는다면 어떤 어려움도 당신에게 기회가 될 수 있다.

166

5

창조를 경영하는 리더십

****아이디어맨이 되라**

아이디어맨이 되려면 먼저 두뇌가 활성화되어야 한다. 그러기 위해서는 문제의식을 지녀야 한다. 다음으론 발상의 메커니즘을 가져야 한다.

청바지는, 천막천 생산업자였던 미국인 스트라우스가 발명하였다. 천막을 제작하던 천으로 좀 더 튼튼한 바지를 만들어보자고 고안한 것이 오늘날 수많은 사람들에게 사랑받는 세계인의 옷이 된 것이다.

미국의 설탕 회사에 다니는 사원은 열대지방으로 수출하는 각설탕 포장지에 공기구멍 하나를 뚫는 아이디어로 설탕에 습기가 차는 것을 방지하였으며, 우리나라의 한 학생은 다 쓴 부탄가스통에 구멍 뚫는 장치를 달아 부탄가스통을 안전하게 폐기할 수 있도록 하였다.

또 간단한 구조의 훌라후프로 전 세계를 상대로 돈을 끌어모은 미국의 루이마크스라는 사람은 어떤가. 그는 오래전에 일본에 훌라후프를 유행시키기 위해 미인을 다섯 사람 뽑아 그들에게 맹연습을 시킨 뒤, 각 신문사에 발표회 안내장을 발송했다.

〈○월 ○일, 데이고쿠 호텔에서 희한한 신상품 발표회를 개최합니다. 아무쪼록 오셔서 관람해주시기를 바랍니다.〉

매스컴이란 무엇인가 새롭고 특이한 것이 없는가, 대중의 호기심을 자극할 만한 것이 없는가 하는 것에 촉각을 곤두세우고 있는 곳이다. 그런데 일류 호텔에서 발표회를 한다니, 그 안내장은 순식간에 사람들의 주의를 끌었다. 신문사마다 기자를 내보냈다. 주최자는 기자들을 푸짐하게 대접한 뒤, 미녀들의 훌라후프 실연을 진행시켰다. 다음 날, 신문마다 사진과 함께 훌라후프를 소개하는 기사가 크게 실렸다. 그의 홍보 계획이 적중했던 것이다.

훌라후프가 아무리 신기한 상품이라고 해도 미인들의 실연과 독특한 안내장이 없었다면 신문에 실리지 못했을지도 모른다. 똑같이 신문에 게재된다고 해도 기사와 광고의 차이는 엄청난 것이다. 이 기발한 발상에 의한 광고 효과를 일반 광고료로 환산한다면 얼마쯤 될까? 루이마크스는 비싼 광고료 없이 엄청난 광고효과를 얻어낸 것이다.

현대는 '상품+지혜'의 시대다. 어느 정도 세상의 필요를 사전에 간파한 아이디어를 내놓는가, 물건에 얼마만큼의 부가가치를 붙이는가, 이것이 기업 성장의 분기점이 된다.

시계를 예로 들어 보면, 처음 전자시계가 나오자 월 ±15초 차이의 정확한 시계가 필요할 만큼 생활이 치밀하지 않은 대부분의 사람들까지 '멋있다!', '시간을 맞추지 않아도 된다'는 등의 이유로 시계에 열광했다.

현대사회는 어떠한 직장, 어떠한 직종에 종사하고 있더라도 아이디어를 내놓도록 요구당하는 시대다. "나는 그런 면에는 재주가 없어서……."라는 말은 통하지 않는다.

시대적 요청에 부응하는 아이디어맨이 되려면 어떻게 해야 할까? 아이디어맨이 되려면 두 가지 방법이 있다.

첫째, 문제의식을 갖거나 머리를 활성화시키는 등의 아이디어를 내기 쉬운 조건을 갖추는 것이다.

둘째, 발상의 메커니즘을 파악하는 등 아이디어를 효과적으로 끌어낼 수 있는 기술을 익히는 것이다.

루돌프 디젤은 어느 선생님이 발명한 라이터에서 착안하여 디젤 기관을 발명했다고 한다. 또 일본의 어느 회사 사장은 '먹이를 먹으러 들어가면 나오지 못하는 쥐 틀'이라는 남의 아이디어를 빌려, 같은 원리의 바퀴벌레 틀을 발명하였고, 또 어떤 사람은 '파리가 붙으면 안 떨어져서 죽는 끈끈이'에서 아이디어를 얻어 '바퀴벌레 잡는 끈끈이'를 만들어 큰돈을 벌었다.

✱✱ 의문을 품는 정신

어느 날 아침, 호텔에서 면도를 하는데 면도칼의 날이 무뎌져서 잘 들지 않았다. 면도칼을 바라보던 그는 문득 이런 생각에 사로잡혔다.

'수염을 깎는 부분은 아주 적은데 면도칼에 이렇게도 많은 강철을 써야 할 이유가 있는 것일까?

이런 의문에 싸여 물끄러미 면도칼을 바라보고 있었다. 순간 또 이런 생각이 스쳤다.

'칼날 부분만 있으면 되니까 이 부분만을 잘라낼 수 있다면…….'

이 청년이 바로 질레트(Gillette)다. 세일즈맨을 하던 그는 마흔 살에 안전면도기를 발명하여 세계 산업사의 한 면을 장식했다. 그는 자신의 생애를 결정지었던 순간을 후에 이렇게 회술했다.

172

"면도칼을 손에 들고 어미새가 둥지 속의 새끼를 바라보듯 눈을 가늘게 뜨고 열심히 바라보았습니다. 그 순간 질레트 면도기가 탄생한 것입니다. 그 순간에 모든 해결책을 얻었습니다. 수많은 의문들이 튀어나오는 동시에 그에 대한 대답들이 번뜩였습니다. 그것은 한 걸음씩 쌓아올린 논리가 아니라 한순간에 결정된 것이었습니다. 나의 가슴은 새로운 면도기에 대한 환희와 확신으로 가득 찼습니다. 그래서 오하이오의 여행지에서 아내에게 편지를 썼습니다. 나는 목표를 달성했고, 말할 수 없는 행운이 찾아올 것이라고 말입니다."

질레트도 아이디어를 얻고 이를 상품화시킬 때까지 9년이란 긴 세월을 보냈다. 이렇듯 창조적인 사람은 직감력도 필요하지만, 확신을 갖고 밀고 나가는 행동적인 타입이기도 해야 한다.

미국의 제너럴일렉트릭사의 기술자 플랭크 클라크는 휴가 기간 중에 마음속으로 생각하던 문제가 있어서 아무 생각없이 편안히 지내는 대신 기술에 관한 책을 훑어나갔다. 그런 그의 눈에 어떤 단어가 확 들어왔다. 그는 "이거야!"라고 소리쳤다. 그 단어는 '지페닐'로 변압기의 쇼트 방지를 연구 중이던 그가 찾고 있던 바로 그 해답이었던 것이다. 이 행운 덕분에 오늘날에는 변압기가 번개를 맞아도 그 지역 전체가 정전되는 일이 없어졌다.

다게르와 니에프스라는 두 명의 프랑스 사람은 오랜 연구 끝에, 영상을 잡기 위한 유리판의 감광 방법은 발견했지만, 그 영상을 보전하는 방법을 찾지 못해 고민을 하고 있었다. 아무리 화상을 보전하려고 노력해도 꺼져버리고 말았다. 그러던 어느 날 밤, 무심결에 다게르는 마침 노출되어 있는 유리판을 수은 플라스코 곁에 놓게 되었다.

이것이 '빛으로 그림을 그리는 기술', 즉 사진을 발명하게 한 연구의 시초가 되었던 것이다.

창조란 어떤 일정한 과정을 거쳐서 이루어지는 것이 아니라, 수많은 우연과 과정, 그리고 자신에게 주어진 환경과 노력에 의해 개인적인 완성에 의해 다다르는 것이다.

일본의 마쓰시타 고노스케는 세계가 알아주는 전설적 인물이 되었지만, 그의 과거는 결코 순탄하지 않았다. 처음엔 오사카 변두리에 불과 4평짜리 공장에서 당시 돈 100엔의 자본금으로 전기기구 회사를 설립해서 소켓을 만들었지만, 도무지 장사가 되지 않았다. 그러나 그는 좌절하지 않고 '어떻게 하면 좀 더 좋은 소켓을 만들 수 있을까' 하는 방법을 열심히 생각했다.

어느 날 저녁, 한 주택가를 걷고 있는데 자매가 다투는 소리가 들려왔다. 동생은 언니에게 빨리 다리미를 끄고 전구를 꽂자고 조르고, 언니는 잠깐 동안도 참지 못하느냐고 꾸짖고 있었다. 자매는 한 줄의 전기선을 서로 사용하려고 다투고 있었던 것이다. 순간, 마쓰시타의 머리에 번뜩이는 것이 있었다. '동시에 두 가지 용도로 사용할 수 있는 소켓을 만들 수 없을까' 하는 것이었다. 바로 그것이 두 갈래 소켓을 만들게 된 동기인 동시에 마쓰시타전기의 기반을 마련해준 아이디어였다.

노벨은 폭약인 니트로글리세린을 양철통에 담아 운반하고 있었다. 어느 날, 니트로글리세린이 들어 있는 양철통을 배에 실으려고 모래사장에 놓아두었는데, 어찌된 일인지 통 아래에 구멍이 뚫려 있었다. 통을 들어올렸을 때는 이미 상당한 양의 니트로글리세린이 빠져나가 버린 다음이었다.

'이것, 참 큰 실수를 했구나!'라고 생각하면서도 노벨은 문득 니트로글리세린이 묻어 있는 모래를 바라보며 중얼거렸다.

"니트로글리세린이 묻어 있는 모래도 폭발할까?"

궁금해진 노벨은 그 모래를 완전 폐쇄된 곳으로 옮겨놓고 두들겨 보았지만 폭발하지 않았다. 하지만 불을 붙이자 모래가 폭발해버렸다. 여기서 힌트를 얻은 그는 연구를 계속하여 다이너마이트를 발명했다. 노벨에게 이러한 우연한 기회가 없었더라면 오늘날 노벨상은 존재하지 않을지도 모른다.

✹✹ 다른 시각에서 본다

코카콜라 병의 유례는 웃음이 나올 정도로 우연적이다. 미국의 루드라는 남자는 회사 측에서 제시한 조건이 너무 까다로워 무척 애를 먹고 있었다. 병의 모양이 예뻐야 하고, 물에 젖어도 미끄러지지 않아야 하고, 양이 적게 들어가야 했기 때문이었다.

루드는 여섯 달 동안이나 연구를 거듭했지만, 실패만 거듭했다. 세 가지 조건을 모두 만족시키는 병을 만들기란 쉬운 일이 아니었다. 그러다 아예 포기하려는 순간, 마침 여자친구가 입고 나온 주름치마가 눈에 확 들어왔다. 이 주름치마의 형상을 한 것이 오늘날의 코카콜라 병이다.

삼성 그룹의 창시자 이병철 회장의 셋째 아들로 태어나 1987년부터 현재까지 삼성그룹의 회장직을 맡고 있는 이건희는 2003년 미국 《뉴스위크》지가 선정한 세계 8대 경영인 가운데 한 사람으로 뽑혔다. 그런데 그의 성공 비결을 두고서 단순히 가업을 이어받은 데 있었다고 말하는 사람은 거의 없다. 그가 역시 손꼽힐 만한 경영인으로 평가받는 데는 강인한 신념이 있었기 때문이있었다.

1993년, 삼성은 새로운 전환기를 맞게 되는데, 이른바 이건희 회장의 신경영론이 대두되었을 때였다.

"변화되지 않으면 살아남을 수 없다."

강인한 의지를 표방한 이 메시지는 품질 향상을 위해서는 회사의 문을 닫아도 좋다는 신념에서 나온 발상이었다. 이때부터 7시에 출근, 4시 퇴근이라는 근무 방침을 세우고, 직원들에게 퇴근 후 스스로의 능력 향상에 도움이 되는 데 힘쓰도록 한 것이다. 이런 방침은 그야말로 그 어느 기업도 시도한 적 없는 전대미문의 사례가 되었다. 우리나라의 게으른 풍조를 일신시켜야겠다는 그의 강인한 의지는 성공하였고, 그토록 따라잡으려 애쓰던 일본의 소니사의 회장이 "삼성을 배워라."고 할 정도로 성장하였다. 결국 1992년 2,300억 원에 지나지 않던 삼성의 규모가 2006년에는 141조 원에 이르게 되었고, 우리 나라의 전체 경제를 주도하는 입지적 위치를 굳히기에 이르렀다.

이건희의 사고의 틀은 이렇게 집약된다. 첫째, 사람을 소중히 한다. 둘째, 양보다 질. 셋째, 직원을 먼저 감동시킨다. 그리고 인재를 쓸 때는 '믿으면 버리지 않는다'는 자신만의 사고방식으로 리더십을 발휘했던 그를 두고 사람들은 '포기할 줄 아는 용기와 올바른 판단'의 소유자라고 평한다. 여기에서 우리는 이 회장의 용기와 판단, 결단력

176

등은 모두 마음에서 비롯되는 힘이라는 것을 또한 알 수 있다. 이제 껏 배운 지식과 쌓아온 경험, 그것이 밑거름이 되어 정신적인 수양을 이룰 때, 비로소 무력으로는 뚫을 수 없는 초인적인 신념의 힘이 구 축되는 것임은 두말할 나위 없다. 이런 힘이야말로 인생에서 불가능 해 보이는 것을 가능하게 하고, 실패를 성공으로 이끌며, 좌절을 희 망으로 일어서게 만드는 유일무이한 원료라고 할 수 있다. 세계 초일 류 기업으로 도약한 삼성의 이름은 바로 이건희 회장의 인간적인 신 념에서 비롯된 것이었다.

잭 웰치가 처음 제너럴일렉트릭사의 CEO로 부임했을 때, 그가 가 장 답답했던 것은, 결재를 하기 위해 말단직원부터 회장인 잭 웰치한 테 오기까지 총 12단계를 거쳐야 한다는 것이었다. 잭 웰치에게 그 것은 쓸데없는 낭비였다. 결재를 하기 위해 거쳐야 하는 여러 단계의 인력들도 낭비였고, 여러 번의 결재는 또한 신속한 일의 진행에 방해 가 되었기 때문이다. 그러나 20년 후, 지금 제너럴일렉트릭사의 보고 과정은 12단계에서 6단계로 대폭 줄어 있다.

"쓸데없는 보고서가 아니라면 훨씬 더 창의적일 수 있다!"

잭 웰치는 누누이 강조했다. 절차와 형식보다 더 중요한 것은 창의 적인 아이디어로 보았던 것이다.

이것은 창의적인 아이디어의 중요성을 보여주는 예이다. 그러나 좋은 아이디어를 얻기까지는 여러 가지 조건이 전제된다. 그중 하나 가 다각적으로 보라는 것이다.

**❋❋창조의 출발은 사소하다

  에디슨이 좋은 집안에서 태어났다면 그토록 유명한 발명가가 될 수 있었을까? 그는 열두 살에 기차 안에서 사탕 장사를 했고, 열네 살이 되기 전에 신문을 발행했으며, 때로는 청과물을 판매했고, 전신국에서 통신 업무를 담당하기도 했다. 이런 다양하고 생생한 경험들을 통해 그는 풍부한 창조력의 재료를 제공받았다.

  아이스크림이 너무 커서 얼굴이나 손에 묻히게 되거나 남기는 어린이들이 많다. 제과회사를 경영하는 H 사장은 이러한 아이들의 모습을 유심히 관찰했다. 그리고 한 입에 먹을 수 있는 아이스크림을 개발했고, 그것은 회사를 비약적으로 발전시킨 히트 상품이 되었다.

  창조란 관찰과 관찰에서 얻은 지식의 응용이다. 누구나 날마다 수많은 사물과 사람들의 행동을 보지만, 과연 얼마나 제대로 보고 있는 것일까? 같은 것을 보고도 '보여도 보이지 않고, 들려도 들리지 않는' 상태가 되어 무심하게 지나쳐 버리고 있는 것은 아닐까? 마음이 없으면 눈은 보아도 머리는 보지 못하는 법이다.

  텔레비전을 발명한 니푸코우의 아이디어는 어떻게 보면 아주 사소한 것이었다. '친구들과 만나고 싶다. 친구들의 얼굴을 지금 이곳에서 볼 수 있다면 얼마나 좋을까?' 하는 자신의 동기 때문에 텔레비전 개발에 뛰어들게 되었다. 말하자면 고독한 사람이 고독에 몸살을 앓다가 서로 위로하게 할 수 있다면 하는 염원이 텔레비전을 발명하게 한 것이다. 즉, 사소하지만 동기가 있었던 것이다. 그리고 그 동기가 앞으로 한 발 나갈 수 있게 하는 원동력인 것이다.

✳✳ 독창적인 것을 찾아라

미국의 유명한 저술가 프랭클린의 에피소드다.

계속되는 프랭클린의 발명에 싫증이 난 친구가 어느 날 짜증을 내며 이렇게 말했다.

"도대체 그렇게 만드는 게 뭐가 대단하며, 무슨 소용이 있나?"

그러자 프랭클린은 옆에 누워 있던 갓난아이를 가리키며 "그렇다면 이 아기는 무슨 쓸데가 있는가?"라고 말했다.

창조라는 것은 출발점에서는 모두 유치하다. 창조의 원형은 아기와 같고, 그것이 충분히 성장해야만 비로소 이용 가치가 밝혀지는 것이다.

우리 주변에는 아이디어의 소재가 널려 있지만, 제대로 잡아내지 못하거나 생각만 하고 후속 작업이 이루어지지 않아 모처럼의 기회를 놓치는 경우도 많다.

늑막염을 앓고 있는 한 남자는 밤마다 올라가는 높은 열 때문에 몹시 괴로웠다. 그런데 난로 위에 올려놓은 주전자의 물이 끓을 때마다 시끄러운 소리가 나서 여간 신경이 거슬리는 것이 아니었다. 신경이 예민해진 그는 혹시나 하는 마음에 송곳으로 뚜껑에 구멍을 뚫었다. 그랬더니 소리가 전혀 나지 않았다. '괜찮은 아이디어'라고 판단한 그는 심기일전하여 병상을 박차고 일어나 연구에 몰두하였고, 마침내 보기에도 좋게 구멍을 뚫는 방법을 찾았다. 그는 그 아이디어를 특허내어 큰돈을 벌어들였다. 주전자의 물이 끓는 것을 보고 증기기관을 발명한 것은 제임스 와트지만, 이 사람은 주전자 뚜껑에 구멍을 뚫음으로써 주전자를 개량했던 것이다.

한 남자가 영화관에서 영화를 보며 먹으려고 아이스크림을 샀는데, 어둠 속에서 먹다 보니 아이스크림이 녹아 흘러내려서 매우 불편했다.

'아이스크림을 모나카(찹쌀가루 반죽을 얇게 밀어 구운 것에 팥을 넣은 일본식 과자)처럼 포장하면 어두운 곳에서도 먹기 좋을 텐데…….'

그는 이 생각을 곧 실천에 옮겨 본격적인 발상으로 돌입하였다. 물론 콘에 넣은 아이스크림은 있었지만, '모나카'처럼 포장한다는 것은 독창적인 그의 생각이었다. 이것이 계기가 되어 식당 요리사였던 그는 지금 큰 아이스크림 제조업체의 사장이 되었고, 수많은 레스토랑 체인점도 경영하고 있다.

모나카와 아이스크림처럼 별개의 상품이 결합하여 새로운 상품을 만들어낸 것처럼, 다른 분야에서도 이러한 결합에 의해 만들어진 상품들은 많다. 금전등록기는 계산기와 금고의 결합이고, 안전면도기는 면도날과 홀더의 결합이었다.

**❋ 발상의 전환

스즈키 도시후미는 어떻게 이토요카도와 세븐일레븐을 동시에 일본 기업 10위권 안에 올려놓을 수 있었을까? 스즈키의 철학과 리더십의 본질은 한 마디로 상식의 파괴와 발상의 전환이라고 일컬어진

180

다. 그는 거침없이 "업무 개혁은 과거의 경험과 상식의 파괴다. 그러나 새집을 짓기 위한 창조적 파괴다."라고 말했다.

"배우는 관객에게 등을 돌려서는 안 된다!"

이 말은 오랫동안 연극계가 지켜오는 전통의 하나로, 이를 어기는 배우는 없었다. 그런데 한 배우가 이 전통이 그토록 정당한 것인지 시험해보자고 결심했다. 그는 경건함과 경이로움에 가득 찬 표정으로 밤하늘을 올려다보는 장면에서 과감하게 관객에게 등을 돌렸다. 그의 시도는 어떠한 결과를 가져왔을까? 고정관념을 깬 이 연기는 커다란 극적 효과를 불러 일으켰고, 관객들의 환호를 받았다. 지금은 많은 배우가 이 기법을 활용하고 있다.

오늘날 모든 사람들이 즐겨 입는 청바지가 어떻게 해서 탄생되었는가를 알면 그 이유는 보다 분명해진다. 1930년경 샌프란시스코의 금광에서는 많은 황금이 나왔다. 이 황금을 캐려고 몰려드는 사람들로 인해 갑자기 도시가 생겨났고, 그 사람들이 먹고 자는 천막집이 수없이 늘어나 산기슭이 커다란 천막촌으로 변해갔다. 그 덕분에 천막의 천을 생산하던 스트라우스는 많은 돈을 벌었다.

그러던 중 한 사람이 찾아와 군납을 알선해줄 테니 군대에서 사용할 천막 10만 개를 제작해달라고 주문했다. 스트라우스는 그 제의를 수락하고서 곧 대량 제작체제로 돌입했다. 직공을 늘려 밤낮으로 제작한 결과 3개월 만에 약속한 전량을 생산할 수 있었다. 그런데 막상 이 사람은 군납 계약을 이루지 못했다. 그래서 스트라우스는 빚더미에 앉게 되었다. 그는 너무도 실망하여 자살이라도 하고 싶은 심정이었다.

어느 날, 홧김에 술집을 찾아간 스트라우스는 거기서 광부들이 해진 바지를 꿰매고 있는 광경을 목격했다.

"쯧쯧, 엊그제 사 입은 바지가 이 모양이니."

"글쎄 말야! 좀 튼튼한 바지는 없나?"

이런 말을 듣던 스트라우스는 무릎을 탁 쳤다.

'그렇지. 우리 천막은 질겨서 잘 떨어지지 않을 거 아닌가!'

궁지에서 얻은 소중한 아이디어였다. 아무리 어려운 곤경 속에서도 자신이 헤쳐나갈 궁리를 얻어내는 해법 역시 탁월한 기지밖에 없다.

소설가 서머싯 몸이 무명의 젊은 시절에 한 권의 책을 출판하게 되었다. 그러나 출판사에서는 광고비가 많이 든다는 이유로 광고를 하지 않았다. 모처럼 만들어낸 책이 뜻대로 잘 팔리지 않게 되자 몸은 고민이 많아졌다. 오랜 노력 끝에 펴낸 책이 많은 사람에게 읽혀질 기회를 잃게 된다는 것은 작가로서 여간 괴로운 일이 아니었기 때문이었다.

"내가 쓴 책을 많이 팔리게 하려면 광고를 내야 돼. 광고비를 가장 적게 들여서 가장 크게 효과를 거둘 수 있는 기발한 방법을 써야 할 텐데……."

그러던 어느 날 몸은 책상에서 원고를 쓰다 무엇에 놀란 사람처럼 벌떡 일어나 소리쳤다.

"바로 이거야!"

몸은 그길로 당장 신문사로 달려갔다.

"무슨 일로 오셨습니까?"

"구혼 광고를 낼까 해서 왔습니다. 이제 나이가 차 결혼하려는데 마땅한 여자가 있어야지요. 그래서 광고를 내볼까 하고 찾아왔습니다. 가능할까요?"

"당연히 가능하죠. 광고비만 내신다면 어려울 것 하나 없습니다."

신문사 직원은 재미있다는 듯 웃었다.

"그럼 광고의 내용을 여기에 적어주십시오."

몸은 광고 내용을 적어 신문사 직원에게 주었다. 신문사 직원은 광고 원고를 받아 쥐고 흥미로운 표정으로 그 내용을 읽었다.

마음 착한 여성을 찾습니다. 나는 스포츠와 음악을 좋아하고 성격이 비교적 온화한 백만장자입니다. 내가 바라는 여성은 서머싯 몸이 쓴 소설의 여주인공과 닮은 사람입니다. 자신이 서머싯 몸이 쓴 소설의 주인공과 닮았다고 생각되는 분은 즉시 연락해주십시오. 나는 꼭 그러한 여성과 결혼하기를 원하고 있습니다.

"어때요? 괜찮습니까?"

"아주 재미있는 광고입니다. 저도 광고 효과에 기대가 크군요."

"그럼 내일 꼭 실어주십시오."

몸은 신문사 직원에게 몇 번이고 다짐을 받고서야 집으로 돌아왔다. 다음 날 아침 몸이 의뢰한 광고가 신문에 실렸다. 그러자 책방에서는 몸의 책이 날개 돋친 듯 팔려나갔다. 드디어 광고가 실린 지 1주일이 채 못 되어 서머싯 몸의 소설은 다 팔렸고, 그는 일약 스타 작가가 되었다.

✱✱ 성공하는 리더의 7계명

❶ 일에 우선순위를 매기자

내가 해야 할 많은 일들을 혼자 다 처리하기는 불가능하다. 그러므로 어떤 일을 먼저 하고, 어떤 일은 좀 미루어도 되는지 판단한 후에 시급한 일부터 처리해나간다. 그리고 당장 하지 않아도 되는 일에 매달려 잠깐의 휴식조차 빼앗기는 일은 없어야 한다.

❷ 분명한 'No'라고 말하기

'마지못해', '어쩔 수 없어서' 라는 핑계를 대는 여성들이 많은데, 꼭 그래야 하는 이유가 무언지 생각해보자. 자신을 위해 분명하게 딱 잘라서 'No'라고 말해보자. 생각 외로 자존심도 덜 상하고 마음도 편해짐을 느낄 것이다. 무조건 'Yes'라고 한다 해서 어차피 나를 평생 은인으로 생각하는 것도 아니지 않는가. 다른 사람보다 자기 자신을 먼저 아껴주는 마음으로 챙기자.

❸ 도움을 요청하라

아무에게도 알리지 않고 혼자서 끙끙대며 일처리를 다하려다가 병이 들어 앓아눕는 사람도 많다. 그렇게 되면 어차피 다른 사람의 신세를 져야 한다. 그러니 일찌감치 약간의 도움을 구하는 것이 나와 다른 사람에게 모두 좋은 일이다. 동료나 친척, 가족 등 주변 사람들을 적극 활용한다는 생각을 가져라.

❹ 즐거운 마음으로 일하자

내가 행복해야 가족이 행복하고, 직장이 행복한 법이다. 모든 걸 다하려다가 짜증만 내봐야 주변에 폐만 끼치게 된다. 나도 행복하고, 주변도 행복한 길, 그것은 즐거운 마음으로 할 수 있는 한도까지만 하는 것이 최상이다.

❺ 도우미를 활용하자

정 힘들면 가사 도우미, 아르바이트생 등 외부의 인력을 활용하는 방법을 생각하자.

❻ 설득과 협상의 미덕을 발휘하라

가족과 사회생활에서 부당하거나 불이익을 당하고 있다면 당당하게 자신의 처지를 공표하고 설득하거나 협상에 나선다. 꾹꾹 참는 것만이 미덕인 세상은 지나갔다. 게다가 참고만 지내다가는 자신의 목표로 나아가는 발목이 잡히는 셈이며, 건강에도 치명적인 상처를 입힌다.

❼ 마침표를 찍어라

살아가는 것은 죽는 순간까지 쉴 수 없는 일이다. 그러나 일은 중간중간 마침표를 찍고 돌이켜 반성해볼 수 있다. 적당한 시기에 내가 지금 마침표를 찍을 수 있는 일은 무엇인지, 그리고 그에 대한 평가를 내려보는 것은 앞으로의 발전에 고무적인 역할을 할 것이다.

혼한 말로, '성공이 최고의 복수'라는 말이 있다. 그러나 성공이란 의미를 자아성취나 자기발전이라는 개념이 아니라 단순히 남에게 보여주고 과시하려는 목적으로 생각한다면 어쩐지 바람직하지 않다는 느낌이다. 대부분의 성공자들의 경우를 보더라도 그들은 자신의 목표를 위해 누구보다 열심히 달려갔지만, 주변 사람들을 의식한 과시욕이나 탐욕을 부리지는 않았다. 그러므로 성공을 위해 나아가되, 일을 성취하는 데 있어서 설사 어떤 난관에 부딪치더라도 다른 사람을 원망하거나 적대심을 갖는 것은 진정한 승리자의 모습이 될 수 없다. 이런 타인 원망이나 과거 지향적인 사고에 집착하면 현재 주어진 기회를 충분히 활용할 수가 없다. 성공하기 위해서는 다른 사람과의 원만한 관계, 긍정적인 사고방식이 가장 기본적인 마음자세이기 때문이다. 여기에 랠프 에머슨의 최고의 금언을 소개한다.

하루를 마치면서 그날을 완전히 정리하도록 하라.
오늘 네가 할 수 있는 최선을 다했다.
실수도 있었고, 조금 잘못된 점도 있었겠지만
가능한 빨리 그것들을 잊어라.
내일은 새로운 날이다.
차분하게 잘 시작하라.
어제의 일로 새 날을 어둡게 하지 않도록 마음을 가다듬어라.
오늘이 바로 좋은 날, 공정한 날임을 기억하라.
희망과 기대로 가득 찬 이 날을
옛일들로 낭비하기에는 너무나 소중한 날이다.

✲✲ 창의력으로 승부하라

미국의 경제학자인 로자 밥슨은 청년 시절에 공업기사 교육을 받고 매사추세츠의 공예학원을 졸업하였다. 그런데 그는 학원을 졸업하자, 갑자기 은행 일이 하고 싶어졌다. 그러던 어느 날, 신문광고에서 보스턴의 큰 은행에서 사원 모집을 하는 것을 보았다.

지망자는 우편으로 신청할 것

이렇게만 쓰여 있을 뿐, 은행의 이름은 밝혀 있지 않았다. 다만 우체국의 사서함 번호만 기재되어 있었다.

로자는 이 모집에 응해보기로 마음먹었다. 그러나 우편으로만 응모하기는 어쩐지 소극적이란 생각이 들었다. 그래서 보스턴 우체국에 찾아가 광고에 씌어 있던 사서함 번호의 소유자가 누군가를 알아보았다. 그랬더니 우체국에서는 규칙에 위반되는 일이라고 가르쳐주지를 않았다.

로자는 잠시 궁리한 끝에, 직접 사서함으로 가서 그 사서함을 열려고 오는 사람을 만나 물어보기로 했다. 다음 날 아침부터 우체국 문이 열리자마자 사서함 옆에 서서 지키며, 누군가가 나타나기를 기다렸다. 이윽고 손에는 편지를 넣을 가방을 들고 있는 한 사내가 나타났다. 그 가방에는 뚜렷하게 은행의 이름이 씌어 있었다. 일부러 물어볼 필요도 없어졌다.

로자는 적당한 시간에 맞추어 은행으로 가서 인사 담당자를 만났다. 담당자는 로자에게 물었다.

"사원 모집은 어디서 알았나?"

"신문에서 보았습니다."

"신문에는 은행 이름이 나지 않았을 텐데?"

그러자 로자는 자신이 은행 이름을 알게 되기까지의 경로를 자세히 설명하였다. 이 말을 다 듣고 난 담당자는 기가 막히다는 듯이 껄껄대며 웃었다. 그는 옆에 있는 책상 위에 산더미같이 쌓여 있는 응모 서류를 가리키며 말했다.

"이 우편 더미가 무엇을 가리키는지 알겠나? 나는 아직 이것을 하나도 보지 못했네. 그러나 이제는 읽을 필요가 없게 되었네. 자네가 왔으니 말일세."

이렇게 해서 로자는 은행에 채용되었다.

이 은행은 왜 이 사람을 채용했을까? 그 해답은 간단하다. 그에게 창의력이 있음을 인정했기 때문이다. 독창성과 창의력만큼 리더들의 관심을 끄는 요소는 없다. 새로 취직을 하려고 하는 사람이나, 현재 지위에서 승진하려 하는 사람이나, 창의력은 필수 요소이다.

미국의 141개 회사의 사장으로서, 부사장으로서, 현역 중역으로서 중책을 맡고 있으며, 전 미국에 걸쳐 2백 개가 넘는 지방단체의 공공사업 회사의 중역이기도 한 프랭크 프로프도 매우 창의적인 사람이었다.

그는 일곱 살 때 아버지를 여의고, 여덟살 때 어머니의 수고를 덜어줄 생각으로 자퇴를 한 다음 직업 전선에 나섰다. 그가 맨 처음 한 일은 어떤 보험업자의 마부 노릇이었는데, 주인이 어떤 곳을 방문하는 동안 말고삐를 잡고 있는 일이었다. 그 일로 받은 돈은 하루에 51 센트였고, 나머지 시간에는 신문을 팔았다.

중학교에 다니면서도 여러 가지 방법으로 돈 버는 일에 몰두하였다. 졸업하자마자 곧 템버 합동전기회사의 검침원이 되었다. 그는 자기 일을 재미있게 수행하기 위하여 이 사업에 대해 진지하게 연구하였다. 자신에게 맡겨진 일이 무엇이든 열심히 하였다. 어떠한 것이라도 잘 알아두는 것은 그 사업에 통달하는 데 필요하다고 생각했기 때문에 명령받은 일을 끝마치고도 자신이 할 수 있는 일이 또 없을까를 살폈다.

또 그는 장래 성공하려면 될 수 있는 한 많은 사람들과 사귀어 두는 것이 필요하다고 생각하여, 전구를 교환하려 오는 고객들의 이름과 얼굴을 기억하는 데 노력하였다. 한 번 왔던 고객이 두 번째 올 때에는 곧 그가 먼저 고객의 이름을 불렀고, 그 용건을 듣곤 했다. 회사의 사무실에서 매일 하고 있는 일에 항상 주의를 하여, 자신이 할 수 있는 일이면 무엇이든 거들었다. 또 틈을 내어 발전소나 배전소에 가서 실제로 견학을 해보기도 했다. 그래서 얼마 후 그는 검침원에서 서기로 승진했고, 다시 회계 책임자가 되었다.

이때를 회고하여 프로프는 이렇게 말했다.

"나는 상사의 신뢰를 받고 승진했지요. 나는 항상 윗사람의 일을 덜어주기 위해 내가 할 수 있는 일이면 무엇이든 마다하지 않고 일했습니다. 나의 목적은 오직 하나, 그 일에 대해 알고자 하는 것이었지요. 이런 노력의 결과가 어떻게 보답될 것인가에 대해서는 전연 생각하지 않았습니다. 바로 이것이 나의 창의력을 기르는 방도였지요. 하나의 조직 속에 들어갔다면 결과를 기대하지 말고 당신의 힘닿는 데까지 기꺼이 감당해내는 정신이 필요합니다. 이것이 곧 창의력을 실제로 활용한다는 것을 배우는 비결입니다. 이기적인 결과를 기대할 수 있는 일에만 손을 대려 한다면 창의력이라는 것은 결코 나타나지 않을 것이며, 또 나타날 수도 없습니다."

일하는 데 있어서 가장 중요한 것은 열성과 창의력이다. 비평을 두려워하지 않는 사람은 남에게 배우는 것을 부끄럽게 여기지 않는다. 일에 모든 열성을 다하며, 자기의 머리를 써서 문제를 처리해내는 사람은 반드시 승진하게 되어 있음을 기억하라.

자기의 책임을 회피하려 하는 사람이나 소견이 좁고 독선적인 사람, 또는 입만 놀리는 사람, 타인의 험담을 좋아하는 사람을 채용하고 싶어 하는 회사는 없다. 또 조금만 조건이 달라져도 어쩔 줄을 몰라하며 우왕좌왕하는 사람, 곤란을 당하면 곧 쓰러져서 손을 드는 사람을 쓰려고 하는 사람은 아무도 없다.

프랭크 프로프가 고안한 '능력 장부'라는 것이 있는데, 이에 따르면 리더는 자기 부하들의 각종 능력에 대해 관찰한 내용을 이 능력 장부에 기입하게 되어 있다. 거기에는 창의성과 관계가 있는 다섯 가지 조사 항목이 있다.

이 항목들은 리더의 입장에 있는 사람이라면 누구라도 자신의 부하들에 대해 알고 싶어 하는 점이다. 또 자신의 리더가 어떤 능력에 관심을 가지고 있는가를 알고 싶어 하는 사람에게 도움이 되는 항목이기도 하다.

1. 일에 대해 특히 열심인가?

2. 특히 열심히 하는 것은 아닌가?

3. 시키지 않으면 일을 안 하는가?

4. 자진해서 일하며, 내버려두어도 정확하게 일을 처리하는가?

5. 자신의 머리로 생각해내도록 훈련되었는가?

6. 신중한 판단력을 가졌는가?

7. 익숙지 않은 새로운 방법이라도 안심하고 시켜볼 수 있는가?

8. 능력과 야심의 성숙기에 달해 있는가?

9. 더 책임 있는 지위를 맡겨도 위태롭지 않을 만큼의 역량이 있는가?

10. 자기가 맡을 일을 끝마치면 또 해야 할 일을 찾아보는가?

일을 할 때는 어떻게 되리라는 결과를 미리 생각하도록 하며, 그 결과가 올바르게 이루어지도록 전력을 다할 것을 결심하라. 이러한 것을 수행하는 데 당신의 창의성을 최대한도로 약동시켜라.

✽✻ 회의할 때의 리더

조직이나 직장에서 회의가 빠질 수는 없다. 심지어 가정에서도 수시로 가족들이 의논할 일이 생긴다. 주 1회, 또는 매일 아침, 또는 임시회의 등으로 의견을 수렴하기 위해 팀원들이 모여 있을 때, 당신은 어떤 스타일인가? 개중에는 서슴없이 자신의 의견을 발표하는 사람도 있고, 시종일관 한 마디도 하지 못한 채 적당히 고개만 끄덕이고 있는 사람도 있을 것이다.

그런데 입 한 번 떼지 못한 사람일수록 막상 회의가 끝나면 이러쿵저러쿵 남의 발언에 대해 불평을 늘어놓는 법이다.

"아까 김 대리가 한 말은 말이야, 타당성이 없잖아? 어떻게 생각해?"

이렇게 막상 회의에서 한 마디도 못한 사람일수록 회의실을 나와서는 할말이 더 많은 법이다. 발언해야 할 때 발언하지 못하는 사람은 대개 심리적으로 다음과 같은 걱정거리를 안고 있다.

'내가 이런 말을 하면 반론이 나오겠지.'

'내 말을 비웃으면 어쩌지.'

'괜히 말했다가 평가만 떨어지는 거 아냐.?'

이런 식으로 염려하다 보면 이 눈치 저 눈치 보다가 결국은 발언의 타이밍을 놓치고 만다. 하지만 정말로 유능한 직장인이 되기 위해서는 어떻든 회의 중에 무조건 용기를 내어 한 마디라도 해야 한다.

사실 모든 구성원이 한 마디씩 의견을 내어 종합적인 판단을 하는 것이 회의의 원칙이고 보면, 참석자로서는 당연히 자신의 의견을 피력해야 마땅한 것이다. 눈엣가시가 되느니 차라리 침묵을 택하겠다고 생각한다면 당신은 영원히 제자리걸음을 멈추지 못할 것이다. 성공의 기회는 적극적인 사람에게 주어지는 것, 이제부터라도 용기를 내어 기회가 주어졌을 때는 대담하고 적절한 발언을 해보기를 권한다. 그렇다고 즉흥적인 발언을 하라는 게 아니다. 먼저 질문에 대한 의견을 먼저 종이에 순서대로 메모를 해둔다. 글자만 보면 어떤 이야

기를 풀어갈 것인가 떠오를 정도의 약자로 메모해도 좋다. 그런 다음
손을 들어 의사표시를 하고, 천천히 또박또박 종이를 가끔 내려다보
며 이야기하면 되는 것이다.

너무 어렵게만 생각하여 회의 자체에 스트레스만 쌓이는 직장인
들이라면 이제부터라도 회의 주체자가 된 기분으로 회의 참석을 즐
기는 당신이 되어보라.

반대 의견은 결론 직전에 내세워라

회의에서는 반드시 반대 의견이 있기 마련이다. 그리고 회의가 진
행되는 동안 자신의 의견과는 점점 멀어지는 것을 느끼는 경우도 있
다. 이럴 때 어떻게 대처하는지 요령을 보자.

A전자에서 신제품 계획에 대한 회의가 소집되었다. 제품의 구조
나 성능도 크게 향상되지 않은 데다가 생산 일정이 너무 짧아 신뢰
성 확보에 문제가 있었다. 회의 시작부터 전체적인 분위기가 김 실
장의 생각과는 크게 다른 쪽으로 가고 있었다. 그렇지만 그는 단박
에 반론하지 않고, 차분히 회의를 지켜보면서 노트에다 꼼꼼히 메모
해 나갔다. 노트를 양편으로 나누어 한편에는 결론으로 내려질 듯한
의견을, 다른 한편에는 각 항목마다 자신의 의견을 기록했다. 드디
어 자신의 생각과는 반대되는 결론이 내려질 때가 되었다. 이때 사
회자가 물었다.

"다른 의견 없습니까?"

김 실장은 바로 그 순간 손을 들었다.

"이의 있습니다!"

김 실장의 한 마디에 모든 참석자들의 시선이 모아졌다. 김 실장은 노트를 내려다보면서 차근차근 의견을 제시해나갔다.

"그 건에 대해서는 이러저러한 말씀을 하셨지만, 제 의견은 이렇습니다."

메모된 대로 대비해가면서 대안을 정연하게 제시하니 참석자들은 모두 김 실장의 의견을 주목하게 되었다.

회의에서 참석자 전원이 하나의 결론으로 기울어지는 것은 결코 생산적인 일이라고 할 수 없다. 왜냐하면 반론을 제시하고 싶어도 그 결과가 바람직스럽지 못할 때의 책임을 회피하기 위해서 대세에 호응하는 경우가 많기 때문이다. 그러나 책임감 있는 당신이라면 어떻게 하겠는가? 당신의 반론은 회의를 생산적이고 유익한 것으로 만들 것이다. 특히 마지막 순간에 파문을 일으키는 이런 방법은 참석자나 회의 주최 측과 격렬한 논쟁을 각오해야 하는 부담이 있긴 하다. 그러므로 자신의 결론에 대한 확신이 없다면 불가능한 일이다.

하지만 반대 의견을 제시하고 싶다면 전체적인 의견이 어느 쪽으로 기우는가를 충분히 관찰한 후에 내세우는 것이 바람직하다.

리더는 중립자다

회의가 시작되면 리더는 회의의 목적과 안건을 발표한다. 대개는 리더가 사회자의 역할을 맡게 되는데, 회의의 전체 흐름과 시간을 감안하면서 참석자들의 분위기를 끌어내는 역할도 필요하다. 그렇지 않아도 일반 사원들은 긴장하기 마련이다. 그런 만큼 편안하고 자유로운 분위기를 만들어주어야 하는 것도 역시 리더의 몫이다.

'이 따위 회의를 해봤자 결국 리더 뜻대로 결론지어질 텐데, 뭘.'

이런 생각은 부서나 회사의 발전을 저해하는 요인이다. 그러므로 회의는 어디까지나 개개인이 골고루 발언할 수 있는 기회가 주어져야 하며, 리더는 어디까지나 전체적인 방향을 제시하는 선에서 머물러야 한다.

같은 부서의 동료들은 서로의 개성을 정확하게 파악하고 있을 것이므로, 발언을 이끌어내는 방법도 사람에 따라 달리 해야 한다. 활발한 성격의 사람은 불시에 질문을 받아도 당황하지 않고 발언할 수 있는 점을 고려해, 이야기의 흐름이 끊어질 듯할 때 이런 부원에게 발언을 요구하는 것도 바람직하다. 말수가 적은 부원이나 평소 말을 잘 못하는 부원에게는 가급적 빨리 발언을 시키는 게 좋다.

반면에 말재주가 있는 부원에게 먼저 발언을 시키면 대부분의 사람들이 그의 의견에 끌려가는 경향이 있다. 또 이런 사람들은 따로 지명하지 않아도 자발적으로 발언할 수 있으므로 일부러 지목할 필요는 없다.

의견 발표가 서투른 부원에게는 세심한 배려가 필요하다. 이런 부원이라면 '예', '아니오'만으로 의사 표시가 가능한 질문을 유도하는 것도 좋다.

회의 도중 간혹 말이 길어지는 사람이 나오면 사회자는 어떻게 해야 할까? 이야기 도중에 말이 삼천포로 새어버리는가 하면, 전제 조건을 늘어놓지 않으면 성미가 차지 않는 사람의 말을 언제까지나 듣고 있을 수는 없다. 이럴 때 사회자는 말이 잠깐 중단되는 사이에,

"A 씨의 의견을 요약하면 이러이러한 것으로 생각됩니다. 그럼 다

음에는 B 씨의 의견을 듣겠습니다."

이런 식으로 매듭을 지어주어야 한다.

회의 때 이런 사람 꼭 있다

● 혼자 독점하는 사람

말을 잘한다는 것은 끝도 없이 말을 이어나가는 것과는 다르다. 회의할 때, 한 가지 질문을 던지면 기다렸다는 듯이 길고 지루한 대답을 하는 사람이 꼭 있다. 큰기침도 해보고, 하품도 해보지만 이런 표시를 아는지 모르는지 일장연설이 그칠 줄 모른다.

'아휴, 또 시작이야.'

'왜 또 저 사람이 걸렸어?'

참다못해 사회자가 중간에 커트하는 경우도 있지만, 웬만해서는 말허리를 자르기가 쉽지 않다. 그러나 상대는 아무리 뭐라 해도 '말 잘하는 사람'이기 때문에 이야기는 점점 진행되어간다. 이런 사람 때문에 사회자의 재치가 더욱 요구된다.

"아, 그렇습니까. 근데 아까 말씀하셨던 문제에 대해서 말인데요……."

사회자는 이런 식으로 말하는 사람이 잠시 한숨 돌리는 때를 재빨리 포착한 후 다른 사람에게 이목을 돌리게 해야 한다.

● 말귀를 못 알아듣는 사람

회의가 한창 무르익어 가고 있는데, 느닷없이 엉뚱한 이야기를 꺼내는 사람이 있다. 그러면 모든 사람의 시선이 그 사람에게 꽂히고 '뭐야, 이제까지 뭘 들었어?' 하는 얼굴로 표정이 일그러진다. 그 문제에 대해 다시 설명을 해줘야 하기 때문에, 이미 파악한 사람들은 짜증이 나고, 더불어 회의는 자꾸만 길어진다.

이런 때를 대비해서 항상 메모하는 습관을 들인다. 회의를 커다란 하나의 퍼즐이라고 생각하고서 한 사람 한 사람의 발언을 정리해서 맞추어나간다. 꼭 사회자가 아니라도 누가 어떤 발언을 했는지에 대한 명확한 파악은, 자신이 회의 주체자라는 적극적인 참여의식과 어떤 결정에 대한 책임의식을 동시에 안겨준다. 형식적으로 앉아서 팔짱을 끼고 가끔 머리나 끄덕끄덕하는 사람은 마치 내일이면 다른 회사로 가버릴 사람처럼 아무런 신뢰성이 가지 않는 사람으로 보인다.

가끔 사회자도 안건의 줄거리를 풀지 못해 뜸을 들일 때가 있는데, 이런 때 당신이 이제까지 완성된 그림을 구체적으로 보여주면 "아, 맞습니다. 거기까지 진행이 됐었지요." 하고 당신을 주목하게 될 것이다. 회의를 하나의 그림으로 생각하고 퍼즐을 맞춰나가라. 그러면 집중력도 훨씬 높아진다.

● 회의 시 리더가 해야 할 일

영업부의 실무자가 지점별 영업 실적에 관하여 그래프를 이용하여 발표하기 시작했다. 그런데 듣는 사람은 작성된 그래프의 자잘한 부분에 신경 쓰며 저 부분은 보기 어렵다는 등, 막대그래프보다는 꺾은선그래프가 알기 쉽다는 등 참견하기 시작한다. 이래서는 '나무는 보되 숲은 보지 못한다'는 속담처럼 주제를 잡지 못하게 된다. 물론 말하는 사람 쪽에서 말하고 싶은 것이 확실하게 정리되지 않은 경우도 있다.

'도대체 무슨 말을 하는 거야?'

이런 느낌을 주면 일단 상대와의 커뮤니케이션은 실패다.

발표하는 사람 쪽에서는 자신의 의견을 명확하기 위해서 우선 주제를 요약해보는 것이 좋다. 그리고 듣는 사람 쪽에서는 상대가 무엇을 이야기하는지, 무엇을 전달하고자 하는지 주제를 파악하며 들어야 한다. 이런 과정이 없이 성미 급한 사람은 처음부터 손가락을 높이 들고 불평하기도 한다.

"그래서 무슨 말을 하고 싶은 겁니까?"

그러면 무안해진 상대는 역시 불쾌한 어조로 이렇게 말할 것이다.

"그걸 지금 얘기하려고 하잖아요!"

이것은 바람직한 회의 태도라고 볼 수 없다.

제대로 듣고 있다가 그래도 이해하기 어렵다면 표정으로 사인을 보내든지, 질문을 해서 말하는 사람에게 넌지시 눈치를 주면 된다.

회의석상에서 다른 사람의 발표를 들을 때는 다음 사항에 주의하라.

첫째, 처음부터 자잘한 일에 반응하지 말 것.

둘째, 신경 쓰이는 부분이 있어도 일일이 반응하지 말 것.

셋째, 말을 끝까지 들을 것. 도중에 자기 의견을 말하지 말 것.

넷째, 전체적으로 듣고, 무엇을 이야기하는지 생각할 것.

다섯째, 주제를 말로 꺼내어 상대에게 확인할 것.

● 회의 시 리더의 효과적인 말하기

같은 말을 하더라도 일어서서 발표를 하면 앉아서 말할 때보다 훨씬 강력한 파워가 전달되는 효과가 있다. 그래서 소규모 회의에서는 대개 앉아서 하지만, 중대 규모의 회의는 서서 발표하는 것이 상례다.

자세가 어색하거나 부자연스럽지 않고 안정된 목소리로 발표를 하되 다음 사항을 항상 유의해야 한다.

- 다리를 너무 넓게 벌리지 않는다.
- 몸의 체중을 양쪽 다리에 골고루 싣는다.
- 지나치게 딱딱한 자세는 피한다.
- 자세를 갑자기 바꾸지 않는다.
- 뒷짐을 지거나 팔짱을 끼거나 양손을 주머니에 넣지 않는다.
- 옷자락 같은 데를 만지작거리지 않는다.

제자리에 서서 이야기를 할 때는 손이나 팔 정도를 가볍게 움직여주면 내용을 보충하거나 강조할 때 효과적이다. 하지만 이리저리 거닌다든가 자리 위치를 바꾸는 것은 매우 신중하게 하지 않으면 안 된다. 꼭 필요한 경우가 아니면 움직이지 않는 게 좋다. 무의미한 행동은 듣는 사람을 초조하게 만든다. 몸의 움직임을 바꿀 필요가 있는 경우는 다음과 같은 상황이다.

- 말하는 사람이 긴장을 풀고 싶을 때
- 말하는 도중에 여유를 갖고자 할 때
- 특정 대상을 보기 위해
- 이야기 내용이 다음 단계로 옮겨지는 것을 알릴 때
- 듣는 사람의 반응을 불러일으키고자 할 때

❉❉ 상상력이 창조의 힘이 된다

상상력은 발명이나 발견, 기타 모든 창조 활동의 원천이 된다. 따라서 아이디어맨이라면 언제나 상상력이 고갈되지 않도록, 그리고 더욱 풍부해지도록 훈련을 쌓을 필요가 있다. 그런데 상상력을 아이디어와 연결시키기 위해서는 연상이나 공상 및 유추 등 여러 가지 스타일을 연마해야 한다.

아이스 캔디의 밑부분을 얼음으로 만들어 양쪽을 핥아먹을 수 있게 되자 아이들이 더욱 좋아했다는 데서 힌트를 얻은 한 사람이 '아이스크림 속에 얼음조각을 넣어보면 어떨까' 하고 생각했다.

'그렇다면 그냥 얼음조각보다 색깔이 든 얼음조각을 넣는 것이 좋을 것이다. 아예 루비나 사파이어처럼 예쁘게 넣는 편이 더 좋을 것이다.'

그 상품은 크게 히트를 쳤다. 이와 같이 작은 상상력은 곧 커다란 창조의 밑거름이 되는 것이다.

창조력은 비단 발명이나 발견만을 위한 것이 아니다. 우리가 살아가는 일상생활 속에서 언제든지 활발하게 움직여서 활용하여야 할 대상이다. 예컨대 당신이 관리자일 경우, 부하직원들을 효과적으로 지도하고, 그들로 하여금 자발적인 의욕을 갖도록 불을 붙이는 것도 하나의 훌륭한 창조 활동이다. 상식을 넘어서는 지혜, 특정한 상황 아래서 생각해내는 창조적 행위가 인간관계에 활기를 불어넣고 새로운 국면을 만들어주기 때문이다.

업무적인 성과를 향상시키는 것도, 학습 성과를 높이는 것도 뜻밖에 사소한 일상의 행동 속에 중요한 힌트가 숨어 있는 경우가 많다. 그 숨어 있는 것을 발견하고, 창조의 안내자로 활용함으로써 창조력을 체험하고, 그것을 자신의 것으로 만들어나가려는 노력이 필요하다. 상품에 대한 아이디어도 물론 상상력이며 창조이지만, 어떤 상황이나 문제에 대한 해결 능력 또한 창조 활동임을 기억해야 한다. 그러므로 창조의 힘을 아는 사람은 좀 더 지혜롭게 문제를 해결할 수 있고, 누구보다 앞서가는 아이디어맨이 될 수 있다.

창조력은 우선 머릿속에서 무한한 상상력을 키움으로써 가능하다. 창조력은 누구에게나 있는 것이다. 다만 머릿속의 생각들을 현실에 적응시켜보는 노력 여하에 따라 가시화가 되는가 그냥 사장되어버리는가가 다를 뿐이다.

상상력이 풍부하고 창조력이 뛰어난 사람이 다른 사람보다 아이큐가 뛰어나다든가 머리 회전이 빠르다든가, 아니면 남다른 무슨 발상의 기법을 마스터하고 있기 때문이라고 생각한다면 큰 오산이다. 흔히 아이디어맨이라고 불리우는 사람들에게는 조금 남다른 점이 있을 뿐이다. 그것은 다음 몇 가지로 요약해볼 수 있다.

첫째, 그들은 강렬한 문제의식을 갖고 있다. 문제의식이란 어떤 사물이나 문제에 대해 무엇인가를 하지 않으면 안 된다는 의식을 항상 강렬하게 가지고 있다는 것을 의미한다.

둘째, 융통성이 뛰어나다. 고정관념에 사로잡혀 있는 사람은 새로운 아이디어를 생각해내지 못한다. 발명이나 발견의 동기는 보통의 사고를 180도 각도를 바꾸어볼 수 있는 융통성에서 나오는 것이다.

셋째, 상황에 대응하는 지혜가 기민하다. 그들은 많은 사람들이 걸었던 길, 이미 실험이 끝난 문제에 대해서는 흥미가 없다. 사람들이 걸었던 길로만 가면 아무런 위험이 없지만, 그들은 그런 길을 마다하고, 험한 산길을 택하는 용감한 사람들이다.

우리는 보통 이미 결론이 나 있고, 고정되어 있는 사실에 대해 안심하고 안정을 얻고 밸런스를 잡는다. 그러나 이런 상식으로는 시대의 변화나 새로운 사태에 직면하였을 때 효과적으로 대처할 수가 없다. 풍부한 상상력을 가지고 유연하게 대응하는 힘을 길러야 현대사회가 요구하는 창조적인 사람이 될 수 있다는 사실을 기억하라.

리더의 처세훈

양이 갑자기 늑대를 만나자 충격을 받고 기절했다. 늑대는 마침 다른 곳에서 배불리 먹고 오는 참이어서 양이 눈뜨기를 기다렸다. 마침내 양이 정신을 차리자 늑대는 '자기에게 진심에서 우러난 이야기를 세 마디만 해주면 살려주겠다'고 했다. 양은 어차피 죽을 목숨이라고 생각하여 용기를 내어 마음먹은 이야기를 말했다.

"첫째 당신 만나는 것이 싫다. 둘째 만일 운이 나빠 당신을 만난다면 내가 보이지 않았으면 좋겠다. 셋째 평화로운 우리를 죽이는 당신네들이 모두 죽어버렸으면 좋겠다."

그랬더니 늑대는 처음 마음먹었던 대로 양을 살려주었다.

* 솔직한 것이 가장 좋다. 정직만이 적 앞에서도 가장 큰 힘을 발휘한다.

6

핑크
리더십이 뜬다

✱✱남성형 리더는 먹히지 않는다

'바디샵 인터내셔널'의 성공 신화로 유명한 아니타 로딕. 그녀의 성공은 우연이었을까?

"첫째 자기 일에 기쁨과 즐거움을 느껴야 해요. 둘째 모든 애정을 그 일에 쏟아부어야 하죠. 마지막으로 다른 사람들이 가고 있는 길과 정반대 방향의 길을 개척할 수 있어야 합니다."

아니타 로딕의 경영 철학이다.

1973년 3월, 미국에서 자동차 차체 공장을 일컫는 말인 '바디샵'을 피부에 도입, '사람의 피부는 신체의 자체와 같다'는 발상으로 과감히 매장을 오픈한 그녀는 직접 만든 모발 및 피부 제품을 진열해놓고 고객들을 기다렸다. 카카오 기름 크림과 자작나무 껍질 샴푸에 값싼 플라스틱 용기를 사용했고, 고객이 용기를 다시 가져오게 함으로써 리필 아이디어를 고안했다. 그러자 손님들이 줄을 이었다. 최초에는 주당 3백 파운드가 목표였던 매상이 몇 년 사이에 천문학적인 매출을 기록했다. 현재 전 세계 퍼져 있는 바디샵의 가치는 8백만 파운드에 이른다.

"나는 경제학을 공부한 적도, 경영학 세미나에 참석해본 적도 없습니다. 내 인생의 원동력은 정열입니다."

정열과 개척, 이것이 그녀가 성공을 이룬 키워드였다.

남성 중심의 사회의 낡은 패러다임의 시대는 갔다. 수세기 동안 남성우월주의가 지배하던 때는 남성적인 리더십만이 성공의 열쇠로 여겨졌지만, 21세기에는 더 이상 지배군주적인 리더십은 먹혀들지 않는다.

　우리나라에서 1970년대와 1980년대에 최고의 지위에 오른 제1세대 여성들은 성공을 위해 남성적 모델의 경영 방식을 이용했다. 하지만 과거 여성 경영인들이 벤치마킹하여 사업에 성공을 거머쥘 수 있게 해준 이런 방식들은 이제 구시대의 유물이 되고 말았다. 이른바 정보화 시대에서는 그러한 남성적 경영 방식으로는 바람직한 인력 관리가 불가능해진 것이다.

　실제로 미국의 《포춘》지가 선정한 세계 5백대 기업은 아직도 거의가 남성들이 경영하고 있다. 그러나 그들은 이미 남성적인 권위를 탈피하여 과감히 새로운 패러다임을 받아들여 변화하는 시대에 발맞추고 있기 때문에 성공 반열에서 뒤지지 않고 있는 것이다. 흔히 남성적인 특징들로 대표되는 성향, 즉 권위적이며 저돌적이고 공격적이며, 목표를 위해 수단 방법을 가리지 않는 식의 리더십은 이제 부정적으로 바라보는 시각이 지배적이다.

　그렇다면 남성적 리더십의 정체는 무엇일까?

　우선, 엄격한 위계질서를 들 수 있다. '상명하달(上命下達)'의 엄격한 원칙과 수직적인 관료체계가 바로 그것이다. 이런 체계에서는 어떤 정보를 최고경영자가 알기까지 수많은 단계와 과정을 거쳐야 한다. 또 개중에는 정보가 밖으로 새어나가기도 하고, 잘못 왜곡되어 전달되기도 한다. 또 상사는 언제나 어려운 존재이며 무서운 존재로서 부하직원을 엄하게 호통치고, 상벌(賞罰)을 엄중히 가려야 하는 입장에서 일한다.

　두 번째는, 높은 장막 경영이었다. '철의 장막'까지는 아니지만, 회사의 엄격한 지배체제 때문에 정보의 상호교환이 있을 수 없고, 오로지 철통 같은 수비태세로 자신의 회사만을 감싼다. 이러다 보니 외부의 도전이 밀어닥치면 신속하게 대처하는 능력이 떨어지고, 급변하는 변화에 유연성을 발휘하기가 힘이 든다.

세 번째는, 그룹보다 개인 우선주의다. 오늘날에는 팀을 이루어 리더의 리드 아래 팀원들이 하나의 목표를 향해 정보를 공유하며 전체의 협동심을 중시하지만, 과거에는 한 개인에게 의존하는 경향이 짙었다. 그래서 자기 자신이 살기 위해서는 다른 사람을 매도해야 했고, 자신의 승진을 위해서는 순전히 혼자서 실적을 쌓는 수밖에는 달리 길이 없었다. 어떻게든 자신의 가치를 돋보이는 데 혈안이 되어 팀으로서의 가치는 존재할 수가 없었다.

그런데 오늘날 이런 유형의 리더는 실패의 길을 걷는다. 왜 그럴까? 미국 마텔(Mattel)사의 전임 회장인 질 배러드가 전형이라 할 수 있다. 그녀가 회장 직에서 밀려난 것은 바로 이런 낡은 리더십을 갖고 있었기 때문이었다. 세계 최대의 장난감 제조업체인 마텔의 총수로 재직하는 동안 그녀는, 미시적인 경영 방식만을 고수함으로써 중역진과 끊임없이 마찰을 일으켰을 뿐만 아니라 의사소통의 통로를 차단함으로써 측근들로부터 신임을 잃었던 것이다.

질 배러드의 경영 방식은 한마디로 독단적이고 권위주의적이었다. 그녀는 수많은 여성들과 겨루어 마치 전쟁을 방불케 하는 경쟁을 뚫고 마텔 속으로 전력 질주해 들어갔었다. 그때까지는 구시대의 패러다임에 속하는 기술들을 무기로 누구보다 앞서 나갈 수 있었던 것이다. 덕분에 그녀는 승승장구하며 기업을 장난감 업계의 최고 자리에 올려놓았다. 하지만 1977년에 이르자 그녀의 경영 방식은 이미 낡은 걸림돌로 작용하기 시작했다. 빠른 시대의 변화를 일찌감치 간파하지 못했던 것일까? 50만 달러 규모의 회사를 지속적으로 성장시켜야 했던 그녀에게 닥치는 일이란 갈수록 누적되는 적자였다. 이에 놀란 주주들은 최고경영자에게 책임을 물었다. 하지만 그녀는 자신의 잘못을 인정하는 대신, 유능한 간부들을 몰아냈다. 이와 같은 구조 조정에도 불구하고 1998년 바비 인형의 매출은 14퍼센트나 하락했다. 상황은 점점 더 악화되어갔다. 그럴 때마다 그녀는 중역들을 가차없이 해고하는 것으로 악명을 떨쳤다. 자신의 권력을 지키는 데는 성공했을지 몰라도 회사가 처한 곤경을 구해내지는 못했던 것이다.

이제는 권위적이고 독단적인 경영 스타일은 빛을 잃어버렸다. 과거 한때는 세계적인 추세로서 남성들이 전유물이 되기도 했던 이런 방식은 점차 인간적이고 모성적인 리더십으로 바뀌어가고 있다.

✱✳ 매력 있는 악녀가 되라

요즘 많은 사람들이 여자는 '악녀'가 되어야 성공한다고 우스갯소리로 말을 한다. 하지만 그 속뜻에는 사뭇 진지한 의미가 담겨져 있다. 말하자면 여성으로서 성공하기 위해서는 남자 못지않은 투지와 정열, 카리스마가 있어야 한다는 뜻이다. 또한 연약하고 부드러운 여성의 이미지보다는 강력한 리더십의 소유자여야 한다는 뜻이기도

하다.

몇 년 전 우리나라를 뜨겁게 달구었던 '착한 여자 콤플렉스'는 그야말로 이제까지 단아하고 얌전한 여성으로서의 이미지를 지키기 위해 몸부림쳤던 수많은 여성들을 해방시켜주는 하나의 자극제가 되었었다. 이는 시대적 요청이었다. 실제로 우리의 의식구조도 대대적으로 변화되기 시작했다.

이제는 남녀를 불문하고 귀엽고 예쁘기만 한 여자보다는 똑똑하고 자기 주장이 분명한 여성, 당당하고 꿋꿋한 여성이 바람직한 아내요, 애인이요, 엄마여야 한다.

그렇다면 현대판 '악녀'는 어떤 모습일까? 남자의 복장을 하고 남자 못지않은 잔인성과 대담성을 두루 갖춘 여자? 막강한 권력과 지배욕, 야심, 거기에 질투에 불타오르는 살해와 음모?

요즘 사람들이 말하는 악녀란 다음과 같은 특성을 갖춘 여성을 말한다.

첫째, 여성이라는 점에 당당하다.

둘째, 자신의 뜻을 자신 있게 표현한다.

셋째, 남성들과 동등한 사회적 대우를 받고자 한다.

넷째, 자신의 일에 몰두하여 성취하려는 욕구가 강하다.

다섯째, 어머니나 아내로서 양보만 하지 않고 자신의 입장을 당당히 요구한다.

여섯째, 'No'라고 말하는 데 서슴거리지 않는다.

일곱째, 인생의 목표가 가정에 국한되지 않고, 사회적이며 세계적이다.

착하고 순진무구하기만 한 여성의 모습이 아니라, 어딘지 강한 카리스마가 느껴지는 강한 카리스마의 모습이다. 실제로 많은 여성들이 이러한 모습을 갈구하고 있다. 사회적인 추세가 바로 악녀의 시대를 예고하는 것이다.

이제 당신도 악녀가 되도록 해라. 성공은 바로 현대판 악녀다운 모습 속에 있다.

❋❋ 트로피 남편 vs 트로피 아내

트로피 남편(trophy husband)이란 성공한 아내 대신 가사와 육아를 책임지는 남편을 일컫는 용어로 21세기에 탄생된 신조어다. 2000년을 전후해 여성의 사회 진출이 활발해지면서 성공하는 여성들이 많아졌다. 그리고 더불어 성공한 아내를 위해 가사와 육아를 분담하는 남편들이 늘었고, 심지어는 가사와 육아를 전담하는 전업 남편도 생겨났는데, 트로피 남편이란 바로 이러한 남편을 말한다.

이것은 트로피 아내(trophy wife)라는 말에서 유래된 말로, 1980년대 말 미국의 종합 경제지인 《포춘》지가 처음 사용하면서 널리 알려졌다. 트로피 아내란, 성공한 중장년 남성들이 조강지처와 이혼한 뒤 마치 부상(副賞)으로 받는 트로피처럼 얻은 젊고 아리따운 아내를 일컫는 용어였다.

트로피 남편은 아침이면 아내의 기상 시간에 맞추어 아침식사를 준비하고, 출근 준비를 도우며, 저녁에는 퇴근 시간에 맞추어 저녁

식사를 준비한다. 집안 청소와 빨래는 물론 아이의 유치원 등하교를 챙기거나 주말 계획을 짜기도 한다. 최근 리더의 위치에 있는 성공한 여성이 많아지면서 트로피 남편들도 증가하고 있는 추세다.

가사를 도맡거나 상당 부분 분담하고 있거나 하는 트로피 남편을 두었다는 것은 어쩌면 아내로서는 행복한 일일지도 모르겠다. 대부분 여성의 성공을 뒷받침해주기 때문이다. 아마도 트로피 남편의 시조는 가브리엘 샤넬의 남편이 아니었을까 싶다.

'샤넬 No. 5'의 창시자, 가브리엘 샤넬. 그녀는 지금으로부터 약 1백 년 전인 당시로서는 보기 드물게 바쁜 여성이었다.

그녀는 1910년 파리에 여성 모자점을 열고 모자 디자이너로 활동을 시작했는데, 제1차 세계대전 후 의상 디자이너로 본격 전향하여 남성들의 지배체계를 거부하면서 여성으로서의 야망과 자유를 과감히 추구했다. 이는 당시로서는 획기적인 일이 아닐 수 없었다. 전통과 관습에 사로잡힌 사회의 분위기, 여성이라면 틀에 박힌 일만 하고 있던 시대에 그녀의 반란(?)은 가히 혁명적이었다. 한 집안에서는 아내로서의 반란이었으며, 사회적으로는 여성의 반란이었으며, 의류에 있어서는 기존의 억압적인 스타일에 대한 반란이었다. 그녀는 그때까지 귀족들이 즐겨 쓰던 꽃장식이 달린 화려한 모자를 날려버리고, 단순하면서도 독특한 디자인의 모자를 선보였으며, 최초로 핸드백에 줄을 달아 여성들의 양손을 핸드백으로부터 자유롭게 만들었고, '샤넬 라인'이라는 치마 길이로 치렁치렁했던 치마를 싹둑 잘라내었다.

간단하고 입기 편하며 활동적이고 여성미가 넘치는 샤넬 스타일은 많은 여성들에게 해방을 안겨주었으며, 그녀 자신이 일하는 여성으로서의 새로운 모델의 창시가 되었다. 때문에 세계는 단번에 그녀를 주목했다.

그녀는, 여성은 남성을 위해서 아름답게 꾸미는 것이 아니라, 자기 자신을 위해서 아름다워져야 한다는 자신의 신념을 꿋꿋하게 펼쳐나간 장본인이었다.

샤넬은 '코코 샤넬'이라는 애칭을 달고 남성 못지않은 왕성한 사회활동을 하면서 한 여성으로서 화려한 디자이너로서의 활동 자체로 수많은 여성들의 각성에 지대한 영향을 끼쳤다.

20세기 여성들에게 자유를 선사한 수많은 아이템은 바로 누구보다도 여성을 이해하고 사랑한 샤넬의 정신적인 산물임에 틀림없다. 자유를 추구하는 여성, 사랑하는 여성, 사업하는 여성, 끊임없이 움직이는 여성, 못된 관습을 타파하는 여성, 앞서가는 여성 등, 샤넬에 대한 수식어는 쉽게 끝나지 않는다. 이처럼 그녀 자신이 유명한 인물이 된 이유는, 사람들에게 가장 각광받는 디자인이나 브랜드 못지않게 그녀가 살았던 적극적이고 화려했던 여성으로서의 모습 때문이었다.

코코 샤넬, 그녀는 여성도 남성과 대등하다는 것을 온몸으로 보여줌으로써 당시 여성들에게 해방감과 자신감을 안겨주었으며, 자신의 창조적인 모습을 통해 현대적인 프로 여성의 신모델을 이루어냈던 것이다.

트로피 남편과 트로피 아내, 어쩌면 남자와 여자라는 공생(共生) 관계에 이보다 더 잘 어울리는 수식어를 가진 말은 없을 것이다. 당신이라면 트로피 남편을 두고 싶은가, 트로피 아내가 되고 싶은가 한번 생각해보라.

✳✳핑크 리더의 전성기

패션 업계의 핑크 리더, 성주인터내셔널의 CEO인 김성주 사장은 트로피 아내이기보다는 트로피 남편을 택한 여성이다.

많은 여성 CEO들에게서 볼 수 있는 공통된 리더십은 첫째 투명성, 둘째 섬세함, 셋째 강인함, 넷째 독자성, 다섯째 휴머니즘인데, 그중에서도 투명성에 관한 한 김성주 사장만큼 발벗고 나선 리더도 없다.

남성 위주의 한국 기업 환경에서 그녀는 접대 향응 등의 기존 문화를 따르지 않고, 원리 원칙에 입각한 경영을 하는 것으로 정평이 나 있기 때문이다. 예를 들어 건강에도 나쁜 술 접대 대신에 자전거 하이킹이나 콘서트 관람을 제의하거나, 외국인과의 거래 시에는 고궁이나 박물관을 비롯한 전통문화 공간으로 안내했다. 이런 안목은 가히 모성적인 세심한 배려가 아닐 수 없다. 또한 거래처로부터의 '촌지'가 일종의 전통으로 통용되던 업계에서 그녀는 이를 무시하고 '100퍼센트 깨끗한 손'을 고수했다. 결국 면세점 공급 물량 1위로 올라서게 되었고, 이런 투명한 경영이 막스앤스펜서(Marks & Spencer)의 독점권을 따내는 결정적인 이유가 되기도 했다.

당시에 막스앤스펜서사가 한국 내 독점 대리점을 맡길 기업으로 성주인터내셔널을 택한 이유는 첫 번째가 투명성이었고, 두 번째는 업종이 전문화된 회사였다는 점, 그리고 세 번째는 대표가 여성이었다는 점이었다고 한다. 또 미국 WEF(세계경제포럼)에서 선정한 97년 차세대 지도자 100인에 들었던 김성주 사장은 당당히 '글로벌 우먼'으로 지목받고 있다. 그녀가 선정된 이유는, 남성 위주의 한국 기업 환경에서 독자적인 방식으로 승부해 괄목할 만한 성과를 거둔 여성으로 인정되었기 때문이었다.

산업이 발전함에 따라 전문 CEO라면 특정 분야에 대한 전문지식을 갖고 있으면서도 경영 전반을 종합하는 능력을 지녀야 한다. 오늘날 기업에서 가장 중요한 존재는 바로 이 '수퍼 CEO'이다. 기업의 여러 기능을 종합적으로 관찰하는 능력이야말로 급변하는 환경을 헤쳐 나갈 수 있는 무기가 될 수 있기 때문에 이런 능력을 갖추지 못한 최고경영자는 변화가 요구되는 순간에 낙오되기 십상이다.

예를 들어 소비자의 선호도가 바뀌었는데도 옛날 물건이 좋다며 이를 고집하는 엔지니어들이나, 상품이 잘 팔린다고 비싼 금리로 돈을 끌어대다가 결국 부도의 위기를 맞는 마케팅 전문가들에게는 그들이 가지고 있던 전문지식은 오히려 해악으로 작용한다.

그러므로 현대 경영에 있어서 유능한 CEO가 되려면 기본적으로 전문가적인 자격과 기능을 갖추고 경영 전반을 종합적으로 다룰 줄 아는 능력을 키워야 하는 것이다. 그런 점에서 볼 때 김성주 사장은 당당한 여성 전문인으로서의 능력을 전 세계에 전파하고 있는 장본인이라 할 수 있다.

사회 각 분야에서 여풍(女風)이 거세게 몰아닥치고 있다. 이제 전 세계적으로 '여성의 시대'가 도래했다고 해도 과언이 아니다. 여성은 이제 과거의 이미지를 완전히 탈피하여 남성들과 어깨를 나란히 하는 것은 물론, 거기서 더 나아가 남성들을 추월하여 경제, 사회, 문화 등 여러 면에서 두각을 나타내고 있다. 이제까지 세계의 역사는 남성들에 의해 쓰여져 왔다. 또 모든 문명의 발달은 남성들에 의해 이루어진 것처럼 법적 제도적인 장치가 남성우월주의에 맞추어져 짜여 있었다. 하지만 서서히 싹터온 페미니즘 사상은 21세기에 접어들자 급격히 고개를 쳐들었다. 오늘날은 각계각층에서 여성들의 목소리가 높아지고 있는 실정이다. 이제는 단순히 먹고 사는 문제에 국한된 것이 아니라 당당히 인류문명의 주역으로서의 여성의 역할이 크게 강조되고 있는 것이다. 기업도 예외가 아니다. 2005년 통계청에 따르면, 고용주 가운데 여성의 비율이 역사상 처음으로 20퍼센트를 넘어섰다.

적자생존, 약육강식의 정글 법칙이 지배하는 기업세계에서 살아남아 정상에 우뚝 선 여성 최고경영자들이 성공 비결은 무엇일까?

한국여성경제인협회와 MBC가 공동으로 세계 22개국 여성 CEO 124명을 대상으로 실시한 설문조사 결과, 여성 CEO들은 첫째는 새로운 가치혁신을 통한 고객 창출, 즉, 블루오션의 창출을, 둘째는 여성성을 강조한 감성경영을 주요 성공 요인으로 꼽았다.

우선 여성 리더들은 우선 경영 스타일에서 남성과는 다른 면모를 보인다. 전문가들에 따르면, 여성들의 경영 스타일은 권력 공유, 포용, 상담, 의견 일치, 그리고 협동에 바탕을 두고 있는 반면에, 남성들은 직위와 사무실 공간, 높은 임금, 특권에 더 큰 가치를 부여한다.

이런 경영 스타일은 곧 실적과 효율성으로 이어졌다. 즉, 성공 반열에 오른 리더들은 자신들만의 독특한 경영 노하우를 가지고 있는 사람들이었다.

216

미국 《포춘》지가 '세계 100대 기업인'중 하나로 선정한 오길비앤 매더의 CEO 셸리 라자루스의 성공 요인은 세 가지 점에서 특색이 있다.

첫째, 그녀는 사람의 모든 아이디어를 구체화시키고 현실로 드러나게 하는 힘을 보여줬고, 둘째 인터넷 시대에 발맞추어 고객과의 쌍방향 교감을 중시했으며, 셋째 강렬한 브랜드화로 단골고객을 창출하였던 것이다. 이는 권위를 중시하는 남성 리더들과는 다른 경영 전략이라 하겠다.

✱✱발상과 감성의 리더십

또 미국의 프랭땅 백화점 대표인 로랑스 다농은 위기에 빠졌던 백화점을 과감한 발상 전환을 통해 일약 세계에서 가장 경쟁력 있는 백화점으로 부상시킨 장본인으로 남성 리더 못지않은 과감성을 보인 것으로 주목받았다.

그녀는 백화점을 단순히 물건을 사는 거대 유통망이 아니라 소비할 만한 가치가 있는 새로운 공간으로 탈바꿈시키고, 고객을 위한 각종 맞춤형 구매 서비스를 선보이는 데 초점을 맞췄다. 그 결과 유통업계의 변화 바람을 타고 위기에 빠졌던 백화점이 새롭게 거듭날 수 있었던 것이다. 즉, 현재의 상황이 어려울 때는 과감한 발상 전환이 필요하다는 얘기다.

일본의 최대 비즈니스 호텔 업체인 APA의 대표 모토야 후미코의 경우는 남성 경영자들이 대거 포진한 호텔 업계에서 남성들이 갖지 못한 섬세함과 감성을 통해 성공했다. 이 섬세함과 감성이야말로 여성의 최대 무기인 모성애의 속성이며, 남성들이 도저히 따라올 수 없는 절대 힘이라 하겠다.

모토야 사장은 매일 아침 55개의 호텔 중 한 곳으로 출근해 직원들과 함께 일하며 철저하게 관리한다. 청결은 그녀가 가장 우선시하는 서비스였는데, 욕실 욕조에 쪼그리고 앉아 하수구를 들여다보며 변기에 묻은 티끌까지 직접 닦을 정도로 철저하다.

"내 자신이 철저히 하지 않으면 호텔이 깨끗해지지 않고, 손님들에게 인정받지 못한다."

또한 그녀는 주 고객층이 비즈니스맨인 것을 고려, 출장지에서의 외로움을 달래주기 위해 직접 접은 종이학을 객실에 놓아두는 등의 세심한 배려를 잊지 않았다. 그 결과 장기불황 속에서도 큰 호황을 누렸다.

모토야 사장의 경영 전략은 일본 내에서 큰 파장을 불러일으켰고, 기업들은 앞다투어 모토야 사장을 초빙하여 마케팅 기법을 벤치마킹하였다.

"손님들이 자신의 집처럼 편안함을 느낄 수 있도록 친절함과 따뜻함이 있는 그런 경영을 추구할 것입니다."

모토야 사장의 말처럼, 여성 특유의 섬세한 서비스와 고객의 마음을 읽은 감성 경영, 이것이 APA의 성공 요인이었다.

또 영업사원으로 시작해서 10년 만에 중국 최대 에어컨 제조업체 '거리전자' 대표에 오른 둥밍주 사장은 중국 기업계에 뿌리깊은 '검은 거래'를 청산하는 과감한 혁신을 단행했다. 그녀는 사원 아파트 건립, 직원들의 고충 상담 등 사원복에 힘써 직원들로부터 '누나'라는 애칭으로 불리며 업계의 최고를 달리고 있다.

싱가포르 최대 운수업체인 SPAT의 대표 소픽화는 CEO가 된 뒤 가장 먼저 경직된 회사 문화와 서열의 파괴를 단행하였다. 말단 사원에서부터 중역에 이르기까지 참여하는 대규모 회의를 개최하는 등, 직원들에게 확실한 소속감을 부여하는 데 중점을 두었던 것이다. 그 결과 업무 효율성이 크게 증가되었고, 회사의 주가는 70퍼센트 이상이나 상승하는 쾌거를 이루었다. 자애로운 어머니처럼 가장 가려운 곳이 어디인지를 빨리 파악한 것이 경영의 커다란 기폭제가 된 것이다.

"화장품 산업은 과대포장 쓰레기를 양산하며, 특히 여성들에게 거짓과 사기를 일삼아 이뤄질 수 없는 꿈을 파는 악덕 산업이다."

세계적인 화장품 회사를 일군 전설적인 기업인의 입에서 나온 이 말은 마치 강력한 혁명가의 말처럼 강인한 힘이 느껴진다. 그 이름도 유명한 '더바디샵'을 창업자 아니타 로딕의 말이다. 그녀는 네 자녀를 혼자 힘으로 억척같이 키워낸 자신의 어머니를 닮은 억척 여성이다. 지금까지 50여 개국에 2천여 개의 매장을 오픈한 프랜차이즈 '더바디샵'을 이끌면서, 기업인으로서뿐만 아니라 사회운동가로도 커다란 역할을 해내고 있다. 화장품 실험에 더 이상 동물을 이용하지 말자는 운동이나 모든 제품에 AAT(against animal test) 라벨을 부착하자고 주장한 것도 역시 그녀다.

화장품 회사 사장이 왜 이토록 정치적인 인식이나 행동주의를 취하고 있을까? 하지만 '사회적 환경적 변화에 공헌하는 비즈니스'라는

그녀의 경영철학을 안다면 금방 이해가 갈 것이다. 이러한 최소한의
양심이 바로 더바디샵의 커뮤니티 트레이드가 되었다.

한 기업의 대표인 동시에 사회와 환경, 인권 등에도 고루 관심을 가
지는 마인드를 가졌다는 차별화된 그녀만의 마케팅 전략이 그녀를
성공한 기업인으로 기억할 수 있게 해준 것이다.

이와 같은 결과를 놓고 볼 때, 성공한 여성 리더들의 공통된 경영
스타일은 다음 일곱 가지로 집약된다.

1. 유연한 사고
2. 조직 화합적 리더십
3. 감성 경영
4. 소비자의 욕구를 판단하는 능력
5. 미래에 대한 사업 비전
6. 수평적 유대 관계
7. 어머니형 인내

＊ 실패를 성공으로 바꾼 여성의 비밀

세계적인 여성 정치가 마거릿 대처 전 영국 총리는 수많은 찬사를
받았다. 그녀는 돈 많은 데니스 대처와 결혼하고 나서 보수가 턱없이
적은 여성 화학자라는 직업을 미련없이 던져버렸다. 남편은 그녀의
적극적인 경제적 후원자가 되어주었고, 두 차례의 낙선 끝에 그녀는
북런던의 노동자 지구인 핀츨리에서 하원의원으로 당선되었다.

그녀의 나이 서른 다섯에 최초로 내각에 발을 들여놓은 후 고속으로 질주하여 마침내 보수당의 당수로서 영국 총리에 취임했다. 그리고 20세기의 그 어떤 영국 총리보다 오랜 기간 동안 철의 손으로 영국을 통치했다.

독일 잡지 《엠마》는 권력의 정상에선 여성들은 남성들과 똑같이 졸렬하고, 교활하며, 능력은 있으나 지극히 감상적이며, 책임감은 투철하나, 자만심에 사로잡혀 있으며, 냉혹하고, 무비판적이며, 공상에 빠져 있음을 증명한 사례가 바로 마거릿 대처라고 혹평한 바 있다.

로저 월렘슨은 그녀를 가리켜 "베일에 가려진 서재에서 지구의 모든 나라를 통치할 수 있을 사람"이라고 평가했다. 사람들에게서 '철의 여인'이라고 불려졌을 때 그녀는 이렇게 말했다.

"그래요, 강인해질 수밖에 없습니다. 1센티미터만 전진하려 해도 싸워야 했으니까요."

그렇다 싸우지 않고서는 편견과 아무것도 이룰 수 없다.

✳✳ 아무도 가지 않는 길을 간다

"이 시대가 낳은 가장 괴팍하고 천재적인 바보다."

영국의 극작가이자 비평가인 조지 버나드 쇼는, 20세기 초 영국에서 여성의 참정권을 위해 투쟁한 참정권론자의 대표적 인물로 꼽히는 실비아 팽크허스트를 이렇게 평했다. 실제로 그녀는 여성의 해방을 위해 투쟁한 여권운동가이자, 전쟁과 파시즘, 그리고 빈곤에 맞서서 투쟁한 여전사였고, 에티오피아를 침공한 이탈리아에 맞선 과격한 혁명가였다. 또 패트리샤 로메로는 자신의 저서 《한 여성 급진주의자의 초상》에서 그녀를 '카리스마적인 지도자'라고 평했다. 실제로 추앙과 존경을 한 몸에 받았던 팽크허스트에게는 준엄한 카리스마적인 리더십과 타협을 모르는 엄숙주의가 있었다.

순수한 미술학도였던 그녀는 여성을 위해 과감히 자신의 일생을 바치기로 작정한 후 온갖 부조리한 부권 중심의 여성악법에 대항하면서 1년 동안 열 차례의 단식 투쟁을 벌였다. 또 단식 투쟁을 하지 않을 때에는 잠을 자지 않고 대항하였다. 감옥에서는 단식을 막기 위해 간수들이 그녀를 바닥에 눕히고 입에 금속 집게를 물린 후 호스를 집어넣으면서까지 음식을 먹이려 했으나, 그녀는 곧바로 토해내 버렸다. 그 누구도 팽크허스트에게 음식을 먹일 수 없었다.

그녀는 여성들의 생활 조건의 개선과 남자와 동등한 임금, 나아가 빈민과 노동자들을 위한 혜택을 요구하였다.

"생명이 걸려 있다 해도 나는 물러서지 않을 것이다."

그녀는 미국과 루마니아, 러시아 등을 다니며 자신의 신념을 널리 알렸다. 그런 그녀에게는 사생활도 없었다. 그녀는 남편의 경제적인 도움을 원치 않았고, 자기가 쓸 돈은 스스로 벌었으며, 주변에서의 심심찮은 비난에도 아랑곳하지 않고 개혁과 개선을 위해 온몸을 불살랐다.

1935년 이탈리아가 에티오피아로 진군하자, 평화주의자였던 그녀는 격분하여 과격한 여성 혁명가로서 변모했다. 에티오피아 군주는 그녀의 충정과 우정에 보답하여 외국의 여왕들에게나 수여하는 훈장

222

을 수여했으며 그녀가 세상을 떠나자 국장을 지내주었다.

이렇듯 새로운 길을 개척해나간 여성은 또 있다. 오늘날까지 모든 어린이들이 한 번쯤 배웠을 법한 아동교육의 전설, 마리아 몬테소리 역시 그렇다. 그녀는 교육 개혁가로서 매우 중요한 역할을 했다. 몬테소리의 위대한 업적은 아이들을 획일적인 교육의 틀에 가두는 것이 아니라, 진정한 그들의 욕구가 무엇인가를 헤아렸다는 데 있다.

1896년 이탈리아 여성으로서는 최초로 의학박사 학위를 받은 그녀가 베를린에서 열린 세계여성대회에 이탈리아 대표로 참석했을 때, 로마의 한 신문에는 이런 기사가 실렸다.

사람들은 갑자기 저런 여 의사가 수십만이 있으면 얼마나 좋을까 생각하기 시작했다.

당시만 해도 참정권을 외치는 여성들은 거의가 뼈대 굵은 몸매에 엄격한 표정을 짓고서 남자 같은 옷을 입고 다니는 것을 마치 유행처럼 여기던 시절이었다. 하지만 몬테소리는 단아한 차림에 부드러우면서도 당당한 여성의 모습을 보여줌으로써 스타와 같은 주목을 받기도 했었다.

그녀는 주로 소아 정신의학과에서 임상 경험을 쌓았고, 로마의 한 정신병원에서 정신지체 아동들과 접촉하게 되면서부터 점차 아이들에 대해 깊이 생각하는 계기를 맞는다. 어린 시절에 신체와 감각을 훈련시키면 이성은 거기에 따라 저절로 발달된다는 결론을 얻은 그녀는 자연을 학교로 불러들여 학교를 아이들에게 맞는 장소로 만들자는 이념을 창안했고, 1837년 당시로서는 획기적으로 튀링겐에 최초의 유치원을 설립했다. 그의 이러한 이념은 점차 세계 여러 나라에서 대단한 호응을 얻게 되었다. 서른이 채 되지 않은 나이에 그녀는 1898년 투린에서 열린 전국 교육자 대회에서 자신의 생각을 서슴없이 발표하였고, 수많은 갈채를 받았다. 그리고 2년 후에는 로마교육연구소 소장직으로 취임했으며, 이어 1906년에는 '어린이 집'을 운영하게 되었다.

20세기가 되자 비로소 많은 나라들이 교육체제를 개혁하기 시작하였고, 몬테소리의 이념은 전 세계로 뻗어나가 하나의 교육 운동으로 자리잡아 나갔다.

"아이들은 깜짝 놀라 꼼짝도 못했다. 숨도 쉬지 못했다. 정적이 흘렀다. 평소에는 들리지 않던 시계 소리가 들려왔다. 손가락 하나 까딱거리는 사람이 없었다. 아이들은 열심히 정적을 체험했고, 그것을 모방하려 했다."

몬테소리가 자신의 저서 《아동기의 비밀》에서 침묵 연습의 기원을 밝힌 말이다. 그녀는 교육의 가장 중요한 기본 원칙을 '관찰하면서 기다리는 것'이라고 말했다.

어린이 집이 문을 연 지 100년이 지난 오늘날 몬테소리 교육 원리를 사용하지 않는 곳은 거의 없다. 그리고 그녀의 교육이념을 담은 수많은 책들이 아직도 어린아이들의 두뇌를 자극하고 있다.

한편 수잔 베스트팔은 어떤가?

"세상은 거대한 기회의 네트워크다. 나는 거미처럼 네트의 한가운데에 앉아 있다."

독일의 가격 에이전시 대표인 그녀의 말이다. 창업 후 2년 만에 2백만 마르크의 매출을 올렸고, 다시 2년 후에는 4백만 마르크의 매출을 달성한 여성. 그녀는 세계가 주목하고 있는 당당한 커리어 우먼이다.

그녀는, 미래의 기업은 네트워크와도 같은 조직 형태로 나아갈 것이며, 네트워크가 그런 사고방식의 토양이 될 것으로 예측하고서 가격 에이전시라는 획기적인 아이디어를 생각해냈다.

누구나 물건을 싸게 사고 싶은 욕망이 있고, 어떤 물건에 필요 이상의 돈을 지불하고 싶어 하지 않는다는 소비자의 심리를 간파한 그녀는 망설이지 않고 사업에 뛰어들었다.

"눈치 볼 사람 없어도 매일 아침 벌떡 일어날 수 있는지 집요하게 자신에게 물어봐야 해요."

그녀는《성공적인 창업》이란 책을 통해 자신의 성공 요인으로 자신의 분야에 대한 지식과 협동심, 지구력, 커뮤니케이션을 꼽았다. 그리고 자신의 최대 자본은 바로 두뇌와 컴퓨터라고 말했다.

리더의 처세훈

배고픈 여우 한 마리가 포도송이를 따려 했다. 그런데 그것은 나무를 타고 올라간 포도넝쿨에 달려 있었는데 너무 높이 달려 있어서 아무리 애써도 딸 수가 없었다. 그러자 여우는 그 자리를 뜨면서 스스로를 위로하여 중얼거렸다.

"아직 익지도 않은걸, 뭐."

* 많은 사람들은 자신의 능력 부족으로 뜻을 이루지 못할 때 주변 환경을 탓한다. 그러나 진정으로 '내 탓이오'를 할 줄 아는 사람이 진정한 리더라 할 수 있다.

7

인기 있는
리더가 되는 비결

**☀*유머 감각을 키운다

　세종 때의 정승 황희는 명석한 두뇌의 소유자로, 인정에 밝고 시비 곡직을 가리는 명재상으로 유명했다. 하루는 집의 하녀 한 명이 뛰어와 동료 하녀를 지칭하며 이런저런 불평을 마구 해댔다. 황희는 고개를 끄덕이며 '네 말에 일리가 있구나'라고 대꾸를 해주었다.

　잠시 후에 불평의 대상이었던 하녀가 울면서 황희 정승 앞에 엎드려 자기를 불평한 하녀를 욕하며 불평을 늘어놓았다. 그러자 황희는 이번에도 고개를 끄덕이며 '네 말에도 일리가 있구나'라고 대답했다.

　이 모습을 지켜보던 정승 부인이 황희에게 핀잔을 주었다.

　"두 사람 모두 옳다고 하시니 그런 법이 어디 있습니까?"

　"음, 부인 말씀에도 역시 일리가 있습니다그려."

　이야기를 전해 들은 친구가 왜 시시비비를 분명히 가려주지 않았느냐고 물었더니, 황희는 호탕하게 웃으면서 대답했다.

　"그러니까 내가 지금까지 재상 자리를 보존하고 있는 것 아니겠는가!"

　이것은 무엇을 뜻하는가? 황희의 처사는 치우치지 않고 공정함을 꾀하여 어떤 사람의 마음에도 상처를 주지 않는 행동이다. 게다가 거기에는 해학이 들어 있다. 황희는 조선시대 정치의 부조리를 웃어넘긴 것이다. 풍자나 해학이란 바로 유머를 뜻한다. 당시의 명재상들은 이런 유머 감각이 풍부했음을 말해주는 이야기다.

　유머 감각이 뛰어나기로는 현대그룹의 정주영 회장도 정평이 났었다. 그는 어린 시절 농사꾼으로 평생을 보내라는 아버지의 뜻을 도저히 받아들일 수 없어서 무작정 서울을 향했다. 돈도 없이 나룻배에 올라탄 소년 정주영에게 뱃사공은 호되게 야단을 쳤다.

"돈도 없는 놈이 배를 타다니!"

사공은 말이 끝나기 무섭게 그의 뺨을 매섭게 때렸다.

"요놈아, 어떠냐 공짜 좋아한 것이 후회되지?"

그러자 눈물이 쏙 빠질 정도로 아픈 볼을 어루만지며 정주영은 이렇게 말했다.

"네, 후회되네요. 배 한 번 타는 데 뺨 한 대인 줄 알았다면 진작에 탔을 텐데 말이에요."

성공한 사람들은 일단 생각하는 방식이 보통 사람들과는 조금 다르다. 높은 비전을 가지고 있기에 고통을 당해도 힘들게 느끼질 않는다. 뺨이 아픈 것까지는 일반인과 같다. 그러나 성공한 사람들은 그 뺨의 가치를 따져보는 것이다. 아픈 것 이상으로 남는 게 있으면 수지가 좋은 것으로 여기는 것이다. 이것이 바로 프로 기질이요, 성공 마인드인 것이다.

하와이에서 일본 도쿄로 가던 비행기에서 갑자기 안내방송이 흘러나왔다.

"대단히 죄송합니다. 비행기의 제2엔진이 고장나서 부득이 하와이로 되돌아가야 합니다."

비행기 안의 승객들은 모두 불안에 싸여 우왕좌왕했다. 그때 기내에는 미국인과 결혼한 일본 여자와 그들의 딸이 타고 있었다. 그 아이는 일곱 번째 생일을 맞아 일본에 있는 외갓집으로 가던 중이었다. 아이는 매우 안타까워했다. 왜냐하면 하와이로 되돌아가려면 날짜변경

선을 지나야 하는데, 그러면 생일이 없어져 버리기 때문이었다. 그때, 옆자리에서 이 사실을 듣게 된 신사가 일어나 승객들에게 말했다.

"여러분, 여기 탄 한 꼬마의 생일이 없어지게 된다니, 우리 모두 가여운 꼬마를 위해 생일을 축하해줍시다."

이렇게 되어 비행기 안에서 느닷없이 생일 축하 노래가 울려퍼졌고, 모두 불안을 잊은 듯 천진스런 표정으로 노래를 부르게 되었다. 이런 분위기 덕분으로 잠시 비행기 고장에 대한 불안이 사라졌다.

잠시 후, 또 그 신사가 일어서서 말했다.

"여러분, 제가 생각하기에 비행기가 하와이로 되돌아가는 것은 엔진 고장 때문이 아닌 것 같습니다. 아무래도 기장이 설사가 난 것 같습니다. 도쿄에 도착할 때까지는 도저히 참을 수도 없고, 기장으로서 체면도 있고 하니 엔진 고장이라고 핑계를 대고서 되돌아가는 모양입니다."

그러자 폭소가 터져나왔다. 이런 유머 덕분에 승객들은 별 동요 없이 무사히 하와이로 되돌아갈 수가 있었다. 한 사람의 기지가 수많은 사람들에게 죽음에 대한 공포를 덜어주었던 것이다. 이처럼 극한 상황일수록 유머는 더욱 빛을 발한다. 유머는 극장이나 무대에서 감상하는 것이 아니라, 바로 생활인 것이다.

당신의 유머 지수는 어떻게 되는지 아래 사항을 체크해보자. 해당되는 항목이 많을수록 당신은 '유머형 인간'이다.

1. 같은 말도 재미있게 하려고 노력한다.
2. 다른 사람과 이야기하는 것을 즐긴다.

3. 유머로 주변 사람을 기분을 바꾸어준 예가 있다.

4. 유머를 다섯 개 이상 구사할 수 있다.

5. 매스미디어의 유머 코너에 관심이 많다.

6. 남의 실수를 웃음으로 넘긴다.

7. 작은 일에도 가급적 크게 웃는다.

8. 분위기를 띄우기 위해 유머를 적극 활용한다.

9. 최근의 유머 경향을 찾아본다.

10. 웃기는 사람이라는 인상을 주는 일이 싫지 않다.

11. 나의 실수를 유머로 만든다.

12. 적어도 하루에 4~5회 웃는다.

13. 웃음으로 좋은 관계를 맺을 수 있다고 생각한다.

14. 어려울 때일수록 웃어야 한다고 믿는다.

15. 나로 인해 다른 사람이 즐거워하는 것이 즐겁다.

✱✱ 자신이 맡은 일에 소홀함이 없다

제2차 세계대전 중 미국의 루스벨트 대통령이 가장 신임했던 고문관 중에 해리 홉킨스라는 사람이 있었다. 당시 홉킨스는 몇 발자국을 걷는 것도 힘들 만큼 건강이 안 좋았다. 때문에 하루 몇 시간밖에는 일할 수 없었고, 아주 중요한 일 이외에는 맡을 수도 없었다. 웬만한 일들은 모두 다른 사람이 처리해야만 했지만, 그는 자신이 맡은 일에 대해서는 조금도 소홀함이 없도록 빈틈없이 처리해나갔다. 처칠이 그를 가리켜 '문제의 핵심을 파악하는 대가'라고 할 정도로 전쟁을 수행 중인 워싱턴에서 없어서는 안 되는 존재였던 것이다.

한편 미국의 32대 대통령으로 선출된 루스벨트는 미국 역사상 전무후무한 4선의 영예를 얻어냈다. 그 영예의 밑거름에는 그의 탁월한 연설이 큰 힘으로 작용했음은 부인할 수 없다. 루스벨트는 수많은 사람들의 마음을 사로잡을 수 있을 만한 명연설을 하기 위하여 남다른 준비를 했다. 하루는 신문 담당 보좌관이 루스벨트 대통령에게 물었다.

"내일, 모임에서 연설을 해주실 수 있겠느냐고 주최 측으로부터 연락이 왔는데 어떻게 하시겠습니까?"

"내일 모임이라……. 좋아, 하지. 앞으로 20시간이 남았으니까 15분 정도 연설한다고 약속해두게."

루스벨트 대통령은 왜 15분 정도 분량의 연설을 할 수 있다고 했을까? 이는 그 나름대로 근거를 갖고 계산한 것이다. 루스벨트는 연설 원고를 여러 번 손질하기 때문에, 보통 원고 1매를 작성하는 데 1시간 가량 걸렸다. 원고 1매는 그의 연설 속도에 맞추어보면 1분이 걸린다. 15분간 연설하기 위해서는 15매의 원고가 필요하며 앞으로 15시간은 원고를 작성하는 데 사용할 것이라는 것이다. 즉, 이것은 잠을 5시간만 자고 나머지 시간에는 모두 원고를 작성한다는 데에서 나온 계산이었다.

그날 밤, 그는 모든 면회를 사절한 채 밤늦도록 손수 원고를 손질했고 진짜 5시간쯤 잠을 잤다. 다음 날 모임에 참석한 루스벨트 대통령의 연설은 언제나처럼 생동감 넘치는 명연설이었다. 듣는 사람들로 하여금 감동을 불러 일으켰음은 말할 필요도 없다.

234

✳✳신의를 지켜라

신의야말로 인심을 사로잡고, 사람을 움직이게 하는 요체다. 또한 신의야말로 모든 인간관계의 기본이며, 사회적 성공의 절대 조건이다.

쓰러져 가는 크라이슬러 자동차회사를 기적적으로 회생시켜 '현대 미국의 영웅'으로 평가받는 크라이슬러사의 회장 아이아코카가 밀고 나간 '환불 보장'이라는 판매 전략은 지금까지도 하나의 신화로 인정받고 있다.

제조사가 아무리 자기네 회사 제품이 좋다고 광고를 해도 소비자는 순수하게 믿어주지 않는 법이다. 대부분 술수나 과대 광고라고 생각하는 것이다. 그래서 그는 다음과 같은 전략을 세우고, 일반 대중에게 호소했다.

"우리 회사의 자동차를 구입하여 집으로 가져가십시오. 만약, 30일 이내에 당신이 어떠한 이유로든 그 차가 마음에 들지 않아 가지고 오시면 100퍼센트 환불해 드리겠습니다."

그는 1981년에 대대적으로 이러한 광고를 실었다. 그러자 디트로이트의 모든 사람들이 그를 멍청이라고 생각했다. 만약 구입한 소비자들이 단순히 기분만으로 그 차가 싫어졌다고 하면? 그의 아내가 자동차의 색깔이 마음에 들지 않는다고 한다면? 만약 그네들의 염려대로 그런 일이 여기저기서 발생하게 된다면 그들은 환불을 받기 위해서 찾아오는 고객들에 의해 침몰하게 될지도 모를 일이었다. 그러나 놀랍게도 회수된 차는 총 판매 대수의 2퍼센트도 안 됐다.

이 작전이 혁명적인 아이디어였던 것은, 그가 자신이 말한 것을 그대로 실천하고 있다는 것을 고객에게 입증시켰으며, 더불어 사회에 대한 신의를 지켰다는 것을 완벽하게 증명해주었기 때문이다.

✳✳이미지로 기선 잡기

상대방이 결코 만만히 볼 수 없는 위치에 있는 것도 인간관계에서는 매우 중요하다. 타인으로부터 존중감을 받는 기분은 웬만해선 포기하기 힘든 법이다. 그렇다면 타인에게 인정받기 위한 최고의 방법은 무엇일까?

자신과 이야기하는 사람이 명석한 사람이라는 인상을 받게 되면 상대는 나의 말을 훨씬 더 신뢰하게 된다. 즉, 상대의 눈에 지혜로운 사람으로 비춰진다면 상대의 신뢰를 보다 쉽게 얻어낼 수 있다.

명석한 두뇌의 소유자로 보이려면 그런 이미지를 상대의 머리에 심어주면 되는데, 그때 활용할 수 있는 여섯 가지 테크닉이 있다.

첫째, 박식하다고 느끼게 하라.

자신이 잘 모르는 일을 다른 사람이 잘 알고 있으면 한 수 접고 들어가는 심리가 누구에게나 있는데, 이를 이용하는 화술이다. 사람이 한 부문에 두드러지게 우수하면 다른 부문에서도 상당 수준 이상인 것처럼 보인다. 그러기 위해서는 "그렇게 안 보았는데 대단합니다." 라는 탄성이 나올 정도로 그 분야에 대한 집중적인 공부를 해야 한다.

236

골프를 좋아하는 사람에게 전문적인 골프 용어를 써서 이야기하면 금방 대화의 물꼬가 트이는 것도 같은 이치다. 상대의 전문 분야, 또는 상대가 좋아하는 분야에 대한 지식을 사전에 충분히 공부한 연후에 만나는 것이 요령이다.

둘째, 대화를 정리하라.

만약에 의논 상대가 여럿이라면 다른 사람들의 의견을 끝까지 조용히 듣고 의견이 모두 쏟아져 나온 것 같을 때, "그럼, 잠깐 제가 정리해보면 이렇게 되는 거로군요."라고 함으로써 자신의 존재를 강하게 심어주는 것이다.

셋째, 분석력을 보여라.

"이 문제를 분석하는 착안점은 세 가지인데, 그중 하나는……." 하는 식으로 차근차근 분석해나가면, 가닥을 잡지 못하고 있던 상대는 고개를 끄덕이며 당신의 분석력에 감탄할 것이다.

넷째, 재빠른 반응을 보여라.

상대의 이야기를 귀 기울여 들은 다음, 재빨리 이해하고 적절한 말을 곧바로 대응한다. "글쎄요, 저야 뭐……." 하는 식으로 잘 모르겠다는 태도를 보이면 상대는 실컷 이야기했는데 문제 파악도 못했는가 하는 의구심을 갖는다. 이런 태도는 경우에 따라 상대를 화나게 할 수도 있다.

"잘 알 만합니다. 그 점은 저도 다각적으로 검토해보았습니다만……." 하면서 시간을 벌어라. 대답은 분명히 하면서도 의사 표명은 명확하지 않아도 좋다. 그러면 상대는 이해한 것으로 믿고 다음으로 넘어갈 것이다. 그럴 때는 "그럼 이런 방향으로 생각되지 않을까요?"라고 방향 잡는 질문을 던져 한 단계씩 상대의 발언 내용을 이해해나가라.

다섯째, 궁지에서 가치를 보이는 말을 하라.

코너에 몰렸더라도 여유만만한 말로 위기를 탈출한다면, 상대로부터 선망의 눈빛을 받을 것이다.

여섯째, '나는 중요한 존재'라는 인식을 갖게 하라.

미국의 심리학자 윌리엄 제임스는 이렇게 말했다.

"인간이 지닌 욕구 중에서 가장 강한 것은 남의 인정을 받고자 갈망하는 마음이다."

다른 사람으로부터 인정을 받고자 갈망하는 마음이란, 즉 자신이 중요한 존재라고 인식되는 것을 말하며, 이러한 인식은 인간이 일생을 통해서 가장 목마르게 갈망하는 본능이라고 한다. 하기야 다른 사람에게 천대받고 무시당하는 것을 좋아하는 사람이 어디 있겠는가. 아무리 겸손한 사람이라도 이런 본능은 누구나가 가지고 있기 마련이다.

교육이라곤 받아보지 못한 가난한 한 식료품 점원을 분발시켜 전에 그가 50센트로 사두었던 법률책을 짐짝 속에서 꺼내어 공부를 하게 한 원동력은 다름 아닌 자신의 중요감에 대한 욕구의 자각이었다. 그 점원이 바로 링컨이다.

영국의 소설가 디킨스에게 위대한 소설을 쓰게 한 것도, 미국의 대사업가 록펠러에게 평생 써도 다 쓸 수 없는 부(富)를 쌓게 한 것도 모두가 자신이야말로 가장 중요한 존재라는 인식에서 기인한 욕구가 긍정적으로 작용했기 때문이었다.

238

조지 워싱턴은 자기를 '미합중국 대통령 각하'라고 불러주기를 원했다. 콜럼부스도 '해군 대제독, 인도 총독'이라는 칭호를 탐냈다. 러시아의 캐더린 여제는 자기에게 오는 편지 중에서 서두에 '폐하'라고 씌어 있지 않은 것은 거들떠보지도 않았다.

그러므로 상대로 하여금 자신이 매우 중요한 존재로 인정받고 있다고 느끼게 하라. 그것이 최선의 방법이다. 상대가 당신에게 존중받고 있음을 느끼게 되면, 상대는 당신을 두고두고 잊지 못할 것이다.

✱✱ 고수의 화술 포인트

"말은 인간의 감정에 불을 당긴다."

오스트리아의 심리학자 프로이트가 한 말이다.

쉬운 예로, 지하철에서 발을 밟혔을 때 상대가 "미안합니다. 아프시지요. 정말 죄송합니다."라고 나오면, 설령 아파도 "아니요, 괜찮아요."라고 말하게 된다. 아픈 발을 어루만지면서도 상대를 공격하고 싶은 마음이 가라앉는다. 인간관계란 바로 이런 것이다.

사람과 사람 사이에 오고 가는 이야기에는 감정이 개입되어 있다. 단순한 사항의 전달, 업무상의 연락조차도 주고받는 행위를 수반할 때는 반드시 미묘한 심리적 변화가 따르기 마련이다.

이런 사람의 감정은 당신이 사람을 만났을 때 어떤 태도로 임하느냐에 따라 엄청나게 달라진다. 예컨대 당신이 상대에게 마지못해 응대하면 상대도 당신의 그런 낌새를 알아차릴 게 뻔하다. 당신이 성심성의껏 대하면 상대도 당신의 진심을 헤아리게 될 것이다.

처음 만나는 사람이라면 웬만해선 상대에 대한 경계심을 풀지 않기 마련인데, 이것을 바로 무의식적인 저항감이라고 말한다. 누구나 본능적으로 이런 저항감을 가지고 상대를 대한다. 따라서 어떤 사람이든지 당신이 자신에게 이득이 되는지, 해코지가 되는지를 먼저 판단한다. 그렇기 때문에 사람을 만날 때는 언제나 '나는 당신에게 아무런 해도 끼치지 않는다. 당신에게 도움을 주는 사람이다'라는 인상을 심어주는 것이 중요하다.

"알겠습니다."라고 해놓고도 영 행동으로 옮길 기미를 보이지 않는 사람이 있다. 직장에서나 가정에서 이런 상대를 다루기는 쉽지 않은 일이다.

"알겠다고 하지 않았어요?"

"네, 알고는 있습니다."

"알았으면 움직여야 하는 거 아닌가요?"

이쯤 되면 서로 눈인사를 나누는 것조차 거북스러워진다. 성미 급한 직장의 상사라면 화가 나서 펄펄 뛸 수도 있다. 그러나 아무리 애가 타도 이런 태도로는 상대를 움직이게 할 수 없다. 왜 그럴까?

그 이유는 바로 당신의 이야기가 일방적이었거나 강요에 가까웠기 때문이라고 보면 된다. 이 경우, 설사 상대를 이해시켰을지라도 상대는 어쩐지 기분이 내키지 않아 일을 앞에 두고도 마냥 미적지근한 태도를 취하면서, '어디, 내가 하는가 두고 봐라!' 하는 심사로 실행을 미루는 것이다. 인간관계로서도 최악의 상태라고 할 수 있다. 겉으로 드러내지 않을 뿐, 안으로는 상대에 대한 적개심마저 품고 있는 형국이다. 이럴 때는 당신이 어떤 태도로 상대에게 말을 했는가 잘 생각해봐야 한다. 당신이 어떤 태도로 상대에게 말을 했느냐에 따라 상대의 심리적인 반응도 달라진다는 사실을 기억해야 한다.

그러므로 바람직한 인간관계를 원한다면 상대와 이야기를 할 때 처음부터 서로의 의견이 충돌하는 문제를 끄집어내어서는 안 된다. 부드러운 분위기에서도 의견 차이가 나기 마련인데 다짜고짜 반대 의견에 내놓는다면 어떻게 되겠는가? 그러므로 우선 서로의 의견이 일치하는 문제부터 시작해야 한다. 일치점을 계속 강조하면서 이야기를 진행해나가는 것이 요령이다. 서로가 같은 목적을 위해 이야기를 나누고 있다는 사실을 상대에게 이해시키면서, 차이점이라고 하면 고작 그 방법에 있다는 것을 강조하는 것이다.

상대가 일단 'No'라고 말해버리면 그것을 'Yes'로 뒤집기란 여간 어려운 일이 아니다. 일단 'No'라고 말한 이상 그것을 번복한다는 것은 자존심이 허락하지 않기 때문이다. 그래서 화술에 능한 사람은 우선 상대로 하여금 'Yes'라고 말하도록 이끈다. 그러면 놀랍게도 상대의 심리는 긍정적인 방향으로 움직이기 시작한다.

인류 역사상 커다란 변혁을 가져온 아테네의 철학자 소크라테스는 사람을 설득하는 데 있어서도 탁월했다. 그는 상대의 잘못을 지적하는 일은 결코 하지 않았다고 한다. 이것이 바로 소위 말하는 〈소크라테스 식 문답법〉인데, 그것은 상대로부터 'Yes'라는 답을 이끌어내는 것을 주안점으로 삼고 있다.

그 방법은 간단하다. 우선 상대가 'Yes'라고 답하지 않을 수 없는 질문을 던진다. 다음 질문도 역시 'Yes'라고 답하게 하고, 계속해서 'Yes'

를 거듭 되풀이해서 답하도록 유도해나간다. 그러면 마지막에 상대
는 어느 사이에 최초에 부정하고 있었던 문제마저도 'Yes'라고 대답
하고 있는 자신을 발견하게 된다.

기억하라. 말을 잘하는 사람은 항상 상대로부터 'Yes'라는 답을 끌
어내는 데 능숙한 사람을 말한다는 것을……

✱✱충고나 주의를 줄 때 주의 사항

막상 상대에게 충고나 주의를 주어야 하는 경우가 생기면 어떤 방
식으로 말해야 할지 난감할 때가 있다. 예컨대 지각을 했을 때, 보고
나 연락이 늦었을 때, 태도가 좋지 않을 때, 인사를 하지 않을 때, 일
을 깔끔하게 처리하지 못했을 때, 주위가 산만할 때 등등. 충고를 해
야 하는 경우는 많다.

그러나 어떻게 주의를 주느냐에 따라 상대는 제각기 여러 반응을
보인다. 예컨대 평소 신뢰를 주고받던 사람이라면 자신의 잘못을 깨
닫고 곧 시정하겠지만, 그렇지 않은 사람에게는 불평불만이 앞선다.
인간은 이성보다는 감성이 앞서는 존재이기 때문에 아무리 논리 정
연하게 조목조목 반박해서 마침내 아무 말도 할 수 없게 만든다 하더
라도 마음으로부터 반성한 것이 아니라면 상대는 결코 진정으로 당
신의 뜻을 따르지 않게 돼 있다. 그러므로 충고나 주의를 줄 때는 약
간의 요령이 필요하다.

대부분의 사람들은 자존심에 상처를 입으면 아무리 좋은 말이라

242

해도 받아들이지 않는다. 진심으로 충고를 하는 데도 상대가 오히려 화를 낸다면 어렵게 이야기를 꺼낸 쪽에서도 여간 난감한 일이 아닐 수 없다. 이런 경우 대개는 표현 방법에 문제가 있다.

"아무리 해도 그건 안 되는 일이 아닐까?

"자네는 틀렸어. 그렇게 해서는 되지를 않아."

"대체 무슨 생각을 하는 거야! 정신 좀 차리라구!"

이런 말을 던지면 상대는 마치 돌팔매를 맞은 것처럼 참혹한 기분이 된다. 시정을 하겠다고 대답은 해도, 이미 말로써 깊은 상처를 입은 상대의 마음 한구석에서는 거부와 반항의 싹이 솟아오르고 있다.

그러므로 충고를 할 때라 해도 단정적인 어투는 삼가고, 청유형의 문장을 쓰는 게 좋다.

"자네가 열심히 하고 있는 것은 알겠네만, 단지 그것만 주의해주게."

"당신이라면 알 거라 생각되지만, 그렇게 하면 좋은 결과를 기대하기 어렵지 않을까요?"

이처럼 상대를 배려한 충고는 그 사람을 훨씬 더 효과적으로 움직이게 하는 기술이 된다. 그리고 그 사람이 맡고 있는 일에 대해서만큼은 당사자가 최적격의 전문가인 것을 인정해주는 태도가 중요하다.

✱✱ 외면당하는 리더의 특징

외면당하는 리더들에게는 여러 가지 공통점이 있다. 그중에서도 대표적인 것이 말할 때의 태도나 말투 등이 상대방에게 비호감을 일으킨다는 것이다. 그 얼마나 참혹한 평가인가? 당신이 부하직원이나 아랫사람들로부터 비호감을 받고 싶다면 다음과 같이 하면 된다.

속사포가 되라

지나치게 말이 속사포처럼 빠르게 진행되면 여러 가지 문제를 이야기한다. 즉, 듣는 사람으로 하여금 당신이 무슨 말을 하는지 알아듣지 못해서 "잠깐만요, 네?" 하고 되묻는다든가 그냥 포기하고 대충 듣게 만든다. 아무런 반응 없이 지나치기 십상이다. 알아들을 수도 없는 말은 아무리 많이 해도 의미가 없다.

아랫사람들은 내용도 없이 알아듣지도 못할 말만 쏘아대는 리더를 외면한다. 천천히, 차근차근, 내 말을 얼마나 알아듣는지를 살펴가며 신중하게 말해야 한다.

상대의 말을 듣지 마라

말이 빠른 사람들은 대체로 상대의 말을 제대로 듣지 않는 경향이 있다. 예컨대 부하직원들이 스스로 의욕적으로 일하기를 바라는 마음으로 그들을 향해 이러니저러니 마구잡이로 말을 쏟아내는 상사들이 있다. 이들은 자신의 말만 내세울 뿐 부하직원들의 마음이나 말 따위에는 관심이 없다. 결국 존경은커녕 회피의 대상으로 전락되기 쉽다. 사실 무엇을 어떻게 말할지는 나중에 생각해도 괜찮은 문제다. 말하기 전에 우선 상대의 이야기에 귀를 기울이는 것이 매우 중요하다.

목소리를 기차 화통처럼

목소리의 크기 역시 그 사람의 성격을 나타낸다.

필요 이상으로 큰 소리를 내는 사람은 "내 이야기를 들어주세요"라는 주장이 강할 뿐 아니라 "내 의견을 인정받고 싶어"라는 소망이 강한 타입이다. 바꿔 말하면 말하는 내용이나 자신에 대한 평가에 대해서 그다지 자신감이 없기 때문에 목소리의 크기로 어필하려는 심리작용인 것이다. 따라서 언뜻 보면 강한 성격의 소유자로 보이지만, 실은 마음이 약한 사람인 경우도 적지 않다.

또한 목소리의 크기는 감정의 양에도 비례한다. 그러므로 쉽게 큰 목소리를 내는 사람은 능숙하게 감정을 컨트롤하지 못하는 어린아이 같은 성격이라고 볼 수 있다.

시비를 해서라도 우겨라

목소리만 크다고 우겨대는 사람의 시비는 받아줘 봤자 이득 되는 것이 하나도 없다. 설사 당신이 옳을지라도 그 자리에서 옳다고 주장히다가는 관계를 악화시킬 뿐이다.

시비는 자신의 우월감과 중요감을 충족시킬 수 있다. 그러나 상대의 자존심을 여지없이 깎아내리는 행동이다. 따라서 모든 사람에게 미움을 받고 싶거든 언제 어느 자리에서든지 시비를 걸고 찬반 양론의 분분한 의견에서 목청을 높이면 된다.

❋❋ 부드러움이 강함을 이긴다

노자의 〈도덕경〉에 이런 말이 나온다.

"부드러운 것은 강한 것을 이긴다."

누구를 이기려고 하면 이기려고 하는 그 생각에서부터 이미 경직된 사고가 나온다. 이기적으로 계산하고 적대시하고 상대를 눌러버리고 싶다는 욕망은 마음을 부정적인 마인드로 가득 차게 한다.

하지만 신념이 강한 사람은 언제 어디서나, 어느 경우에라도 부드럽기 마련이다. 결코 상대방과 언쟁하는 일도 없다. 언쟁할 필요가 없기 때문이다. 왜냐하면 누가 뭐라든 자신의 의지대로 나아가고자 하는 마음가짐이 마련되어 있기 때문이다. 상대방이 설사 나와 생각이 다르다 해도 그 자체를 인정해줄 수 있는 것이다.

신념이 강한 사람은 우선 여유가 있다. 그래서 매사 조급하게 일을 처리하여 일을 그르치지 않는다. 역사적인 위인들에게는 항상 어떤 일 앞에서도 여유를 잃지 않는 자세를 엿볼 수 있다.

이집트의 나세르 대통령은 부드러움이 강함을 이긴다는 법칙을 누구보다 효율적으로 활용해 나라를 구한 인물이다.

1956년 영국과 프랑스, 이스라엘의 공격을 받았을 때, 나세르는 수에즈 운하를 봉쇄했는데, 이는 상당한 국가적 수입을 잃어버리는 결과를 초래했었다. 그때 그는 상대국들을 향해, 만일 자신을 지원하지 않는다면 이집트는 멸망할 것이고, 그것은 세계 평화에 커다란 재앙이 될 것이라고 선언했다. 그러자 적국이던 이스라엘을 포함하여 전 세계가 그를 지원했다. 자신의 무력함을 선언한 정권에 대해 무력을

246

행사할 나라는 없었던 것이다. 나세르는 대단한 설득력은 없었지만, 이러한 부드러움의 승리를 잘 터득한 사람이었던 것이다.

세계 5대 성인의 한 사람인 마하트마 간디는 여러 면에서 특히 칭송받고 있는데, 그 가운데 그의 여유로운 마음자세는 가히 존경할 만하다.

그가 인도의 여러 지방으로 강연을 다닐 때의 일이다. 하루 종일 바쁜 일정에 쫓기다 보니 어느새 약속된 다른 지방으로 가는 기차 시간이 임박해 있었다. 간디는 수행원들과 함께 급히 역으로 달려갔다. 역에 도착했을 때 열차는 막 출발을 하려고 움직이던 참이었다. 그들은 다행히 기차에 올라타 안도의 한숨을 내쉬었다. 그런데 그때 간디가 외마디소리를 질렀다. 너무 급히 기차에 올라타다가 그의 발이 발코니에 걸리면서 신발 한 짝이 그만 땅에 떨어지고 만 것이다. 수행원들은 차창 밖으로 고개를 내밀며 멀어져가는 신발을 바라볼 수밖에 없었다. 그때였다. 순간 간디는 나머지 한쪽 신발을 재빨리 벗어서 창 밖으로 내던져 버렸다.

"신생님, 아니 맨빌로 다니시렵니까?"

그러자 간디는 미소를 지으며 말했다.

"어느 가난한 사람이 신발 한 짝을 주웠을 때 그는 반드시 주변을 열심히 찾아볼 것이 아니겠소? 만일 아무리 찾아도 다른 한 짝이 없다면 그가 얼마나 상심하겠소?"

이렇게 간디는 항상 자그마한 자선일망정 베풀기를 게을리하지 않았다. 이는 바로 삶의 대한 여유, 그리고 그런 마음가짐에서의 발현이라 하겠다.

****관심 장부를 만들어라**

　사람의 본성 가운데는, 누군가 자신에게 관심을 보인다는 사실 하나만으로도 그 사람에게 관심을 갖게 되는 경향이 있다. 이러한 심리적인 경향은 첫 대면에서 서로의 관계를 보다 원만하게 만드는 데 영향을 미친다. 자신에게 관심을 보여주는 사람에게 호감을 갖는 것은 인지상정이다. 리더는 바로 이 점을 이용할 수 있어야 한다. 관심을 먼저 보임으로써 관심, 더 나아가서는 일의 능률을 높이고 돈독한 인간관계를 형성하는 데 도움을 얻어야 하는 것이다.

　그러면 상대에게 관심을 보이려면 먼저 무엇을 해야 할까? 상대에 관해 사소한 것 하나라도 빠뜨리지 말고 기억했다가 문밖에 나오자마자 재빨리 메모한다. 그리고 관심 장부에 이름별로 기록해두는 습관을 들이면 두고두고 잊어버리지 않고 요긴하게 자료로 쓸 수 있다. 이 장부를 보고 상대의 기념일 등 모든 애경사까지 챙긴다면 상대는 감동받지 않을 수가 없다.

　미국의 정치가 어닐 하원의원이 입후보했을 때의 일이다. 어느 날 야외 강연을 개최하여 막 단상에 오르려는데, 갑자기 한 청년이 앞으로 나서며 인사를 하는 것이었다.

　"선생님, 안녕하세요?"

　그 청년은 어닐과 같은 유력자와도 잘 알고 있다는 것을 과시하기 위해 나섰던 것이다. 그러나 어닐은 청년을 내치지 않고 이렇게 말했다.

　"오, 자네도 왔구먼! 그래, 아버님은 안녕하신가?"

그러자 청년은 더욱 신이 난 표정이었다.

"네, 그런데 그만 작년에……."

"저런! 돌아가셨구먼? 참 건장하셨는데……."

청년은 이런 어닐의 태도에 감복하여 그의 자원봉사자 노릇을 톡톡히 해냈다. 전혀 안면이 없는 청년에게 관심을 보여주었기 때문에 강연회를 무사히 마치는 데 작으나마 도움을 받았던 것이다. 게다가 그 청년은 돌아다니면서 청중들이 어닐에게 호감을 갖도록 하는 분위기 조성에 톡톡한 공헌을 했다.

이렇듯 하찮은 말 한 마디라도 관심을 가지고 듣는다는 것을 보여줌으로써 상대로 하여금 미안한 마음이 갖게 하면 당신은 그를 당신이 원한 방향으로 이끌 수 있다.

상대의 모든 것을 훑어라. 머리부터 발끝까지. 친근한 표정으로 세심한 관심을 보인다면 상대는 의아하면서도 당신에게 호의를 보일 수밖에 없다. 상대에 관한 모든 것을 알고 싶어 하는 것, 이 또한 자칫 어색해지기 쉬운 첫 대면에서 상대에게 어필하기 쉬운 방법이다.

✱✱우월감을 주어라

옛날에 디오니시스 왕의 재상 시모스가 호화스러운 자신의 저택을 자랑하려고 철학자 아리스티포스를 초대했었다. 그런데 시모스의 안내로 집 안을 둘러보던 아리스티포스는 곁에서 득의만만한 표정을 짓고 있던 재상의 얼굴에 침을 뱉었다. 깜짝 놀란 재상이 크게 화를 내자 그는 담담하게 대답했다.

"재상의 집이 너무나도 훌륭하여 침을 뱉고 싶은데, 달리 침 뱉을 곳이 있어야 말이지요."

재상이 큰 집을 지을 수 있었던 것은 백성들이 땀 흘려 일한 덕분이 아니겠는가. 그 사실을 잊고 자신이 훌륭해서 그런 줄 알고 잘난 체하는 것이 적잖이 못마땅했던 철학자는 이런 식으로 불만을 토해낸 것이다.

사람은 누구나 우월감을 느끼고 싶어 하는 욕구가 있다. 때문에 내가 우월감을 느낄 수 있게 해주는 사람을 가까이하게 된다. 하지만 스스로 자랑을 하면 상대방은 좀처럼 인정하려 들지 않거나, 설령 인정한다고 하더라도 억지춘향격의 자괴감에 시달리게 될 것이다.

이렇듯 '나는 위대하다'라고 스스로 자랑할 수 없기 때문에 가령 누가 '당신은 위대합니다!'라고 직접적으로 말해주기를 원한다.

미국의 백만장자들은 리처드 버드 소장의 남극 탐험에 자금을 원조해주는 대신 남극에서 새로운 산맥을 발견하게 되면 자신의 이름을 붙여달라는 조건을 달았다고 한다. 또한 프랑스의 작가 빅토르 위고는 파리를 자신의 이름을 따서 개명시키고 싶어 했으며, 위대한 대문호 셰익스피어도 자신의 이름을 빛내기 위해 막대한 돈을 들여 가문(家紋)을 사들였다. 이와 같이 사람들은 자기 자신이나 자신의 이름을 높이 평가받고 길이 남기고픈 본능을 갖고 있다.

그 사람이 얼마나 대단한 사람이며, 얼마나 존중받아야 하는 사람이며, 얼마나 가치 있는 일을 하고 있는 사람인가를 말해줘라. 그러면 그 사람은 당신을 두고두고 기억할 것이다.

250

자, 이제 오늘부터 만나는 사람마다 이렇게 칭찬해보는 것이다.

"아, 정말 대단하십니다. 정말 훌륭하세요."

그러면 상대방이 으쓱하여 얼굴에 미소가 피어오르는 것을 보게 될 것이다.

훌륭한 리더가 되는 일곱 가지 지침

1. 명령보다 부탁을 하라.

2. 개인보다 팀워크를 우선하라.

3. 실수나 잘못은 곧바로 인정한다.

4. 주변으로부터의 좋은 평판을 이어가라.

5. 자신이 가장 잘할 수 있는 일에 매진하라.

6. 열정과 창의력이 있어야 한다.

7. 항상 웃음과 여유로운 모습을 보여라.

✳✳ 서로를 인정하는 분위기를 만든다

제2차 세계대전 당시, 미국의 루스벨트 대통령은 아침에 일찍 일어나 중요한 업무를 생각하는 경우가 많았다고 한다. 아침에 일찍 일어나면 머리가 맑아 좋은 해결책이 떠오르기 때문이었다. 그러다 적을 공격할 좋은 작전이 떠오르면 영국의 처칠에게 즉시 전화를 걸었다. 미국과 영국의 시차 때문에 런던은 아직 밤중이었고, 처칠은 깊은 잠을 자고 있었다. 그런데 처칠은 새벽잠이 많아 일찍 일어나면 오히려 머리가 멍해지는 타입이었다. 때문에 번번이 루스벨트의 작전은 처칠에게 거부를 당하게 되었다. 반면 밤이 깊어 머리가 맑아진 처칠이 좋은 작전이나 아이디어를 논의하려고 루스벨트에게 전화하면 이번에는 루스벨트가 정신없이 자고 있었다.

세상 사람들은 '두 사람의 신체 리듬이 일치했었더라면 2차 세계대전은 훨씬 일찍 끝났을지 모른다'고 평하기도 했다. 이 두 사람은 신체 리듬뿐 아니라, 서로가 서로를 인정하고 차이점을 잘 융화시키는 방법을 간과했던 것이다.

마음이 넓고 솔직한 사람은 자기의 장점과 단점을 정확히 알고 있을 뿐만 아니라 다른 사람의 장점과 단점도 잘 파악하고 있는 법이다. 그래서 자기에게 없는 장점을 갖고 있는 사람을 인정하고, 자기의 결점을 보완해주도록 솔직하게 부탁한다. 이러한 사람들이 힘을 합칠 때, 놀라운 위력을 발휘하게 되는 것이다.

"난 원래 기술자로 기계광일세. 경리나 영업은 전혀 모르기 때문에 영업이나 자금 운용 같은 것은 당신에게 맡기고 싶네."

일본의 혼다기연 사장이었던 혼다 소이치로가 영업 전문가 후지사와를 전무로 영입하면서 건넨 말이다.

"저는 기계나 기술에 관해서는 아무 것도 모릅니다만, 영업 분야만큼은 경험도 많고 자신도 있습니다. 사장님께 자금 걱정을 시키지 않겠다는 약속은 드릴 수 있습니다."

"그럼, 결정됐군. 잘 부탁하네."

"감사합니다. 잘 해보도록 하겠습니다."

두 사람은 굳은 악수를 나누었고, 이후 혼다는 공장에 파묻혀 기술 개발에 전념하였고, 후지사와는 자금 조달과 판매에 전력을 기울였다. 혼다 사장은 인감까지 후지사와에게 맡겨 놓을 만큼 신임을 아끼지 않았다. 후지사와도 혼다에게 자금 걱정을 시키지 않았다. 두 사람의 신뢰를 바탕으로 세계 제일의 오토바이가 탄생되었던 것이다.

리더의 처세훈

덫에 걸린 까마귀가 살려주기만 한다면 아폴로에게 향을 피워주 겠다고 맹세하였다. 그러나 그 기도가 받아들여져 목숨을 구한 까 마귀는 약속을 새까맣게 잊어버렸다.

얼마 후 까마귀는 다시 잡혔다. 그런데 이번에는 아폴로가 아닌 헤르메스에게 제물을 바치겠다고 맹세하였다. 그러자 헤르메스는 냉정하게 말했다.

"이전의 후원자를 속이고 부인한 너를 내가 믿기를 바라느냐?"

* 사람도 마찬가지다. 은인에게 배은망덕한 사람은 어려운 처지가 되었을 때 아무도 도와주지 않는다.

8

신념 있는 리더가
존경받는다

✱✱신념이 리더십을 만든다

역사적으로 리더십이 강한 사람들을 보면 강직한 신념의 소유자였던 것을 잘 알 수 있다. 영국의 작가로서 1차 세계대전 때 반전론을 펼쳐서 전 세계에 영향력을 행사한 버나드 쇼는 어떻게 해서 사람을 상대로 그렇게 설득력 있는 이야기를 할 수 있게 되었을까?

그는 말하는 기술에 대해서 이렇게 말했다.

"스케이트를 배우는 것과 같은 요령이다. 몇 번을 실패하고 또 실패하여 사람들에게 창피를 당해도 끝까지 연습에 연습을 더하는 것이다."

젊었을 때의 버나드 쇼는 병적일 정도로 소심한 사람이었다고 한다. 사람을 방문할 때도 막상 용기가 나지 않아 문 앞에서 10~20분 가량을 서성거릴 때도 많았다.

"아무것도 아닌데 수줍어서 나 혼자 어려워하고, 나 혼자 부끄러워했습니다. 나 같은 사람도 드물 것입니다."

그러나 매일같이 만나는 사람들을 대상으로 말하는 연습을 반복한 결과, 마침내 세계 수많은 사람들이 그의 화술을 벤치마킹할 정도의 경지에 이르게 된 것이다.

요즘에는 '일만 잘하면 됐지, 말 잘해서 무엇해?' 하는 사람은 거의 없다. 왜냐하면 시대적으로 더욱 자신의 신념을 말로 표현하고, 그것을 다른 사람에게 효율적으로 전달해야 하는 사회적 분위기 속에서 살고 있기 때문이다.

당신이 버나드 쇼처럼 자신의 확고한 신념을 세계 만방에 감동의 어조로 전한다고 가정해보자. 그것이야말로 막강한 리더십을 발현이 아니겠는가!

신념은 설득력 있는 말로써, 또한 영향력 있는 리더십으로 표출할 때 더욱 빛이 날 것이다.

"내가 원하는 일은 반드시 이루어질 것이다."

"나는 반드시 나의 목표를 이루고야 말리라."

"나에게는 그 일을 완수할 힘이 있다."

이렇게 믿고 있다면 당신은 이미 99퍼센트의 성공 확률을 가진 셈이다. 세계적으로 성공한 사람들은 말한다. 내 자신이 할 수 있다는 자신감을 가지고, 마치 목표가 이루어진 듯 마음속에 수도 없이 그려보았다고. 나의 꿈과 희망, 목표를 이루기 위해서는 그 어떤 과정이나 준비보다도 먼저 우선되는 것이 바로 그 일을 해내겠다는 강력한 의지, 곧 마음의 힘인 것이다.

이 신념의 힘에 대해서는 수세기에 걸쳐서 영웅과 위인, 학자와 예술가, 성공한 수많은 갑부들이 증언해왔다. 각계각층에서 성공을 일구어낸 사람들에게서 볼 수 있는 한 가지 공통점은 다름아닌 뚜렷한 신념이었던 것이다. 그들은 흔히 '불굴의 의지'라고 표현하는, 남다른 의지로 자신의 핸디캡이나 불우함을 딛고 누구도 예상하지 못한 성공과 부(富)를 이뤘고, 명예와 존경의 대상이 되었다.

여기서 말하는 그 불굴의 의지, 보통 사람과는 차별화되는 그 의지, 그것이 바로 신념의 힘에서 비롯되는 것이다. 신념이란 곧 사람의 마음속에 있는 잠재의식이요, 어떤 일을 향한 뚜렷한 고정된 하나의 선명한 이미지이기 때문이다. 그래서 그들은 누가 말려도, 말리지 않아도 자기가 향하고자 하는 길을 향해서 망설임 없이 돌진한다. 반드시 꼭 이루어내리라는 자신만의 믿음으로, 흔들리지 않는 자세로써 나아가는 것이다.

보이지는 않지만 언제나 사람의 내면에서 외부로 향한 모든 것을 통제하는 이러한 잠재의식이 바로 신념이며, 이것은 나의 모든 행동력과 창조력, 추진력, 정신력을 좌우한다. 당신은 이런 힘을 동원하고, 활용하고, 적용할 수 있는 기술을 배워야 한다. 그러면 신념의 힘을 구축하고, 불가능이 가능으로 바뀌며 적극적인 삶의 방향을 찾아갈 수 있는 것이다.

신념은 어떤 때는 단 한 마디의 말, 혹은 한두 마디의 대화, 때로는 그에 수반되는 눈짓 등에 의해서도 곧바로 뇌에서 활동을 시작한다. 또 커다란 재난이나 위기 상황이 닥쳤을 경우, 혼자 있든지 남과 함께 있든지, 금방 무슨 행동을 해야만 될 때 즉각 움직여 거의 순간적으로 결단을 내릴 수 있도록 도와주는 잠재의식은 평소 그 사람의 신념의 정도에 따라 크게 다르게 나타난다. 신념은 곧 인생을 살아나가는 데 있어서 어렵고 힘든 좌절이나, 불가능하게 보이는 목표 때문에 좌초되어 있을 때, 또는 병이 들어 내일을 예측할 수 없는 시간을 보내고 있을 때, 성공을 위한 목표 설정에서 빠질 수 없는 것이다.

이런 신념의 힘을 키울 수 있는 구체적인 방법의 하나는 우선 깊이 생각하는 일이다. 여러 가지 착잡하고 모순된 생각들을 자신의 의식에서 모조리 몰아냈을 때 비로소 잠재의식은 활동을 시작하기 때문이다. 또한 잠재의식을 활용하는 가장 유효한 방법은 상상을 활동시켜 자신이 바라는 목표가 마치 실제로 실현된 것처럼 완전한 이미지로 그려서 바라보는 훈련이다.

자신이 지금 바라는 구체적인 희망 사항들을 가장 소망하는 순서대로 번호를 매겨서 적어본다. 그리고 매일같이 그 소망들이 이루어질 것이라는 확신을 갖는다. 반드시 실현될 것이며, 나는 반드시 이루어낼 것이며, 또한 목표가 달성된 후 행복해하는 자신의 모습을 눈앞에서 그려보는 것이다.

신념이란 단지 자신이 그렇게 되리라고, 그렇게 할 수 있다고 생각하기만 하면 된다. 그러므로 너무도 쉬운 방법인 동시에, 그만큼 강력한 순도의 믿음이어야 하기 때문에 불가능한 것처럼 여겨지기도 한다. 그러나 어느 쪽이든 당신이 선택한 방향으로 마음과 목표는 움직이게 되어 있다는 사실을 잊으면 안 된다.

콜로드 브리스톨은 《신념의 마력》이란 자신의 책에서 이렇게 말했다.

〈당신의 배가 암초에 부딪혀 바위가 많은 바다 속으로 휩쓸려 들어갔다고 하자. 그때 이제는 끝이라고 생각하면 당신은 그것으로 끝이다. 그러니 그때 갑자기 살고 싶다는 생각을 한다. 어떻게든 이 난관을 뚫고 나갈 수 있다는 적극적인 용기가 솟았다고 하자. 그러면 당신은 살아나게 된다. 그 느낌은 곧 신념으로 바뀌고, 그 신념과 함께 어디선가 당신을 구하는 힘이 나오게 되는 것이다.〉

신념이란, 사전적 풀이로는 어떤 사상(事象)이나 명제(命題)·언설(言說) 등을 적절한 것으로서, 또는 진실한 것으로서 승인하고 수용하는 심적(心的)인 태도를 말한다. 또 심리학에서는 개인이 접촉하는 세계의 어떤 측면에 대한 감정·지각·인식·평가·동기·행동

경향 등의 종합적이고 지속적인 자세를 '태도'라는 개념으로 생각하는데, 신념은 그 인지적인 요소 및 측면을 형성하는 것을 말한다.

그런데 신념에는 긍정적 의미와 부정적 의미가 있다.

긍정적인 의미에서의 신념은 한 사람이 인생을 성공적이고 행복하고 자신감 넘치게 살아나갈 수 있도록 끊임없는 활력을 안겨주고, 용광로처럼 끓어오르는 열정과 활화산 같은 추진력을 불어넣어 주는 힘 등을 말한다. 반면 부정적인 신념이란 극단적인 예로서 속신(俗信)·미신·편견·고정관념 등으로, 이런 신념은 때로는 객관적 현실을 과장하거나 왜곡 또는 일탈(逸脫)을 야기하기도 한다.

부정적인 신념을 품고 있는 사람은 자기만의 정신세계를 구축하고 자기 혼자만의 생각에 사로잡혀 있다. 따라서 인생과 세계, 그리고 타인을 바라보는 시각까지 결코 일반적이지도, 타협적이지도 못하다. 때문에 부정적인 신념의 소유자는 인생을 살아나가는 데 있어서 자신도 원치 않는 무서운 결과를 초래하고, 마침내 파멸의 길을 걷게 된다. 반면 긍정적인 신념의 힘은 많은 불가능한 것을 가능한 것으로 만들고, 소위 기적이라고 불리는 일들을 가능하게 한다.

한번 생각해보자. 사물이나 사람에 대해, 환경과 상황에 대해, 내가 어떤 마음으로 바라보느냐에 따라 그 결과는 하늘과 땅의 차이를 만든다면, 당신은 어떻게 하겠는가? 물론 당신은 당연히 긍정적인 신념을 원할 것이다. 세상을 밝고 투명하게 바라보는 마음, 인생을 아름답고 즐거운 것이라고 생각하는 마음, 세계를 향해 가슴을 활짝 열고 나아가고픈 마음 등이 긍정적인 신념에서 비롯되는 것이기 때문이다.

260

불행하고 고통과 슬픔 속에서 인생을 살아가고 싶어 하는 사람은 아무도 없다. 그러나 알게 모르게 자신의 인생이 암울하고 그늘진 곳을 향해 끌려가는 것 같다면 당신은 일단 하던 모든 일을 멈추어라. 계속해서 앞으로 나아가는 것은 중요하지 않다. 현재의 방향을 수정하는 것을 첫째 목표로 해야 한다.

눈앞에 펼쳐진 상황이나 어떤 사람, 어떤 결과에 따라 당신이 현재의 위치에 있는 것이라기보다는 이제까지 당신의 마음속에 어떤 신념이 자리잡고 있었는가에 따라 오늘 이 자리의 당신 모습이 있는 것이라고 할 수 있다.

미국의 심리학자 로키치는 신념을 다섯 가지 종류로 분류하였다.

첫째, 완벽한 사회적 일치로 지지하는 근원적인 신념.

둘째, 개인적인 경험에 깊이 뿌리박고 있는 신념.

셋째, 저마다의 권위에 대한 신념.

넷째, 동일시되는 권위에서 나오는 신념.

다섯째, 다소 개인적 취미에 바탕을 두어 다른 신념과의 관련이 희박한 개별적 신념.

조금 어려운 분류로 들릴지도 모르겠지만, 신념이란 단어 자체를 어렵게 생각할 필요는 없다. 쉽게 보자면 '신념'을 '믿음 또는 마음'으로 바꾸어 읽어도 된다. 굳건한 믿음이나 확고한 마음으로 바꾸어보아도 신념이란 말과 얼마든지 상통할 수가 있기 때문이다.

이 책에서는 계속해서 신념이란 단어를 쓰게 될 테지만, 결국 신념이란 내 자신이 성공하는 마음, 내가 행복해지는 마음, 주변 사람을 행복하게 해주는 마음, 웃을 수 있는 마음, 기적을 일으키는 마음인 것이다. 단지 이 모든 것들을 '신념'이란 말로 집약해서 표현하는 것 뿐이다.

신념 있는 리더의 특징

1. 항상 여유가 있다.
2. 상대방에게 호의적이다.
3. 좌절에 굴하지 않는다.
4. 말보다 행동으로 실천한다.
5. 장래 목표가 뚜렷하다.
6. 계획적으로 일을 한다.
7. 무모한 일에 호언장담하지 않는다.

유명한 골프 선수 아놀드 파머는 볼을 치기 전에 볼이 어떤 코스로 날아갈 것인가를 늘 머릿속으로 그려보았다고 한다. 그렇게 하면 볼을 칠 때 신체가 저절로 공이 그 코스를 날 수 있도록 움직였고, 덕분에 실수를 거의 하지 않는다는 것이다. 이것이 바로 신념의 힘이다.

신념은 절대 어려운 말이 아니다. '이것을 실현해야겠다'라고 집중적으로 생각하며 그것을 잠재의식 속에 새겨둠으로써 지금까지 이루지 못했던 일을 이루게 하는 원동력, 그것이 바로 신념이다. 마음속에 늘 '할 수 있다'는 신념을 품고 있다면 자신감과 의욕이 솟구칠

262

것이다.

복싱의 슈퍼스타 무하마드 알리는 시합 전에 언제나 "나는 이긴다. 나는 세계에서 제일 강한 복서다."라고 되뇌었다고 한다. 그가 세계 최강의 복서로서의 지위를 오랫동안 소유할 수 있었던 것은 신념의 힘을 이용했기 때문이었다.

✳✳ 리더에게도 위기는 있다

역사상 위인으로 꼽히는 많은 사람들, 전 세계적인 거부(巨富)로 부러움을 한 몸에 받는 성공자들, 자신의 분야에서 최고봉을 차지한 사람들에겐 분명 남다른 면이 있다. 그들의 한결같은 공통점 중의 하나는 우선 자신의 처지나 환경, 또는 신체적 결함을 뛰어넘었다는 점이다. 그들에게는 불치병이나 장애는 한낱 불편함에 지나지 않았고, 가난이나 불우한 생활은 오히려 성공에 대한 강한 열정과 신념을 품도록 하는 자극제였을 뿐이었다.

영국의 천재 물리학자로서 전 세계 사람들로부터 커다란 존경과 사랑을 한 몸에 받은 스티븐 호킹. 그는 일초일각마다 밀어닥치는 신체의 고통 속에서도 마음속의 깊은 신념을 바탕으로 불가능을 가능으로 이끈 승리자이다. 그가 이룬 블랙홀 연구도 가히 놀라운 업적이었지만, 그가 감동을 주는 것은 무엇보다 온몸의 근육이 차츰 마비되어가는 '루게릭병'의 고통 속에서도 연구와 과학의 대중화에 열정을 불태웠다는 것이다. 그 의지력 때문에 더욱 많은 사람들에게 감동을 주는 것이다.

그는 단어 하나를 말하려 해도 휠체어에 달린 컴퓨터의 자판과 음성합성기를 이용해야 한다. 그런 그에게 밑천이란 연필과 종이가 전부였다. 누구보다 우주의 깊숙한 비밀을 들여다보았지만 그가 망원경을 집어든 적은 거의 없다. 그는 손가락 하나 까딱 하기 힘든 상황에서 모든 작업을 머리만으로 마쳐야 했다. 그는 종종 수십 페이지짜리 수학공식을 머릿속에서 정리해 구술(口述)하곤 했다고 한다. 마치 모차르트가 머릿속으로만 교향곡을 작곡하는 것과 같았다. 박사 과정 중에 병이 더욱 깊어져서 걷고 말하고 움직이는 일조차 어려웠지만, 그는 죽음의 그림자를 떨쳐버리기라도 하듯 연구에 몰두하여 마침내 32살 때 영국 학술원의 최연소 회원이 되는 명예를 안았다.

이런 사람을 우리는 흔히 천재라고 부르기도 하지만, 그는 결코 천재로 태어난 것이 아니다. 장애를 안고 눈물과 한숨으로 인생을 포기할 수도 있는 환경에서 그는 결코 포기하지 않고 앞으로 나아갔다. 이것이 우리가 그에게서 배워야 할 점이다. 눈으로 보이는 현실적인 문제가 아니라 도저히 인간의 힘으로는 어찌해 볼 수 없는 문제일 때에도 인간에게는 그것을 극복해낼 수 있는 힘이 잠재해 있음을 호킹은 우리에게 온몸으로 말해주고 있다.

흔히 인생을 자기 자신과의 싸움이라고 말한다. 살아가면서 정말 중요하고 힘든 일은 자기 자신의 마음속에 있기 마련이다. 온몸이 멀쩡하면서도 무사안일하고 아무 의미 없는 시간을 보내는 사람이라면 이제라도 인생을 한번 진지하게 생각해보아야 할 때다.

페테르부르크의 한 처형장에서 20여 명의 청년들이 사형 집행을 기다리고 있었다. 이들은 페트라셰프스키 회원으로, 당시 차르 체제에 반항하여 혁명을 모의했었다. 교수대 위의 검찰관이 판결문을 낭독하고, 뒤따라 십자가를 손에 든 사제가 검찰관을 대신하여 참회를 권유하였다. 참회한 사람은 단 한 사람뿐, 나머지는 십자가에 키스만 하였다.

앞의 세 사람이 먼저 수의를 입고 눈을 가린 후 십자가 말뚝에 매어졌다. 도스토예프스키는 뒤에서 차례를 기다리고 있었다. 장교에게 인솔된 1소대의 병력이 한 줄로 늘어서 십자가를 향해 일제히 총을 겨누고 있었다. 바로 그때, 장교가 흰 손수건을 높이 쳐들었다. 갑자기 처형이 중단되었고, 죄인들은 풀려났다. 황제의 자비령에 따라 도스토예프스키에게는 4년간을 일개 병졸로서 시베리아에 근무해야 한다는 언도가 내려졌다.

도스토예프스키는 교수대 위에 직접 올라가지는 않았다. 하지만 죽음을 바로 목전에 두었던 충격은 그에게 어두운 그림자를 드리웠다. 그 후 시베리아에서의 생활은 사형 집행을 기다리는 순간에 못지않은 괴로운 시간의 연속이었다. 물질적인 곤궁, 신경 발작, 류머티즘, 위장병 등의 질병, 그리고 인간에 대한 그리움에 시달렸다. 훗날 그는 이때의 상황을 "글로써는 표현할 수 없는 끝없는 괴로움"이라고 표현하였다.

그럼에도 불구하고 도스토예프스키는 이 고난의 시간 속에서 인간의 내면에 잠재한 깊은 모순을 통찰하는 귀중한 체험을 했고, 위대한 작품으로 승화시켰다. 그는 유형 생활을 통해 영원히 풀리지 않는 모순, 즉 사랑과 미움, 선과 악, 신앙과 욕망의 대립을 발견하였던 것이다.

　어떤 어려움이나 고난을 당했을 때, 거기서 좌절하고 낙담한 나머지 현실에 순응은 할지라도 미래에 대한 희망적인 목표를 상실해서는 안 된다. 그저 습관적으로 하루를 살아가며, 내일에 대한 아무런 계획조차 꿈꾸지 않아서는 안 된다. 위대한 사람들은 그런 때의 경험을 소중히 여겼고, 마음속의 굳은 신념으로 어려움을 이겨냈으며, 그것을 또다른 약진의 발판으로 삼았다.

　발명왕 에디슨 역시 수를 헤아릴 수 없을 만큼 무수한 실패를 통해 위대한 발명가가 되었다.

　그가 백열등의 필라멘트를 발명할 때 이런 일이 있었다. 자꾸만 연구에서 실패를 거듭하자 어느 날 조수가 에디슨에게 탄식했다.

　"선생님, 필라멘트를 발명하려고 벌써 90가지의 재료로 실험을 해보았지만 모두 실패했습니다. 결국 필라멘트를 발명한다는 것은 불가능한 일인 것 같습니다. 그만 중지하는 것이 어떻겠습니까?"

　그러나 에디슨은 이렇게 말했다.

　"무슨 소리야? 자네는 그것을 왜 실패로 생각하나? 이봐, 우린 실패한 게 아니라네. 안 되는 재료를 무려 90가지나 알아낸 거지."

　이렇게 해서 연구를 시작한 지 13개월째 되던 날, 드디어 2,400번째 실험에서 마침내 전류를 통해도 타지 않는 필라멘트를 발명하는데 성공하게 되었다. 그러니까 조수가 불평을 한 뒤에도 무려 2,310번이나 더 실패를 거듭한 후에 이룩한 일이다.

　안 되는 일에 대해서도 한 마디 조크를 날릴 수 있는 마음의 여유, 그리고 끊임없이 반복되는 실패에서도 좌절하지 않고 포기하지 않으며 꾸준히 자신의 신념을 믿었다는 것, 이것이 그를 수세기에 걸친 위대한 발명가로 만든 요인이라 하겠다.

세계적인 위인이나 명사(名士), 부자들을 통틀어 보아도 그들 가운데 신체적으로나 환경적으로 아무런 장애 없이 살았던 사람은 거의 없다. 반면, 시련을 신념으로 북돋아 성공으로 이끈 예는 아주 많이 있다.

영국의 희극배우 찰리 채플린은 학교 근처에도 가보지 못한 빈민가의 부랑아였으며, 위대한 철학자 루소는 도둑질을 해가며 입에 풀칠을 해야만 하는 가난뱅이였다. 또 학교라고는 1년밖에 다니지 못한 링컨 대통령이지만 오늘날 모르는 사람은 없지 않은가.

물론 부유한 집안에서 태어났으면서도 쉽게 성공의 길로 가지 못하고 숱한 방황과 고통 속에서 살아야 했던 사람도 있다. 〈검은 고양이〉의 저자 에드거 앨런 포우가 그런 사람이었다. 그는 풍요함에도 불구하고 성인이 된 후 술에 빠져 살면서 떠돌이 생활을 일삼았으며 결혼 후에는 가난에 허덕였다. 그러나 마지막 혼신의 힘으로 자신을 일으켜세웠고, 그는 마침내 수많은 명작(名作)을 남겼다.

반면 미국의 천재 야구 선수라고 일컫는 베이브 루스는 가난한 술집 아들로 태어나 부모의 무관심 속에 말썽만 피우던 불량소년이었다. 그러나 자신에게 맞는 분야를 찾아내어 피눈물나는 노력을 거듭한 결과, 자신이 가르킨 방향으로 홈런을 날리는 희대의 홈런왕이 되었다. 뉴욕 양키즈 팀의 홈런 타자로 통산 714개의 홈런을 쳐 '베이브 루스 신화'를 창조한 성공을 이룬 것이다.

또 인도의 민족운동 지도자로서 평화주의자로 추앙받는 마하트마 간디는 그 누구보다 인간적인 시련이 많았던 사람이다. 그에게는 비단 지도자로서의 시름만이 아니라 자신이 택한 종교의 내부적인 문제도 안고 있었던 것이다.

그는 서른일곱 살 때 힌두교의 서약을 하고 정치 및 종교지도자로 전 생애를 바친 인물이지만, 그 이면에는 인간적인 본능과 싸워 이겨내야 하는 고통이 기다리고 있었다. 실제로 힌두교도의 풍습에 따라 열네 살에 결혼했지만 술과 여자, 육식을 금한다는 서약 때문에 부인과 잠자리를 같이 하지 않았다.

물론 그가 금욕 생활을 결심하게 된 것은 단순한 서약 때문이 아니라, 금욕만이 윤리적으로 산아제한을 할 수 있는 유일한 수단이라 믿었기 때문이었다. 당시 인도는 폭발적인 인구 증가로 식량 문제가 심각하게 대두되고 있었던 것이다. 이렇게 그는 금욕 생활을 하면서 모든 정력을 독립운동과 봉사활동에 바쳤다. 그러면서 자신의 금욕을 시험하기 위해 발가벗은 알몸의 여인들과 침실에 들어가기도 했다.

오로지 자신의 신념대로 행동하기 위해 자신의 내부에서 밀어닥치는 유혹과 시련을 물리친다는 것은 외부의 그 어떤 강력한 도전보다 힘들 때가 많다. 그럼에도 불구하고 자신의 확고한 마음자세로 이겨낸 사람만이 위대한 사람으로 칭송받는 것이다.

우리나라에도 불굴의 의지와 신념으로 위대한 업적을 남긴 사람들도 적지 않다.

다윈의 진화론에 버금가는 학설이라고 칭송하는 '종의 합성'을 발견한 우장춘 박사는 일본의 고아원에서 자라며 온갖 차별과 학대 속에 성장하였지만, "길가의 민들레꽃은 밟혀도 핀다"라는 격언을 외치며 모든 어려움을 이겨냈다. 그리고 마침내 고국으로 돌아와 '씨 없는 수박'을 성공시켜 세계 농학 발전에 한 획을 그었다.

현재 우리가 자라면서 알게 되는 훌륭한 인물들을 거론하자면 단 한 사람도 어려움을 극복하지 않은 사람은 없다. 현실은 곧 어려움의 연속이라고 보면 된다.

우리의 마음은 마치 아메바와 같아서 기쁨의 그릇에 담으면 기쁨이 되고, 포기의 그릇에 담으면 그대로 포기가 된다. 내가 어떤 그릇에 담을지 오직 내 마음자세에 달린 것이다. 결론적으로 말해서 시련은 곧 위인을 만드는 비결이다. 그 시련을 내가 어떻게 받아들이고, 어떤 마음자세로 이겨내는가가 문제일 뿐이다. 기쁨의 그릇에 담고자 하는 마음으로 기쁨의 그릇에 담았을 때는 인생이 기쁨이 되는 것이다.

어느 추운 겨울이었다. 한 남자가 어깨를 축 늘어뜨리고 뉴욕의 뒷골목을 걷고 있었다. 그는 사업에 실패하고 빈털터리가 되어버린 사람이었다. 그의 주머니 속에는 수면제로 가득 찬 약병이 하나 들어 있었다. 비참할 정도의 패배감을 견디지 못한 그가 자살을 결심한 것이었다.

사람이 드문 한적한 골목을 찾아다니던 그는 갑자기 걸음을 멈췄다. 두 다리가 없는 사람이 이마의 땀을 닦으며 환하게 웃으며 지나가고 있었다. 남자는 왠지 모르게 가슴이 찡했다. 많은 사람들의 동정어린 시선과는 달리 환하게 웃어 보이던 그 사람의 모습이 잊혀지지 않았다.

그 남자는 그때서야 비로소 자신의 처지가 그렇게 비참하고 절망적인 것은 아니라는 것을 깨달았다. 그는 곧 주머니 속에 들어 있던 약병을 꺼내 쓰레기통에 버렸다. 그리고 그때부터 더욱 마음을 굳히고 열심히 일했고, 마침내는 세계 제일의 갑부가 되었다.

그가 바로 데일 카네기다. 꿋꿋한 신념으로 시종일관 밝은 자세를 유지하여 모든 사람들에게 자신의 처세론과 인생론 등을 강의하였던 그도 이런 시련을 딛고 일어선 것이었다.

미국 캔사스 시에서 참사가 일어난 적이 있었다. 하이야트 리젠시 호텔의 마천루가 무너져 133명의 사상자를 내었던 것이다.

그런데 참사의 후유증을 조사하는 과정에서 두 명을 제외한 생존자 전원이 그 사고로 인해 상당한 고통을 겪고 있는 것으로 밝혀졌다. 그 증상은 그 재해를 반복해서 연상한다든가, 같은 꿈과 악몽을 되풀이하는 것이라든가, 소음에 대한 과민반응, 머리 위의 물체에 대한 근심, 분노, 죄책감 등이었다. 그로인해 생존자들은 식욕을 상실했고, 주의집중이 어려워졌으며, 불면증과 피로 등의 증상으로 고통을 겪고 있었다. 이런 증상들 중 대부분이 1년 후쯤에는 사라졌지만, 다른 일부 슬픔의 '잔여분'은 계속 남아 있었다.

거대한 철제와 콘크리트 구조물이 땅에 떨어질 때 남편과 두 명의 친구를 잃은 어떤 부인은 작은 소음에도 깜짝깜짝 놀라는 증세를 보였을 뿐만 아니라 발코니에 서 있다가 미친 듯이 건물 안으로 뛰어들어가기도 했다.

그런데 극도의 긴장이나 위기가 극복된 경우라도 사람에 따라 다양한 반응을 보이기도 한다.

전투기의 승무원은 완벽한 규율에 따라 움직인다. 그러나 일단 지상에 착륙하면, 긴장이 갑자기 풀리면서 어떤 사람들은 신경질적이고 난폭해지는가 하면, 어떤 사람들은 조용하고 의기소침해진다고 한다. 군인들도 마찬가지다. 적군의 수용소에 오래 감금되어 있을 때 그들은 극한의 조건에서도 높은 군기(軍紀)를 지탱한다. 그러나 일단 제대를 하면 그간의 선의는 사라지고 불신과 심지어 배신과 비난의 화살을 동료들에게 쏘아댄다. 그것은 각기 나름대로 과거의 고난에 맞서 이겨내려는 투쟁의 과정으로 볼 수 있다. 이런 경우 때때로 불행하게도 옛 친구를 희생시키는 대가를 치르기도 한다.

대부분의 피해자들은 몇 시간 만에, 며칠 만에, 심지어 몇 개월 만에 그들의 삶에 다시 질서를 부여하려고 투쟁한다. 심리적 보금자리에 토대를 다시 세우려고 노력하는 것이다. 그들은 이것저것 결심을 세우고. 맡은 바 책임에 충실하고, 미래에 대한 계획을 설계하기도 한다. 그러나 이것이 과연 완벽한 부활일까? 하지만 심리학자 지그문트 프로이트의 말처럼 '슬픔의 잔재'는 마음속에 그대로 남아 있기 쉽다.

여기에 한 가지 열쇠가 있다. 슬픔을 이겨내는 사람은 신념의 힘이 남달랐던 것이다. 반면 오랫동안 슬픔의 잔재를 간직하고 인생을 우울하고 병약하게 살아가는 사람은 그에 비해 신념이 부족했다고 할 수 있다.

기억하자. 어떤 슬픔과 고난 속에서도 자신의 마음자세를 어떻게 하느냐에 따라 상황이 달라진다는 것을 말이다.

✴✴플라세보 효과, 노세보 효과

　어려운 고비를 쉽게 넘기고, 영광스러운 성공의 저편 언덕에 무난히 도달할 수 있는 좋은 방법은 없을까? 만일 그런 방법이 있어서 그것을 손쉽게 터득하고 실제로 응용할 수 있다면 얼마나 좋을까? 그 방법이란 것이 일종의 동력이라도 좋고, 사람의 능력을 촉진하는 박력이라도 좋고, 혹은 과학의 어떤 힘이라도 좋다.

　아마도 많은 사람들이 이런 생각을 자주 해보았을 것이다. 왜냐하면 인생을 무난하게 잘 살아나가기란 그리 만만치 않은 일이며, 게다가 다른 사람보다 훌륭한 삶을 살기란 더욱 힘든 일이기 때문이다.

　가만히 자신의 생김대로, 심지어는 태어난 운명이겠거니 하고 아무런 대책 없이 무방비로 살아가는 사람도 흔히 볼 수 있다. 그러나 잘 생각해보자. 흔히 한 번뿐인 인생이라고 말하는데, 정말 단 한 번뿐이며 두 번 다시 돌아오지 않을 소중한 인생을 아무 재미 없이 매일같이 반복되는 지루한 일상 속에서 흘려 보내고 있다고 말이다. 어쩌면 너무 지루하고 재미가 없어서 죽고 싶다고 생각할지도 모른다.

　모든 사람들에게는 근본적으로 잘살고 싶은 욕망, 즉 성공하고 돈도 많이 벌고 즐겁고 행복하게 살고 싶은 마음이 있다. 그런데 정작 이 본능을 현실로 이루어서 누구나가 원하는 안락하고 만족감 있는 인생을 사는 사람들은 그다지 많지 않다. 대부분 현실에 안주한 채 그저 하루하루를 숨 쉬고 있을 뿐이다. 성공적인 삶을 이루는 사람들, 반면에 어두운 그림자 속에서 삶의 이정표를 찾지 못하고 방황하는 사람들, 이 둘 사이에는 분명히 차이점이 존재한다.

272

지금부터 당신이 반드시 기억해야 할 점은 현실적인 조건이나 당신의 핸디캡 또는 조상이나 환경에 휘둘리지 않고, 당신 스스로 조정할 수 있는 힘을 끌어낸다면 당신도 모든 사람들이 부러워하는 그런 안락하고 신나는 인생을 살게 되리라는 점이다.

　인간의 정신은 일단 손상되었다 해도 다시 그 자체를 재생시키는 데 놀라운 힘을 발휘한다. '쓰나미'가 불어닥쳐 온 세계를 놀라게 했을 때, 대부분의 주민들은 마을을 초토화시키고 수많은 가옥과 인명이 자취도 없이 쓸려간 폐허에서 피해를 조사하고 복구사업을 시작했다. 전문가들은 태풍이 휩쓸고 지나간 지 몇 시간 이내에 동력톱 소리가 들린다고 말한다. 동력톱을 움직이는 소리 자체가 바로 긍정의 행위인 것이다. 사실상 사람들은 말할 것이다. 태풍으로 인한 그 잔해를 남겨둘 수는 없다고 말이다. 그리고 부러진 나무들이나 느슨해진 지붕 등이 말끔히 정리된 후 몸과 마음은 고달프더라도 질서가 회복된 것을 기쁘게 생각한다.

　때때로 질서를 회복시키려는 의지는 순전히 필요성에 의한 것이다. 직업을 잃은 부모가 사치스럽게 컵 선반이 비어 있는 것을 생각하지는 않는다. 그것은 전선이 집 위에 위태롭게 걸려 있는 태풍의 피해자도 마찬가지다. 다행스럽게도 대부분의 사람들은 고통을 당한 지 수주일 만에 다시 자기 할 일을 할 수 있게 된다. 그리고 그들은 어느 정도는 기꺼이 자신들의 책임을 수행해나간다.

　미국 36대 대통령 린든 존슨이 사망하자 미망인이 미소를 지으며 고객들을 맞이하는 것을 본 기자가 '경탄을 금치 못하겠다'는 내용으로 기사를 쓴 일이 있었다. 이에 존슨 부인은 이렇게 말했다.

"슬픔은 일종의 마취 효과를 지니고 있어요. 어느 때에는 슬픈 일이 무언지도 잊어버리게 되죠."

이렇듯 슬픔은 그 자체가 마취 효과를 지닌다. 그것은 결단을 내리고, 맡은 바를 하게 하며, 계속 삶을 이어나가게 해준다.

영국의 저명한 의학자 알렉산더 캐넌 박사가 마음의 개념에 대해 밝힌 저술은 전 세계적으로 논쟁의 초점이 되었다. 캐논 박사는 자신의 저서를 통해 이렇게 말했다.

"게는 다리가 잘려 나가면 다시 길러내는데, 사람이라고 해서 잃어버린 다리를 다시 기를 수 없으란 법이 없다. 다만 그것이 현실화되지 않는 이유는 불가능한 일이라고 생각하기 때문이다. 만일 그런 생각을 깨끗이 제거해버린다면 다리가 생겨나올지도 모른다."

만일 잠재의식의 깊은 밑바닥에 자리 잡고 있는 고정관념을 과감히 없애버린다면 게가 다리를 재생시키듯이 사람도 다리를 재생시킬 수 있다는 말이다. 이 말은 처음에는 너무나 터무니없이 들릴지도 모른다. 그러나 이런 일이 전혀 불가능하리라고 누가 감히 장담할 수 있겠는가? 과학은 인류가 상상하는 이상의 속도로 발전해나가고 있다. 10년 전에는 상상조차 못했던 의학기술이나 불과 5년 전만 하더라도 있을 수 없었던 과학기술의 발표 등을 미루어본다면, 우리는 앞으로 어떤 일이 탄생되고 발명될지 아무도 예측할 수 없는 것이 아니겠는가.

그 뒤 캐나다의 명의사인 F. 칼즈 박사는 '암시를 활용하면 전염성 바이러스균에 의해 생기는 혹사마귀도 낫는다'고 발표하였다.

"세계 각국에서 혹사마귀를 떼는 여러 가지 마술이 행해지고 있다.

예컨대 거미줄을 잡아매는 방법, 초생달이 돋을 때 두꺼비알을 네거리 흙 속에 파묻는 일 등 모든 마술적인 방법이 효과가 있는 것은 환자가 그 효과를 모두 믿기 때문이다."

그밖에도 그는 피부병을 신비의 힘으로 치료한 자신의 경험담을 이렇게 소개하였다.

"나는 다른 의사들이 시험하지 않은 유지약제를 발라주고, 환자가 희망을 가질 수 있는 말을 들려주어 난치의 피부병을 고친 일이 많다. 방사선 요법을 쓰다가 전기 스위치가 고장났을 때 할 수 없이 암시의 힘을 이용했는데, 놀랍게도 거뜬히 나았다."

칼즈 박사의 실험에 의하면, 신념의 위력은 대단해서 실제로 사마귀를 떼어내고, 난치병을 완치하는 데 있어서도 그 어느 치료보다 신비한 마력을 발휘해냈다. 즉, 병의 완치는 환자의 마음가짐에 달렸다는 이야기다.

그래서 최신 의학에서는 이와 관련한 '플라세보 효과'를 환자들에게 전적으로 활용하고 있다. 플라세보(Placebo) 효과란 피그말리온 효과라고도 하는데, 이것은 어떤 약 속에 특정한 유효 성분이 들어 있는 것처럼 위장하여 환자에게 투여하는 방법이다. 그러면 환자는 그 약에 실제로 자신의 병에 유효한 성분이 들어 있는 것으로 믿고(사실은 밀가루나 찹쌀가루처럼 아무런 약효과 없는 것인데), 그로써 불치의 병이 완치되는 것을 말한다. 즉, 사람의 심리만으로 의학적 치료를 하는 것이다.

여러 사형수들의 눈을 가린 다음에 "당신의 팔목에서 피를 뽑겠다."고 말했다. 그리고선 날카롭지 않은 칼로 다치지 않을 정도로 팔을 살짝 긋고, 그 위에 따뜻한 물이 흘러내리게 한 후에 밑에다가는 물방울이 뚝뚝 떨어지는 소리가 들리도록 했다. 감촉이나 귀로 느끼기에는 영락없이 자신의 팔을 칼로 긋고서 동맥에서 피를 줄줄 흘러내리게 하는 것으로 인식되게끔 장치를 한 것이다. 그런데 놀랍게도 실험 대상이었던 사형수들은 시간이 지남에 따라 모두 죽어버렸다. 마음속에서는 이미 '아, 나는 지금 이제 죽는가 보구나.' 하는 생각을 하자 몸도 차가워지고 인체의 저항력이 떨어지면서 자연사를 하게 된 것이다. 이것은 플라세보 효과 중에서도 가장 놀라운 실험으로서, 사람의 마음이 인체에 어떤 영향을 미치는가를 적나라하게 입증한 예라고 할 수 있다.

이와 반대로 노시보 효과란 환자 본인이 의구심을 가짐으로써 의학적 근거에 따른 정확한 처방이나 약을 사용하였는데도 전혀 효과를 보지 못하는 것을 말한다.

이처럼 신념의 힘은 실로 놀라운 효과를 발휘한다. 내가 어떻게 생각하고 어떻게 받아들이느냐에 따라 초음파와도 같이 섬세하고 미세한 우리의 뇌는 그런 반응을 접수하고 그에 따른 작용을 명령하는 것이다. '1초 동안, 눈깜짝할 사이에, 또는 아주 잠깐뿐인데, 뭘' 하고 생각하지만, 그 짧은 시간 동안의 생각조차 결코 가볍게 넘길 일이 아니다.

인생의 80년 또는 그 이상 매일같이 당신이 생각하는 힘은 고스란히 당신의 뇌 속에 반영되고, 행동과 마음으로 차곡차곡 형성되어간다는 사실을 기억하라.

✱✱ 인간의 정신력은 무한하다

근대 이론과학의 선구자 뉴턴은 어머니의 뱃속에서, 즉 태어나기 도 전에 아버지를 여의었다. 그 후 어머니마저 재혼을 해 그는 할머니 손에서 자라야만 했다.

소년 시절 그는 몸집도 작고 허약하였으며, 학교 성적도 꼴찌에서 1, 2등이었다. 아이들은 그를 놀려댔고 선생님도 그를 바보로 여겼다. 그래서 그는 자기의 머리가 나쁘다고 여기게 되었다. 그러던 어느 날 뉴턴은 사소한 일로 같은 반 공부 잘하는 아이와 말다툼을 하게 되었다. 그 아이는 자기가 잘못을 했음에도 불구하고 "바보인 주제에 무슨 잔소리야!"라며 뉴턴의 옆구리를 발로 찼다. 뉴턴은 분해서 그와 맞붙어 싸웠지만 워낙 허약해서 이길 수가 없었다. 그날 밤 뉴턴은 한잠도 자지 못하고 분해서 눈물을 흘렸다.

'머리가 나쁜 사람의 말은 옳은 말이라도 믿어주는 사람이 없구나. 나는 정말 바보일까? 나는 내 스스로 바보라고 생각하고 지금까지 한 번도 열심히 공부를 해본 적이 없었다. 체력으로나 공부로나 남에게 지지 않도록 열심히 노력해보자.'

그 뒤 뉴턴은 딴 사람이 된 것처럼 열심히 공부했다. 그러자 머지 않아 놀랄 만큼 성적이 좋아졌다.

'나는 바보가 아니었어. 무슨 일이든지 노력하면 된다!'

뉴턴은 용기와 자신감을 얻어 더욱 노력하여 위대한 과학자가 되었다. 영국 케임브리지 대학에 있는 뉴턴의 기념비에는 이런 글이 새겨져 있다.

그 천재, 인류를 뛰어넘었다. 그러나 뉴턴은 결코 천재로 태어난 것은 아니었다.

인간의 정신력은 무한한 힘을 지니고 있다. 어떠한 시련도 강한 정신력과 포기하지 않는 노력 앞에서는 끝내 극복된다. 다만 노력하지 않고 쉽게 좌절하고 포기하기 때문에 시련이 가혹한 것이다.

자신의 마음을 굳게 믿는 신념의 힘은 누구나가 노력으로써 가능한 일이기 때문이다. 그 신념이 커다란 위력을 발휘하기까지 단 한 가지 차이점은 내가 그것을 믿느냐, 믿지 않느냐의 차이에 있다.

심리분석가 에릭 에릭슨은, 행복은 우리가 우리의 생을 믿느냐, 안 믿느냐에 의해 결정되는 것이라고 말했다. 이것은 출생에서부터 부딪히는 문제이고, 우리가 죽는 날까지 거듭 직면하게 되는 문제다. 출생의 순간에 아기는 낯선 환경 속으로 밀어내진다. 그리고 수분 이내에 아기는 세상이 호의적인 곳인지, 아니면 적대적인 곳인지에 대한 메시지들을 연달아 받게 된다. 대부분의 아기들은 안심을 한다. 그들은 얼러지고 포근하게 안긴다. 부드럽게 안김으로써 여기는 좋은 세상이라는 것을 확인하게 되는 것이다.

그러나 아기는 자라면서 생에 대한 그들의 근본적인 태도를 다시 평가해야 할 새로운 상황에 놓이게 된다. 어린아이들은 서로 시험하고 괴롭힌다. 어른이 되면 동료들과 애인들로부터의 거절받거나 고통받는다. 마침내 직업 전선에서 자신의 역할을 발견하기 위한 투쟁을 한다. 이러한 도전들이 만족스럽게 해결되면 생이란 참 좋은 것이고, 믿을 수 있는 것이라는 사실을 재차 확인하게 된다.

278

그러나 누구라도 한두 번의 좌절, 아니 그 이상의 좌절을 경험하게 된다. 그때 우리는 뒷걸음질을 친다. 태어날 때 처했었던 최초의 위기에 다시 직면하는 것이다. 바로 이 시점에서 선택이 이루어진다. 인생에 대해 어떻게 반응할 것인가에 대한 선택 말이다.

수용? 이해? 사랑? 희망? 신뢰?

열일곱 해 동안 씩씩하게 자라던 아들을 암으로 잃은 아버지는 말했다.

"내게 전환점이 된 것은 제프가 태어나지도 않았던 것이 아니라, 17년이라는 좋은 시간을 살다가 간 것이 훨씬 더 나았다는 걸 이해한 순간이었습니다. 우리가 함께 보냈던 그 모든 행복했던 시절들을 다시 긍정하기 시작했지요. 나는 내가 사기를 당했다는 느낌에서 벗어났습니다."

이처럼 우리가 다시 인생을 신뢰할 수 있는 것이라는 것을 긍정할 때 비로소 당신의 치유는 진지하게 시작된다.

분리된 망막을 가진 500명의 환자들을 대상으로 놀랄 만한 연구가 행해졌다. 이 실험의 조사자는 다음의 것을 알고자 했다. 어떻게 그 환자들은 자기 자신과 망막의 분리, 수술, 의사와 병원의 상황, 그리고 이 세상이 망막 분리와 같은 병이 일어날 수 있는 곳이라는 사실을 받아들이는 것일까? 과연 그들은 인생에 대해 '예'라고 대답할 것인가, '아니오'라고 대답할 것인가?

결과는 뜻밖이었다. 병을 수용하는 데 있어서 높은 점수를 나타낸 환자들은, 그 눈에 가해진 손상에 의해 어느 정도 겁을 먹고는 있었지만 그 위험에 직면하면서 상황을 치료하는 데 필요한 것이라면 무엇이든 하겠다는 의지를 보인 사람들이었다. 그들은 의사를 믿었고, 수술의 성과에 대해서도 낙관적이었다. 또 만에 하나 수술이 성공하지 못한다 해도 그 상황을 잘 견뎌나갈 수 있을 것이라는 자신감이 있었다. 그들 자신의 능력을 믿고 있었다. 때문에 그들은 자비를 구하지도 않았다. 그들은 단지 곤란한 소식들에 맞설 힘과 그날 무슨 일이 일어나든 받아들일 수 있는 은총을 바라며 기도할 뿐이었다.

이에 반해 수용에 있어서 낮은 점수를 기록한 사람들은 자신의 시력 손상에 대해 지나치게 겁을 먹고 온통 근심에 가득 차 있었다. 그들은 의사를 믿지 못했고, 수술의 성과에 대해 비관적이었다. 그들은 자신의 시력을 영원히 잃어버릴지 모른다는 생각으로 절망하고 있었다. 그래서 항상 병원 사람들에게 화를 냈고, 뾰로통하고 분노에 차 있었다.

결국 높은 수용력을 가진 환자들은 빨리 회복되었다. 반면 낮은 수용력을 가진 사람들은 느리게 치유되었거나, 아니면 전혀 회복되지 않았다.

병에 걸리면 으레 의학적 치료에만 집중할 뿐 환자 자신의 모습에는 별로 신경 쓰지 않는다. 아프니까 그러는 것이라 여겨 화를 내거나 짜증을 내도 당연하게 생각한다. 그러나 어떻게 마음먹느냐, 어떤 생각을 하느냐에 따라 기적을 낳기도 한다는 사실을 잊지 말아야 한다.

✳️✳️ 긍정과 부정의 생각 차

당신이 인생에 대해 'Yes'라고 말할 때 당신의 인식은 변화하기 시작한다. 지금 'Yes'라고 했다면 조금 전까지는 'No'라고 생각했다는 이야기다.

그렇다면 조금 전과는 무엇이 달라질까?

당연히 인체의 움직임부터가 달라진다. 생체리듬, 말하자면 혈액의 성분이나 흐름, 심장 박동, 맥박, 산소 분포까지가 변화되는 것이다. 그리고 가장 중요한 것은 내적인 힘이 생성되어 나오기 시작한다는 것이다. 어떤 승산이 있든지 간에 인생을 앞으로 나아가도록 하는 것이 가능하다는 믿음이 생겨나기 시작하는 것이다.

인생을 'Yes'라고 말한다는 건 다음과 같은 여러 가지 의미를 내포하고 있다.

행복해질 수 있다는 데 의심을 품지 않는 것.

친구들과 만나고 그들에게 위안을 구하는 것.

외로움이나 두려움, 희망 등을 다른 사람들에게 말하는 것.

자신이 선하다는 것을 인정하는 것.

자신의 힘을 믿는 것.

'Yes'의 신념은 그 어떤 경제적인 자원보다도 강력하고 확고한 밑천이 된다. "된다!"라고 했을 때, 당신의 모든 여건이나 상황은 되는 방향으로 나침반이 돌아가는 것이다.

"경제계의 성공과 실패는 능력에 의한 것이 아니라, 마음가짐에 달려 있다."

W. D. 스콧 박사의 말이다. 이 말이야말로 'Yes'정신의 표본을 가리키는 것이다.

예컨대 주식시장의 일상일하(一上一下)의 원리는 주가에도 고스란히 작용한다. 불리한 뉴스는 주가를 누르고, 유리한 뉴스는 값을 올린다. 주식의 본질적인 가치에는 변동이 없다. 그러나 시장에서 주식을 매매하는 사람들은 불리한 뉴스로 말미암아 주가가 내려갈 것이라고 여기게 된다. 실제로 생긴 일이 아니라도 증권을 가지고 있는 사람들이 생기리라고 믿는 것이 곧 주가를 좌우하는 원인이 되는 것이다. 특히 불경기 때에는 암시의 힘이 상상 이상으로 발휘된다.

"불경기다!"

"장사가 전혀 안 된다."

"은행이 문을 닫는다."

"미래가 불투명하다."

이런 말들을 나돌기 시작하면 누구누구가 파산했다는 소문이 연거푸 귀에 들려온다. 그러다가 마침내 번영의 미래는 있을 수 없다는 절망의 외침이 된다. 의지가 굳은 사람들도 이런 공포가 만들어내는 진동파에 의해 어느새 자신도 모르게 중심을 잃고 휩쓸려 들어간다. 공포의 암시가 행해지는 곳에서는 즉시로 그 반응이 나타난다. 사업이 파산되고, 실업자는 그 뒤를 따르게 된다. 은행과 대기업들의 파산에 대한 소문이 도처에 퍼지면, 많은 사람들은 곧 그 소문을 믿고, 그 소문에 의해 행동을 취한다. 공포심이 경제불황을 만든다는 말은 사실이다. 즉, 불경기를 무서워하기 때문에 불경기는 온다는 것이다.

"모두가 노라고 할 때 혼자 예스라고 할 수 있는 사람!"

불경기에도 호황이 있다고 하듯이, 모두가 안 된다고 할 때 된다는 믿음으로 밀어붙이는 사람은 성공할 수 있다. 빈부의 차이는 바로 이런 데서 만들어지는 것이다.

똑같은 상황과 똑같은 현실에서 살고 있으면서도 어떤 사람은 성공하고 어떤 사람은 빈천을 면치 못한다면 그 차이는 무엇이겠는가? 여기에 솔로몬이 다음과 같은 해답을 제시했다.

"마음속에 생각하고 있는 것이 곧 나 자신이다."

성공한 리더들의 공통점

1. 위기를 기회로 만들었다.

2. 어릴 적에 가난을 경험한 경우가 많다.

3. 오로지 자기 자신의 힘으로 미래를 개척했다.

4. 고집쟁이라 할 정도로 자기 의견이 강했다.

5. 남이 뭐라 해도 거기에 좌우되지 않았다.

6. 절약과 성실을 자본으로 삼았다.

7. 상대방을 배려하는 마음을 지녔다.

✱✱ 신념이 보여주는 다양한 힘들

이제까지 성공한 사람들의 예를 통해 신념을 가진 사람들이 실제로 어떤 일을 이루는가를 보았다. 그렇다면 이제 신념이란 실생활에서 어떤 모습으로 그 막강한 힘을 나타내는지 알아보자.

첫째, 대충 일하지 않는다.

노벨 문학상에 빛나는 헤밍웨이는 열여덟 살 때 《스타》지에서 기자 생활을 했다.

한번은 큰 불이 났을 때 취재를 하러 갔는데, 워낙 불길이 거세서 소방대원들도 벌벌 떨고 있었다. 그런데 그는 화재 현장을 보기 위해 소방 비상선 안으로 들어갔는데, 새로 맞춘 양복에 불똥이 튀었다. 그래서 더 이상 나아가지 못한 채 급히 물러나와 대충 기사를 쓰고, 양복값으로 15달러를 회사에 청구했다. 그러나 청구는 거절당했다.

이 일로 헤밍웨이는 엄청난 충격을 받았다. 즉, 무엇이든 대충해서는 의미가 없다는 것을 깨달았던 것이다. 그 후로부터는 결코 대충 일하지 않았으며, 무슨 일을 하든 적극적으로 최선을 다하게 되었다고 고백했다.

이런 적극적이고 도전적인 정신은 그를 전쟁터로까지 가게 만들었다. 이탈리아 전선, 1차 대전, 스페인 내란 등을 두루 겪으며 거기에서 얻은 소중한 경험들을 고스란히 작품으로 승화시켰다.

'대충'이란 말은 그야말로 모든 성공자들의 적이며, 불행한 사람들의 대명사이며, 가난의 원인이라고 할 수 있다. 신념이 있는 사람에게는 절대 대충이란 말은 존재하지 않는다.

둘째, 자신을 승화시킨다.

'승화(Sublimation)'란 심리학 용어로, 감추어진 본능적 에너지가 지적·인도적·문화적·예술적인 방면으로 흘러가는 것을 말한다. 즉, 성적이나 공격적인 본능이 직접 그대로 표출되기보다는 이것들이 변형되어 성이나 공격심이 없는 형태로 나타나는 것이다.

예를 들면 레오나르도 다빈치가 그린 마돈나는 그가 어렸을 때 헤어질 수밖에 없었던 어머니를 승화시킨 것이다. 또 셰익스피어의 희곡, 월트 휘트먼의 시, 차이코프스키의 음악, 프루스트의 장편소설 등은 모두 어느 정도 동성애적 갈망이 승화된 것이라고 한다. 이들 작가들은, 그들이 진정 바라던 성적인 갈망을 이룰 수가 없었기 때문에 하나의 가상적인 창작물들을 통해 그들의 욕구를 승화시켰던 것이다.

마음속의 강건한 신념이 있는 사람은 이 승화작용이 일어나 자신을 더욱 업그레이드시키는 계기를 마련할 수가 있다.

세계 음악사상 빼놓을 수 없는 음악가 베토벤은 고난의 십자가를 지고 태어난 예술가였다. 평생 병마에 시달렸고, 고통과 절망 끝에 매달려 매일같이 자살을 곁에 두고 살았다. 그러나 그런 가운데도 그 어느 작곡가와도 비길 수 없는 걸작들을 많이 빚어냈다. 그는 역경이 닥칠 때마다 "운명에 도전하고 싶다. 내가 신의 피조물 가운데 가장 불행한 존재가 되더라도 운명에 반항하고 싶다."라고 외치며, 자살의 유혹을 이겨냈다. 예술은 그가 살아가는 유일한 이유였다.

그는 언젠가 이렇게 고백했다.

"나는 거의 절망적이었다. 자칫하면 자살을 할 뻔했다. 오로지 음악만이 나를 말렸다. 아아, 스스로에게 부여되어 있다고 느끼는 모든 것을 다 해내지 못하고 이승을 하직한다는 것은 내게는 불가능하다고 여겨져서, 이 처참한 인생을, 참으로 처참한 인생을 연장해왔던 것이다."

이와 같은 고뇌를 겪었기 때문일까? 그의 음악은 단순한 오락과 즐거움이라기보다는 깊고 오묘한 철학에 가깝게 느껴진다.

셋째, 이제까지와는 전혀 다르게 변화된다.

어느 날 자신을 되돌아보는 때가 있다. 반성과 후회로 얼룩진 눈물을 흘리기도 한다. '나는 어떻게 살아야 하는가?'라는 새삼스러운 질문을 던지며 이제까지와는 다른 인생을 살고 싶다고 생각한다. 그리고 '이제는 변화하리라' 하고 결심한다. 그러나 그 변화가 어떤 구체적인 사항들을 포함하는지는 잘 알지 못하는 경우가 많다.

성공을 위한 첫 단추로 무엇을 먼저 해야 하는가? 사실 이에 대한 답은 매우 간단하고 아주 작은 일들이어서 웃음이 나올 정도다. 일어나서 아침 운동을 하고, 밥은 규칙적으로 먹을 것이며, 사람들을 만나면 항상 웃으며 먼저 인사를 건넬 것이며, 수첩을 들고 다니면서 항상 메모 습관을 들이는 것 등 변화란 아주 사소한 것들을 바꾸는 것이기 때문이다.

하지만 이것이 바로 변화의 시작이다. 차근차근 하루하루 생활태도와 인간관계, 습관 등을 바꿔나가다 보면 어느새 새로운 나의 모습이 정착되고, 거기서부터 새로운 결실들이 서서히 영글어가는 것이다.

나의 목표는 무엇인가를 깊이 고찰해본 사람, 그리고 나는 반드시 성공할 것이라고 굳게 각오한 사람은 변화하고자 하는 새로운 각오를 다지게 되는데, 바로 이 시점에서 신념은 마치 강력한 프로펠러처럼 앞으로 질주하게 하는 힘을 일으킨다.

✳✳ 모두가 불평해도 리더는 만족하라

날마다 신령님께 매번 다른 소원을 비는 사내가 있었다. 그 사내는 무슨 일이든 그저 불평불만을 늘어놓으며 신령님이 잘 해결해주기만을 빌었다. 신령님은 난처했다. 그 남자의 소원을 한 번이라도 들어주게 되면 그 사람은 더욱 신이 나 끝도 없이 소원을 빌 것이고, 무시해버리자니 모른 체하는 것이 마음 편치 않았던 것이다.

그래서 하루는 신령님이 그 사내의 꿈에 나타나서 말했다.

"무엇이든지 세 가지 소원을 들어주마. 그 후에는 아무것도 해주지 않을 것이니 신중하게 생각해서 청하도록 해라."

사내는 몹시 기뻐하며 무슨 소원을 빌까 곰곰이 생각했다. 그런데 마침 그때 부부싸움을 하고 난 직후였다. 사내는 문득 더 좋은 여자와 결혼하면 좋겠다고 생각하고 신령님께 자기 아내를 죽게 해달라고 빌었다. 소원은 성취되어 아내는 죽었고, 친척과 이웃 사람들이 모여 장례를 치르게 되었다. 사람들은 저마다 눈물을 흘리며 슬퍼했다.

"원 세상에, 이렇게 갑자기 죽다니! 더할 수 없이 마음씨 곱고 상냥한 사람이었는데……."

"이 동네에서 가장 예의 바르고 부지런한 사람이었지요."

"얼굴은 얼마나 예뻤다고요. 이런 여자는 아마 다시없을 겁니다."

사람들은 입을 모아 죽은 사람을 칭찬하며 아까워했다.

그제야 사내는 자기가 잘못 생각했다는 것을 깨달았다. 잠깐의 실수로 훌륭한 아내를 잃게 되었다고 생각하니 말할 수 없을 만큼 후회가 밀려왔다. 죽은 아내보다 더 좋은 여자를 만난다 해도 어쩐지 행복해질 것 같지가 않았다. 그래서 사내는 부랴부랴 신령님께 다시 소원을 빌었다. 이번에는 죽은 아내를 다시 살려달라는 것이었다. 소원대로 아내는 다시 살아났다.

이제 소원을 빌 수 있는 기회는 딱 한 번밖에 남지 않게 되었다. 또실수하여 엉뚱한 소원을 빈다면 이번에는 바로잡을 기회조차 없었다. 사내는 가장 좋은 소원을 빌기 위해 생각에 생각을 거듭했다. 먼저 오래 사는 일을 빌까 생각했으나 건강하지 못하다면 오래 사는 일도 아무런 의미가 없을 것 같았다. 그래서 늘 건강하게 해달라고 할까도 생각했으나, 건강해도 가난하게 산다면 재미있을 것 같지 않았다. 돈이많아져도 좋겠지만 돈만 많고 친구가 없다면 무슨 소용일까 싶었다. 아무리 고민해도 한 가지를 결정할 수가 없었다. 생각하는 동안 많은세월이 흘렀다. 그러나 남자는 아직도 어느 하나를 결정할 수가 없었다. 마침내 생각만으로 지쳐버린 남자는 신령님에게 빌었다.

"신령님, 제가 무엇을 청해야 할지를 알려주십시오."

소원을 들은 신령님은 딱하다는 듯 웃으며 말했다.

"앞으로는 모든 일에 만족할 줄 아는 마음을 가지도록 해라."

행복의 한가운데 있다 하더라도 불행의 밑바닥으로 떨어지는 순간은 잠깐이다. 그러나 불행한 인간이 행복을 얻기 위해서는 길고 긴 일생이 모두 허비될지도 모른다.

인간의 욕망은 끝이 없기 때문에 웬만해서는 만족감을 쉽사리 얻지 못하는 슬픈 특성을 가지고 있는 것이다. 그러므로 신념이 있는 사람은 작은 일에 기뻐하고 감사하며 만족하는 마음을 갖는다. 행복이냐, 불행이냐를 굳이 논하지 않더라도 그렇게 하는 것이 하루를 무감각하게 살아가는 것보다 얼마나 보람 있는가를 알기 때문이다.

＊＊리더는 달라야 한다

자신이 원하는 소원을 말이나 문구로 되풀이해서 외우면 자연히 잠재의식을 강화하게 된다. 어떤 형식으로 해도 좋다. 머릿속에서 단 한시도 그 생각을 내려놓지 않으면 된다.

잠재의식은 감수성이 매우 예민하므로 그것이 진리이건 허위이건, 진취적이건 퇴행적이건, 당신이 외우는 대로 굳어지게 된다. 그리고 일단 잠재의식 속에 뿌리를 내리면 모든 능력과 정력을 기울여서 현실화하고 표면화시킨다.

자기 염원을 실현하기 위해서 그것을 잠재의식 속에 찍어두고 싶은 경우에는 되도록 간결한 말로 그 생각을 표현하는 것이 요령이다. 예를 들어 지금 내가 불행한 환경에 처해 있다면 "나는 행복하다"고 말하는 것이다. 오직 자기 자신을 향하여 열 번이든, 백 번이든, 천 번이든 수없이 이 말을 되풀이하는 것으로 충분하다.

"나는 강하다."

"나는 행복하다."

"내게는 남을 설득할 힘이 있다."

"나는 친절하다."

"모든 일이 잘되고 있다."

이와 같이 간단하고 긍정적인 말을 되풀이하다 보면 어느새 자기 마음은 좋은 방향으로 움직이게 된다. 그러나 이 효과를 오랫동안 유지하기 위해서는 자기가 요구하는 일이 현실화되기까지 끊임없이 한 치의 부정도 없이 이렇게 긍정적인 표현으로 되풀이 말해야 한다.

확고한 목표를 가지고 있는 사람이나, 확고한 욕구를 마음속에 그려둔 사람이나, 항상 이상을 눈앞에 명확히 그리고 있는 사람은 이런 말을 수시로 반복하고 있는 동안 자연히 잠재의식 속에 깊이 뿌리를 내리기 때문에 최소한의 시간과 노력으로 목적을 달성할 수가 있다. 그러므로 밤낮을 통틀어 모든 능력을 한 가지 일에만 정신을 기울여야 한다. 이것은 매우 중요한 사실이므로 명심해야 한다. 그래야만 나의 염원이 차츰 현실로 나타나는 것이다. 예를 들어 지금보다 좋은 일자리를 원한다든가, 더 좋은 지위를 원한다면 자신에게 이렇게 말한다.

"나는 반드시 그 지위를 얻을 수 있다."

그러고는 내가 실제로 그 자리에서 일하는 모습을 눈앞에 그려본다. 내가 원하던 그 자리에서 있는 나의 모습을 본다면 아마도 기분이 좋아져 입가에 미소가 어릴 것이다.

이처럼 언제 어디서나 어떤 상황에서도 나의 염원을 자주 되풀이한다는 것은 암시를 잠재의식 속에 깊이 심어주는 방법이다. 그것은 못을 박는 일과 같다. 못을 망치로 처음 한 번 때리는 것은 그 못을 나무 위에 적당히 세우기 위한 행동이다. 그러나 계속해서 힘차게 쳐야만 그 못을 끝까지 깊이 박히게 된다. 바로 이런 이치와 같다. 어떤 일이든지 끊임없이 쉬지 않고 반복하는 데서 큰 힘이 생긴다.

그리스 신화에 보면, 미로라는 장사의 이야기가 나온다. 그는 어린 송아지를 매일같이 번쩍 들어올리는 것을 일과로 했다. 그 송아지가 점점 자라 황소로 성장하게 됨에 따라 미로의 힘도 그만큼 세졌다. 결국 자기도 모르는 사이에 황소를 번쩍 들어올리는 장사가 되었다는 것이다.

이 원리를 형체가 있는 물체를 몇 가지 예로 들어본다면 이러하다.

첫 번째, 당신의 마음은 꼭 한 말을 부어넣을 수 있는 독이다. 한 말들이 독에는 한 말의 쌀과 한 말의 보리를 동시에 부어 넣을 수는 없다. 자신이 염원하는 소원이 아닌 다른 잡다한 것들을 많이 품고 있다 보면 정작 꼭 품고 있어야 할 중요한 것들이 빠져나오게 된다. 하지만 당신의 마음속이 적극적인 생각이나 힘 있는 창조적인 생각으로 가득 차 있다면, 다른 소극적인 생각이나 의심이 비집고 들어올 틈은 없다.

두 번째, 당신의 마음은 문이 하나밖에 없는 방이다. 그리고 그 문을 여는 열쇠는 당신만이 가지고 있다. 그러므로 이 문을 열고 그 속에 무엇을 넣을 것인가를 결정하는 것은 당신만이 가지고 있는 권한이라고 할 수 있다. 당신의 마음속이 적극적인 생각으로 가득 차 있는가, 소극적인 생각으로 가득 차 있는가 하는 것은 당신이 그 문을 여는 태도에 달려 있다. 이때 잠재의식은 마음속에 들어온 가장 강한 사고력에 굴복하여 반응을 일으키게 된다.

세 번째, 당신의 마음은 물이 가득 담겨진 물통이다. 물통에 무슨 물건을 넣자면 그 물건의 부피만큼 물을 비워야 한다. 이것이 바로 진리다. 진리의 힘은 늘 우리 가까이에 있는 것이다. 그것을 발견하는 것은 순전히 자기 자신에게만 달려 있다. 이러한 진리에 대한 깨달음에 대해서 신라 때의 고승 원효대사의 이야기처럼 명확간결하게 표현해주는 것은 없을 것이다.

도(道)를 깨우치기 위해 먼 나라로 떠나가던 길에 하룻밤을 지새운 허름한 곳에서 너무도 목이 말랐던 대사는 머리 위의 바가지에 담긴 물을 허겁지겁 너무도 달콤하게 마신다. 그런데 아침에 깨어보니 그 물은 다름 아닌 해골 바가지에 담긴 물이었다. 이에 대사는 도란 멀리 있는 것이 아니라 아주 가까이에 있으며, 그것을 자신이 깨닫는 데 달린 것임을 알게 되고 신라로 되돌아 갔다.

외국 동화 〈파랑새〉도 행복은 저 멀리 산 너머에 있는 것이 우리 마음속에 있다고 말한다. 자신의 원하는 인생을 살아가고 싶다면, 자신의 꿈과 소망과 이상을 실현시키며 살고 싶다면, 이러한 진리를 이해하고 깨닫는 것이 선결되어야 한다. 신념의 힘 또한 이런 진리를 기반으로 하고 있다. 마음이란 곧 내 자신의 의지로, 그 마음을 움직이고 변화시키는 역할 역시 나 자신밖에는 할 수 없는 것이다.

우리나라 바닷가에 가보면 커다란 바윗덩어리 한가운데서 한 방울씩 떨어지는 빗물에 의해 구멍이 뚫린 것을 흔히 볼 수가 있다. 한 방울 한 방울 아주 여린 물방울의 힘으로 괴력과 같은 힘이 아니면 깨뜨리기 힘든 바위에 구멍을 낸 것이다. 이처럼 변화는 천천히, 끊임없이, 변함없이 추진하는 것에서 나오는 것이다.

❋❋호감을 사는 리더십

천천히, 끊임없이, 변함없이 되풀이한다는 것은 모든 사물이 진보해나가는 데 필요한 일종의 리듬이라고 할 수 있다.

자동차는 쉬지 않고 되풀이되는 피스톤의 장력으로 간다. 자전거는 당신의 다리를 한시라도 멈추면 곧바로 기울어져 멈춰서게 된다. 못을 박는 데도 반복해서 쳐야 되고, 목적물을 명중시키는 기관총도 연속적으로 쏘는 데서 엄청난 위력이 생긴다. 이처럼 반복함으로써 마르지 않는 힘이 솟아나오고, 그것이 모든 장애물을 제거하여 마침내 목적을 이루게 한다.

의식적으로 반복되는 소리는 자기의 잠재의식에 영상을 그리게 하며, 다른 사람의 잠재의식에까지 영향을 미치게 된다. 숨을 쉬는 생물에게 좋은 암시를 주면 무럭무럭 건강하게 자라는 반면, 매일같이 부정적인 말을 건네는 것은 물론이고, 그런 생각만 품어도 소가 점점 왜소해지고 무기력해지는 것을 관찰할 수 있다. 식물까지도 매일 좋은 암시를 준 경우와 무관심하고 부정적인 암시를 주었을 경우 그 자라는 양상이 확연히 달라진다. 이처럼 암시란 이처럼 무서운 것이다. 생물이나 무생물에게도 하늘과 땅 차이의 변화를 일으키는 힘이 있다.

간혹 우리는 다른 의견을 가진 사람에게 영향을 받아서 나 자신의 생각이나 신념에 혼란을 일으키기도 한다. 또 그로 인해 좌절하기도 한다. 실패와 좌절을 반복적으로 경험함으로써 이 딜레마에서 헤어나오지 못하는 사람이 의외로 많다. 인간관계에서도 암시의 힘은 놀라운 위력을 발휘한다. 상대방이 나를 싫어하거나 미워하는 것은 굳이 말로 표현하지 않아도 어느 정도는 알아챌 수 있는 것도 암시의 힘이다. 또한 내가 상대방에게 나쁜 마음을 품어도 웬일인지 상대와의 교제나 거래가 원만하게 이루어지지 않는 것 또한 그 때문이다.

"저 사람은 참 좋은 사람이야."

"참 호감 가는 사람이야."

"나와 아마도 좋은 사이가 될 수 있을 거야."

"이번에 만나는 사람과는 거래가 잘될 거야."

그런 믿음, 즉 신념이 확고하게 자리잡으면 내 쪽에서도 상대에 대한 편견이 사라진다. 외모나 목소리, 말투 등에 의해서 상대에 대한 편견에 사로잡혀 있더라도 'A와 B는 서로 다른 물건이다'라는 공식처럼 상대와 나의 차이점을 인정하고 있는 그대로의 상대를 바라볼 수 있는 힘은 위에서 예를 든 것처럼 긍정적인 암시를 주었을 때 가능해진다.

미국의 32대 대통령 루스벨트는 스스로에게 부단히 암시를 반복한 사람이었다. 그는 절대 뒤를 돌아보지 않고 '앞'만 보고 달렸다. 어제의 일은 무의미한 것으로써 마치 덮어놓은 책과 같다고 생각하였다.

소아마비를 앓고 난 뒤 어떻게 해서든지 목발을 짚지 않고 지팡이에 의지해 걸어보려고 결심했을 때, 그의 측근들도 다시금 걸을 수 있기를 기원하는 의미에서 지팡이를 기증하였다. 루스벨트 대통령은 매우 기뻐하여 밤새도록 단장에 의지한 채 "루스벨트, 너는 꼭 걷게 된다!" 하고 되풀이해 말했다. 이 말은 그 장소에 있었던 측근에 의해 세상에 알려졌고, 사람들로 하여금 루스벨트의 인간적 강인함에 감동하게 만들었다.

그는 믿음의 위력을 알고 있었던 것이다. 한 의사가 소아마비의 경험자인 그에게 체험적 투병법을 질문하자 그는 이렇게 답했다.

"조용히 운동하면서 마사지를 하고 일광욕을 하세요. 그러나 그것보다 더 중요한 요법은 환자 자신이 결국 이 병은 낫는다고 믿는 것입니다."

반복해서 암시를 준다는 것은 신념을 구축하는 데 있어서 확고부동한 초석이 된다는 것을 잊어서는 안 된다.

호감을 사는 리더의 특징

1. 다른 사람에게 흥미를 가진다.
2. 좋은 인상을 주는 미소를 보낸다.
3. 다른 사람의 이름을 잘 기억한다.
4. 남의 이야기를 잘 듣고 칭찬해준다.
5. 상대방의 이야기를 존중한다.
6. 상대방을 배려한다.

리더의 처세훈

한 주인이 염소와 나귀를 함께 키우고 있었다. 나귀는 먹을 것이 남아돌 정도로 넉넉했기 때문에 염소는 늘 시샘을 하였다. 그래서 염소가 나귀에게 말했다.

"너는 연자방아 돌리랴, 짐 나르랴 바쁘겠구나. 너의 삶은 끊임없는 고역이야. 그러느니 차라리 발작이 난 척하고 구렁에 뒹굴어서 휴식을 취하는 게 어떠니?"

솔깃한 나귀는 그 제안을 받아들였다. 그런데 그만 잘못해서 크게 다치고 말았다. 놀란 주인은 수의사를 불렀는데, 수의사는 염소 허파로 만든 죽을 먹이면 낫는다고 하였다. 그래서 주인은 나귀의 병을 고치기 위해 염소를 잡았다.

* 다른 사람을 곤경에 빠뜨리려 하다가는 도리어 자신의 파멸될 수 있음을 명심하라.